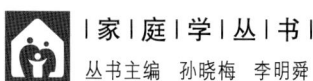

家庭教育理论与指导实务

陈朋 著

Family Studies

图书在版编目(CIP)数据

家庭教育理论与指导实务/陈朋著.—武汉:武汉大学出版社,
2023.7
家庭学丛书/孙晓梅,李明舜主编
ISBN 978-7-307-23694-3

Ⅰ.家… Ⅱ.陈… Ⅲ.家庭教育 Ⅳ.G78

中国国家版本馆CIP数据核字(2023)第057312号

责任编辑:沈继侠　　责任校对:汪欣怡　　版式设计:马　佳

出版发行:武汉大学出版社　（430072　武昌　珞珈山）
（电子邮箱:cbs22@whu.edu.cn　网址:www.wdp.com.cn）
印刷:武汉邮科印务有限公司
开本:720×1000　1/16　印张:15.25　字数:263千字　插页:1
版次:2023年7月第1版　2023年7月第1次印刷
ISBN 978-7-307-23694-3　定价:68.00元

版权所有,不得翻印;凡购我社的图书,如有质量问题,请与当地图书销售部门联系调换。

序

家庭学科是研究以家庭为中心的生活方式及其表现形式的交叉学科，融合了家庭育儿、衣食住行、家庭关系和生活技术在内的综合知识，目的是提高国民的家庭生活质量，为家庭全体成员提供科学的生活指引。

家庭学科的教学已有四百多年的历史了。近代家政学起源于美国，在美国城市化、工业化以及大量移民涌入的背景下，受过高等教育的专家开始将目光转向家庭生活领域。二战后日本在大学设立家政学或生活科学系，规定从小学到大学的男女生都必须学习家庭学科。开设家庭管理、房屋布置、家庭关系、婚姻教育、家庭卫生、婴儿教育、食物营养、园艺、家庭工艺、饲养等课程。1923年中国燕京大学就设立了家政系，强调家事教育是高等教育的一部分。1940年金陵女子大学设立了家政教育专业，注重培养学生的家庭管理与家庭经济，食物营养与卫生。目前我国有关家庭学科研究的成果主要是家庭教育和家庭服务。

家庭学科是典型的交叉学科，围绕着提高家庭生活质量这一目的，将多种学科知识聚焦于家庭这个领域，跨学科的视角有助于带动新知识的发现和推广应用。从多个相关学科汲取知识，如教育学、心理学、社会学、营养学、经济学、医学、金融学、工学、艺术、文学等，分析夫妻的生活与健康、老年人的身心发展特点、儿童的保育方法与安全事项、家庭的权利与福利保护；探讨当前家庭面临的问题，如推迟结婚、生育率下降、离婚率提高、儿童受虐待、独生子女、留守儿童、妇幼保健、失独家庭和家庭暴力等，形成以家庭为中心的多学科交叉知识体系。这种知识建构方式带来的是原有知识融合和新知识生成，而非简单的知识罗列，这也是家庭学科存在的独特价值。建设我国的家庭学科，提高家庭学科的社会认知程度。

我国家庭学科教育起步相对较晚，出版《家庭学科系列丛书》可建立一个比较完整的家庭学科体系，弥补我国在家庭生活理念、思维方式与科学知识传递的缺位状态。为了中国家庭学科的建设与发展，2013年中华女子学院成立了"中国高校家庭学科的建立与发展研究"重点课题,以家庭学科课程建设研究为重点,探索各种课程体系。2014年组建了全校范围内跨学科的科研团队,老师的学术背景涵盖女性学、学前教育、金融、法律、社会工作、音乐、服装、传播学、艺术、体育和建筑等领域,全校各教学领域的老师以性别发展模块博雅课程的方式向学生们讲授家庭学科的知识。

2015年成立中华女子学院家庭学科研究中心,围绕"中国家庭学科的建立与发展"课题,举办了首届中国家庭学科研讨会;撰写中国家庭教育专业简明教程、大纲和教案、课程进度表等。2017年召开了第二届家庭学科研讨会,联合全国各大学研究家庭学科的专家和教师,对家庭学科的主要内容进行了科学分析,开始准备出版《家庭学丛书》。2017年中华女子学院家庭学科研究中心启动北京市社会科学基金"基于国民家庭生活指导的家庭学科建设研究"项目(编号:17JYB010)。2018年开始论证家庭学专业在中华女子学院建立的必要性,建立家庭学科网络体系,召开第三届中国家庭学科研讨会。

2019年1月成立中华女子学院家庭建设研究院,12月召开首届新时代家庭建设论坛暨第四届中国家庭学科研讨会。对家庭文明、家庭教育、家庭服务、家庭研究等与家庭相关的重点社会议题进行深入探讨。2020年3月家庭建设研究院针对新冠疫情,进行"从SARS到COVID-19,家庭建设的对策研究",涉及家庭伦理、家庭教育、家庭卫生、家庭健康、家庭消费、家庭养老、家庭营养和食育、家庭工作等诸多领域。2020年全国妇联沈跃跃主席主持的国家社会科学基金特别委托项目"中国共产党领导下的促进男女平等和家庭建设制度机制研究"(20@ZH027),家庭建设研究院负责子课题"家庭家教家风在基层社会治理中的作用研究",将各地通过家庭家教家风推动基层社会治理的优秀经验上升到制度机制层面。2021年3月由中央文献出版社出版的《习近平关于注重家庭家教家风建设论述摘编》,对于《家庭学丛书》的出版指明了方向,家庭的前途命运同国家和民族的前途命运紧密相连,努力使家庭成为国家发展、民族进步、社会和谐的重要基点。

目前参与《家庭学丛书》编写有三十多名学者和专家,出版的家庭学科专著有25部,这些书籍将向读者展现崭新的思维构想。《家庭学丛书》的内容包括婚姻的基础、家庭关系、家庭伦理道德、家庭中的儿童成长、家庭中的性教育、家庭与法律、家庭的礼仪、家庭的健康管理、家庭居住与环境、家庭服饰文化、家庭食品营养、家庭理财与消费、家庭中的老年人照顾、家庭中的男性角色等。

《家庭学丛书》是促进家庭和睦，构建和谐社会的需要。人的一生有三分之二的时间是在家里度过，家庭是生活幸福的关键，人们掌握了家庭学科的知识，会促进社会有序和谐地发展。从家庭科学兴起和发展的历史来看，男女两性掌握家庭学科的知识，男女平等基本国策方能落实到实处。丛书为家庭工作理论收集丰富的资料。

《家庭学丛书》将深刻的道德教育寓于熟悉的现实生活，以最具体的方式教学做人，学做事。一个人一辈子离不开家庭，家庭知识伴随人们的一生。进行各个家庭发展阶段的教育指导，使人民树立正确的家庭责任观，培养家庭成员良好的生活习惯，指导儿童合理规划生活和学习，使家庭生活健康发展。丛书为社区家长学校提供良好的教材。

《家庭学丛书》有利于完善中华优秀传统文化。研究家庭美德：尊老爱幼、男女平等、夫妻和睦、勤俭持家、邻里团结；研究家庭文明：建设良好的家教、家风、家训。家庭知识贯穿每个人的一生，家庭是育人的起点，是德育教育的第一课堂，家庭学科的传播是最重要的教育之一，也是立德树人的标志。家庭和睦则社会安定，家庭幸福则社会祥和，家庭文明则社会文明。丛书为创建中国家庭学科专业奠定了坚实的基础。

孙晓梅

2021年6月28日

前　言

《家庭教育理论与指导实务》是 2020 年度国家社会科学基金特别委托项目"中国共产党领导下的促进男女平等和家庭建设制度机制研究"（20@ZH027）阶段性成果之一。

2022 年，10 月 16 日，习近平总书记代表第十九届中央委员会向中国共产党第二十次全国代表大会作了题为《高举中国特色社会主义伟大旗帜　为全面建设社会主义现代化国家而团结奋斗》的报告。报告第八部分"推进文化自信自强，铸就社会主义文化新辉煌"提道，"实施公民道德建设工程，弘扬中华传统美德，加强家庭家教家风建设，加强和改进未成年人思想道德建设，推动明大德、守公德、严私德，提高人民道德水准和文明素养"，这是家庭家教家风首次出现在党代会的报告中。二十大报告将加强家庭家教家风建设作为"推进文化自信自强，铸就社会主义文化新辉煌"的重要内容，从坚守中华文化、弘扬中国精神层面强调其重要性，进一步凸显了家庭在国家发展、民族进步、社会和谐中的基石作用。

家庭教育是家庭最基础的功能，通过教化，促进家庭成员社会化，并将社会要求的价值观落实到家庭成员的行为规范中，按照社会和国家的育人标准立德树人。家庭教育可以促进家庭成员道德水平的提高、净化家风、促进家庭关系和谐，对家庭经济、家庭关系、老人赡养、家庭娱乐等功能都有积极促进作用。良好的家教是家风形成的基础，将行之有效的道德准则和处世方法世代相传，经家族传承和历史沉淀便成为家风；家风凝聚了优良家教的核心精神和有效法则，具有强烈的道德教化作用，也是一种无形的家教。通过家庭教育，帮助家庭成员营造优良的家庭教养环境，提升家庭生活的品质，建设美好生活，培育优良家风，从社会最小细胞着手构建社会的和谐。

本书的三大特点：（1）基础广。综合最新的关于家庭以及家庭教育的理论研究，从家庭学科视角，详细阐释了家庭教育中"家庭"的内涵、功能、结构、关系、发展周期、发展问题以及新时代家庭观等重要内容，为理解家庭教育问题提供了重要的理论基础。此外，在家庭教育理论部分，对我国家庭教育发展的理论基础如马克思主义家庭观、人类生态学、发展型家庭政策以及现代性理论等都做了详细阐述，为家庭教育发展提供了广阔的社会视野。(2)资料新。本书结合最新的与家庭教育相关的政策法规以及国家领导人的重要指示精神，学习贯彻《习近平关于注重家庭家教家风建设论述摘编》，深入推进七部门印发《关于进一步加强家庭家教家风建设的实施意见》的安排部署，落实《中国妇女发展纲要（2021—2030年）》《中国儿童发展纲要（2021—2030年）》的家庭目标，贯彻落实《中华人民共和国家庭教育促进法》，并阐述了这些政策法规出台过程中对我国家庭教育事业发展的影响。此外，还结合权威的调查资料，如第七次人口普查、中国人民银行、卫健委的中国家庭调查、北师大全国家庭教育调查等，呈现了我国家庭教育发展的社会背景以及发展现状。(3)实用性强。当前家庭教育工作对象主要是未成年人家长。由于部分家长对自身职责认识不清，过分看重孩子的考试分数、成绩排名，而缺乏对孩子道德品质、身体素质、生活技能、文化修养、行为习惯等方面的培育、引导和影响，不利于孩子全面健康成长。因此，相关机构有必要对家长提供公益性的家庭教育指导，家庭教育指导机构的人员素质以及管理水平直接关系到家庭教育事业的推进。在本书的下半部分，特选取了最重要的几个基层家庭教育指导机构，如学校、社区、公共文化机构等，提出开展家庭教育指导的思路和框架，且选取了来自全国各地的基层家庭教育指导优秀案例，为基层开展家庭教育指导工作提出了有效的对策。此外，本书还系统介绍了我国在新时代高度重视家庭教育工作的社会背景，并对近年来出台的家庭政策进行了系统分析，有助于正确把握我国家庭教育指导工作的方向。

本书内容主要分为七大部分：

第一部分是家庭与家庭教育导论，主要解决两个问题：第一，界定什么是家庭，分析家庭的功能、结构、关系、发展周期、当代的家庭问题以及新时代家庭观，理解家庭的基本理论，这是理解家庭教育的前提，即家庭教育发展背后有着深刻的社会背景，家庭教育受到家庭各方面因素的影响和制约，同时也是家庭最基础的功能。第二，厘清家庭教育的内涵，分析影响家庭教育的主要因素，阐述家庭教育的主要理论、当前家庭教育存在的主要问题以及新时代家庭教育观，全面掌握家庭教育的理论基础。

第二部分是家庭教育的政策分析。此部分查阅的文献主要包括中华人民共和国成立后家庭教育的政策，党和国家领导人关于家庭教育的重要讲话，意在厘清我国家庭教育政策发展的历史脉络，总结中华人民共和国成立 70 多年来我国家庭教育政策的有效经验以及存在的问题，结合新时代人民群众对于家庭教育的急难愁盼问题，提出新时代家庭教育发展的政策建议。

第三部分是我国家庭教育指导工作发展的现状、问题与发展对策。通过对 2016—2020 年家庭教育指导状况进行调查分析发现，我国家庭教育指导工作在指导阵地、服务平台、指导人员、理论研究、制度机制等方面都取得了巨大的进步，为落实立德树人根本任务、健全学校家庭社会协同育人机制、培育中国特色社会主义合格建设者和可靠接班人作出了重要贡献。分析我国家庭教育指导工作中存在的主要问题，并结合《家庭教育促进法》进一步提出新时代家庭教育指导工作的发展建议。

第四部分是家庭教育指导内容与策略。基于家庭生命周期理论，每一个家庭的发展都遵循着固定的、可预测的阶段行进。每一个发展的阶段，家庭都有其任务要完成，使家庭能顺利进入下一个阶段。同时，在每一个家庭发展阶段，家庭教育指导的内容和方法需根据家庭的改变来调适。此部分主要选取与家庭教育指导关系最密切的五个阶段，即恋爱与结婚、生育与养育、婴儿与幼儿、学龄期和青春期来介绍家庭建设的主要任务和家庭教育指导内容。

第五部分是学校家庭教育指导。这一部分界定了学校教育指导的内涵，分析了当前家校合作的分类以及我国家校合作的现状和存在的问题，从国际比较视野总结英国等西方发达国家家庭参与学校教育的经验，为我国学校家庭教育指导提供借鉴。提出建设高质量家长学校的主要对策，为学校从事家庭教育工作的人员提供实践指导。最后从最新的校家社协同育人机制构建出发，分析了政策演变特点以及未来的发展趋势。

第六部分是社区家庭教育指导。此部分分析了社区家庭教育指导的内涵，厘清了社区家庭教育指导的特点和优势，详细分析了社区家庭教育指导的主要任务，并从指导思想、管理制度、指导人员、指导内容等方面提出社区家长学校建设的对策。

第七部分是社会机构的家庭教育指导。此部分分析了公共文化机构、婚姻登记处、妇幼保健院等单位的家庭教育指导内容，并提出开展家庭教育指导的对策。公共文化机构和企业事业单位等有开展家庭教育指导活动的权利和义务。全社会都能关注儿童的成长，统筹各类社会育人资源，有助于形成家庭学校社会的协同育人机制。

目　　录

第一章　家庭与家庭教育导论 … 1
第一节　家庭的基本理论 … 1
一、家庭的内涵 … 2
二、家庭的功能 … 4
三、家庭的结构类型 … 9
四、家庭的关系与角色 … 16
五、家庭发展与生命周期 … 24
六、当代中国家庭的特点与问题 … 27
七、新时代的家庭观 … 32

第二节　家庭教育的基本理论 … 38
一、家庭教育的定义 … 38
二、家庭教育的特点 … 42
三、影响家庭教育的主要因素 … 43
四、家庭教育的相关理论 … 46
五、当代家庭教育存在的主要问题 … 65
六、新时代家庭教育观 … 67

第二章　家庭教育的政策分析 … 69
第一节　家庭教育政策的时代背景 … 69
一、当前家庭教育存在的挑战 … 69
二、党和国家高度重视家庭教育工作 … 70
三、发挥家庭教育对基层社会治理的作用 … 70

第二节　家庭教育政策的历史分析 … 71
一、家庭教育的萌芽发展阶段(1949—1977年) … 72
二、家庭教育的快速发展阶段(1978—1998年) … 73

  三、家庭教育的全面发展阶段(1999—2011年) ………………… 79
  四、家庭教育的纵深发展阶段(2012年至今) ………………… 83
 第三节 我国家庭教育政策的成果、问题和未来展望 ………… 99
  一、家庭教育政策的成果 ……………………………………… 99
  二、我国家庭教育政策存在的问题 …………………………… 101
  三、我国家庭教育工作的未来展望 …………………………… 104

第三章 我国家庭教育指导工作发展的现状、问题与发展对策 ………… 108
 第一节 "十三五"时期我国家庭教育指导工作的基本情况 ………… 108
  一、基本形成覆盖城乡的家庭教育指导阵地 ………………… 109
  二、基本建成家庭教育信息共享服务平台 …………………… 110
  三、初步建立社会协同育人的系统 …………………………… 111
  四、初步建立家庭教育专业指导专兼职队伍 ………………… 111
  五、初步形成家庭教育指导制度保障体系 …………………… 112
 第二节 我国家庭教育指导工作存在的问题 …………………… 113
  一、经费不足问题 ……………………………………………… 113
  二、发展不均衡问题 …………………………………………… 114
  三、指导专业性问题 …………………………………………… 114
  四、市场监管问题 ……………………………………………… 115
  五、工作机制问题 ……………………………………………… 115
 第三节 我国家庭教育指导依法治理的对策 …………………… 116
  一、家校社协同育人,创新服务形式 ………………………… 116
  二、优化资源配置,促进家庭教育指导均衡发展 …………… 117
  三、推动学科专业建设,建立准入资格标准 ………………… 118
  四、凸显政府主导,加强部门联动 …………………………… 118
  五、加强经费保障,确保基层有经费做事 …………………… 119
  六、明确底线,依法对不履责行为进行追责 ………………… 119

第四章 家庭教育指导内容与策略 ………………………………… 121
 第一节 不同家庭发展阶段与家庭教育内容 …………………… 121
  一、恋爱与结婚阶段与家庭教育 ……………………………… 121
  二、生育与养育阶段与家庭教育 ……………………………… 122

  三、婴儿与幼儿阶段与家庭教育 122
  四、学龄期阶段与家庭教育 123
  五、青春期阶段与家庭教育 123
 第二节　不同家庭发展阶段的家庭教育指导 124
  一、恋爱与结婚阶段的家庭教育指导 124
  二、生育与养育阶段的家庭教育指导 126
  三、婴儿与幼儿阶段的家庭教育指导 127
  四、学龄阶段的家庭教育指导 135
  五、青春期阶段的家庭教育指导 140

第五章　学校家庭教育指导 144
 第一节　学校家庭教育指导的内涵 144
  一、学校家庭教育指导的定义 144
  二、家校合作的定义和分类 145
  三、家校合作的现状与问题 148
 第二节　发达国家和地区家校合作的经验与启示 151
  一、家校合作的内涵 151
  二、美国家校合作的政策与经验 154
  三、国际经验对我国家校合作的启示 160
 第三节　建设高质量的学校家长学校 163
  一、我国家长学校发展的现状 163
  二、高质量家长学校的建设对策 167
 第四节　我国校家社协同育人的政策演变与研究趋向 176
  一、校家社协同育人的政策演变 176
  二、校家社协同育人研究呈现政策驱动态势 179
  三、学校家庭社会协同育人政策研究的未来走向 183

第六章　社区家庭教育指导 187
 第一节　社区家庭教育指导的内涵 187
  一、定义 187
  二、社区家庭教育的指导对象 187
  三、社区家庭教育指导的作用 188

第二节 社区家庭教育指导的主要任务·················188
- 一、把握核心内容·····································189
- 二、设立服务阵地·····································189
- 三、拓展工作载体·····································190
- 四、建设指导队伍·····································190
- 五、建立工作平台·····································190

第三节 社区家长学校建设策略·····················191
- 一、社区家长学校的内涵·····························191
- 二、社区家长学校的指导思想和工作目标·········191
- 三、社区家长学校的管理体系·······················193
- 四、社区家长学校的专业指导队伍··················194
- 五、丰富活动载体，创新服务平台··················195
- 六、社区家长学校的指导内容·······················196
- 七、开展分类指导，提供精准服务··················197

第七章 社会机构的家庭教育指导·····················207
第一节 公共文化机构·································207
- 一、妇女儿童活动中心································208
- 二、图书馆···209
- 三、博物馆、科技馆··································210
- 四、青少年宫··212

第二节 其他相关指导机构·····························213
- 一、婚姻登记处·······································213
- 二、妇幼保健院·······································216
- 三、机关、社会团体、企事业单位··················218

参考文献··220

第一章　家庭与家庭教育导论

本章主要解决两个问题：第一，界定什么是家庭，分析家庭的功能、结构、关系、发展周期、当代的家庭问题以及新时代家庭观，理解家庭的基本理论，这是理解家庭教育的前提，即家庭教育发展背后有着深刻的社会背景，家庭教育受到家庭各方面因素的影响和制约，家庭教育也是家庭最基础的功能。第二，厘清家庭教育的内涵，分析影响家庭教育的主要因素，阐述家庭教育的主要理论、当前家庭教育存在的主要问题以及新时代家庭教育观，全面掌握家庭教育的理论基础。

第一节　家庭的基本理论

家庭不仅是一个私人的场所，它与社会有着紧密联系，是一个社会的最基本细胞。2015年2月17日，习近平总书记在2015年春节团拜会上的讲话指出：家庭是社会的基本细胞，是人生的第一所学校。不论时代发生多大变化，不论生活格局发生多大变化，我们都要重视家庭建设，注重家庭、注重家教、注重家风，紧密结合培育和弘扬社会主义核心价值观，发扬光大中华民族传统家庭美德，促进家庭和睦，促进亲人相亲相爱，促进下一代健康成长，促进老年人老有所养，使千千万万个家庭成为国家发展、民族进步、社会和谐的重要基点。① 习总书记指出了家庭在当前我国国家和社会现代化建设中的重要地位。

---

① 《习近平关于注重家庭家教家风建设论述摘编》，中央文献出版社2021年版，第3页。

一、家庭的内涵

(一)中国传统的"家"内涵

在西汉·许慎编撰的《说文解字》中说:"宀为屋也";"豕为猪也",两字合写为"家"字。家作为重要的社会细胞,既给民众提供了亲密的住所,也提供了重要的赖以生存的生活资源。

著名社会学家费孝通认为:在不同的文化语境中,家庭的概念是不同的,英文中的"家"即 family 的概念不同于中文中的"家"的概念。英文中的 family 表示的是由夫妇和未婚子女所构成的集团;而中国的"家"往往包括了已婚成年子女、其他亲属,有时甚至还包括仆佣等。为了表示这种差别,他特别提出用英文的 Expanded Family 作为中文"家"翻译。不仅如此,家的大小还依事业的大小而定,如果事业小,夫妇两人合作已够应对,这个家可以小得仅有子女、父母在内的核心家庭;如果事业大,超过了夫妇所能负担的时候,家庭的包含就大了。① 因此,家总是变成一个能放能收、能伸缩的社会范围,可以"穷在闹市无人问,富在深山有远亲"。

在中国文化语境下,我国的家庭伸缩性极强,"家,是一个收缩性极强的概念,作为一种象征符号,这种模糊性正是汉族家的重要特征。它可以扩展到社会和国家,作为一种具体结构表现在姓、宗族和家庭与家户上"。② 在儒家文化的影响下,古代许多仁人志士都以"修身、齐家、治国、平天下"作为自己的人生理想,而这也恰恰反映了"家"与"国"之间的同质性和一脉相承的联系。中国人像对待家一样去对待国,自然他们也会像爱家一样去爱国。在宗族、姓氏的形成和发展过程中,因血缘关系而滋生的情感依赖,最终也会扩展到人们的爱国主义情结中,从而对构建和谐稳定的社会关系无不有所裨益。

中西方对于家庭的不同理解以及家庭发展的历史深深影响了不同文化背景下人们的思想认识和行为习惯甚至是社会制度。林耀华指出,对西方的一般学者而言,他们多数认为家庭指夫妇及其所生子女的团体。成了夫妇,而无子女,还不算家庭。换言之,家庭被视为一个生物的团体,我们所说宗族内的家庭是以灶为单位,无论其为夫妇、父子、祖孙、叔侄、姑媳、妯娌,凡是衣食

---

① 费孝通:《乡土中国生育制度》,北京大学出版社 1998 年版,第 33 页。
② 麻国庆:《分家:分中有继也有合——中国分家制度研究》,载《中国社会科学》1999 年第 1 期。

共同，就是同一家庭。这是经济的团体，自与生物的团体不同，不应并为一谈。① 冯友兰先生在《新事论》有"说家国"一篇，对以家庭为本位的生产方法做了具体的解释，"有以家为本位底生产方法，即有以家为本位底生产制度。有以家为本位底生产制度，即有以家为本位底社会制度。在以家为本位底社会制度中，所有一切社会组织，均以家为中心。所有一切人与人的关系，都须套在家底关系中。在旧日所谓五伦中，君臣，父子，夫妇，兄弟，朋友，关于家的伦已占其三。其余二伦，虽不是关于家者，而其内容亦以关于家的伦类推之。如拟君于父，拟朋友于兄弟。旧日与朋友写信，必曰'某某仁兄大人'。呼老表，尤为合逻辑。因异性之人，如须纳之于家的关系中，必是表亲也。在中国字典中，关于亲属关系之字，最为丰富，此盖因以家为本位的生产制度，在中国最为发展也"。② 这种以家庭为本位的生产制度，影响了人与人相处的关系，形塑了社会文化，产生了家国同构的社会现象。学者杜正胜对历史上中国家庭变迁研究指出，中国家庭一是家庭亲疏远近的同心圆序列，即费孝通所言的"差序格局"；二是家庭是承担社会功能的基本单位，类同于社会学创始人孔德将家庭而非个人视为社会组织的基本单位。在中国传统社会中家庭的作用甚至超过"基本单位"的范畴，扩展到镶嵌在社会结构的基层组织形式。③ 由此可见，家庭结构和功能适应了社会发展的需要，是社会治理的重要主体。

(二) 现代家庭的定义

美国社会学家 E. W. 伯吉斯和 H. J. 洛克在《家庭》一书中提出："家庭是被婚姻、血缘或收养的纽带联合起来的人的群体，各人以其作为父母、夫妻或兄弟姐妹的社会身份相互作用和交往，创造一个共同的文化。"④这个定义道出了家庭建立过程中最重要的是婚姻和血缘，从而产生不同的家庭关系。

中国社会学家孙本文认为："所谓家庭，是指夫妻子女等亲属所结合之团体而言。故家庭成立的条件有三，第一，亲属的结合；第二，包括两代或两代之上的亲属；第三，有比较永久的共同生活。"⑤这个定义强调了家庭的本质是血缘上的延续所产生的亲属关系。社会学家龙冠海比较家庭与其他的社会组

---

① 林耀华：《金翼——中国家族制度的社会学研究》，生活·读书·新知三联书店2000年版，第75页。
② 冯友兰：《新事论》，生活·读书·新知三联书店2007年版，第43页。
③ 田丰：《当代中国家庭生命周期》，社会科学文献出版社2011年版，第3页。
④ 《中国大百科全书——社会学》，中国大百科全书出版社1991年版，第102页。
⑤ 孙本文：《社会学原理》，商务印书馆1935年版，第441页。

织，归纳出以下几点不同：(1)家庭是人类所有社会组织中最普遍的一种。(2)家庭是可以满足我们多种需要的组织。(3)家庭是人类营生最早最久的社会环境。(4)家庭是各种社会团体中最小的一个。(5)家庭是最亲密的团体。(6)家庭是唯一为人类担负其保种的任务的团体。(7)家庭是社会组织的核心、其他社会结构的基础。(8)家庭对其分子的要求比任何团体都要迫切而重大。(9)家庭严格地受着社会风俗和法律条规或别的限制，在各种行为上所有的限制比任何其他团体都多。(10)家庭制度是永久的，但是家庭的结合或个别的家庭团体的缺失是暂时的，普通家庭只有几十年的生存，不像教会或国家那样长久。[①] 从这些比较来看，家庭作为社会最基本的细胞，其历史存在的长久性、对于人类群体的延续、对于人行为规范的约束意义重大，是其他组织和团体不可替代的。

综上所述，本书认为，家庭是以婚姻为基础、以血缘为纽带的人类社会生活的基本单位。家庭的本质是家庭中的亲属关系。从家庭发展历史来看，家庭的生育、养育、赡养、情感等功能，决定了家庭在维系社会稳定方面发挥重要作用。家庭在不同的文化环境下有不一样的内涵，中国的家国文化对社会发展影响深远。

二、家庭的功能

家庭是社会成员最重要的福利资源。任何在家庭以外建立起来的正规的社会保护制度都不能取代家庭的功能。家庭功能指的是在人类生活和社会发展方面所能起到的作用，即家庭对人类的功能和效能。《中国大百科全书社会学》从七个方面概括了家庭的主要功能：(1)经济功能。包括家庭中的生产、分配、交换、消费。它是家庭功能其他方面的物质基础。(2)生育功能。从人类进入个体婚制以来，家庭一直是一个生育单位，是种族延续的保障。(3)性生活功能。性生活是家庭中婚姻关系的生物学基础。性生活和生育等行为密切关联，社会通过一定的法律与道德使之规范化，使家庭成为满足两性生活需求的基本单位。(4)教育功能。包括父母教育子女和家庭成员之间相互教育两个方面，其中父母教育子女在家庭教育中占有重要地位。(5)抚养与赡养功能。具体表现为家庭代际关系中双向义务与责任。抚养是上一代对下一代的抚育培养，赡养是下一代对上一代的供养帮助，这种功能是实现社会继替必不可少的

---

① 龙冠海：《社会学》，三民书局1985年版，第274页。

保障。(6)感情交流的功能。它是家庭精神生活的组成部分，是家庭生活幸福的基础。感情交流的密切程度是家庭生活幸福与否的标志。(7)休息与娱乐功能。休息与娱乐是家庭闲暇时间的表现，随着人们生活条件的改善，人们的休息和娱乐逐渐从单一型向多向型发展，日渐丰富多彩，家庭在这方面的功能也日渐增强。① 台湾地区学者高淑贵在《家庭社会学》一书中列举了家庭诸功能，即生物的功能、社会的功能、心理的功能、保护的功能、经济的功能、宗教的功能、娱乐的功能、教育的功能。在谈到教育功能时，高淑贵认为："前面的七大功能，是由教育功能统其成的。""家庭教育功能关系着家庭成员是否能够而且愿意善尽其身为家庭的一份子的职责，致力于使家庭各种功能均得以充分发挥。"② 两种对于家庭功能的划分有异曲同工之处，都强大了家庭在延续后代、一老一小的照顾、物质保障以及生活休闲等方面对家庭成员以及人类社会发挥的重要作用。特别值得关注的是，高淑贵对于家庭功能的划分中，将教育功能视为其他功能的基础，家庭教育可以促进家庭成员道德水平的提高、净化家风、促进家庭关系和谐，对家庭经济、家庭关系、老人赡养、家庭娱乐等功能都有积极促进作用。家庭的功能主要包括以下几类：

（一）生育功能

自人类进入个体婚制阶段以来，家庭一直被当作生育子女、繁衍后代的基本的、合法的单位。两性通过婚姻，生育并抚养子女。通过生育而产生的新一代，保证了社会的新陈代谢和结构完整。人类同构各种文化手段控制生育，以维持社会继替，家庭正是承担这一使命的文化载体。家庭的生育功能保证了人口的政策繁衍，维系着社会的正常延续。

家庭生育功能如不能正常发挥，则关系到国家和社会人口的长期均衡发展。当前我国面临着严峻的生育危机。2021年5月11日国家统计局发布了第七次全国人口普查(以下简称"七普")的主要数据结果，表明中国的生育率进一步下降，总和生育率达到1.3的历史最低水平。③ 长期低于更替水平的生育率会导致人口规模急剧下降和人口结构严重失衡。有学者推测，假设中国在21世纪都保持1.3的生育率，那么2023年就会出现人口负增长，21世纪中叶

---

① 《中国大百科全书——社会学》，中国大百科全书出版社1991年版，第103页。
② 高淑贵：《家庭社会学》，中国科学技术出版社1991年版，第218页。
③ 国务院新闻办公室：《第七次全国人口普查主要数据结果新闻发布会答记者问》，载国家统计局官网，http://www.Stats.Gov.cn/ztjc/zdtjgz/zgrkpc/dqcrkpc/ggl/202105/t20210519_1817702.html，2021年6月17日访问。

人口增长率为-1%，21世纪末达到-1.6%，21世纪末总人口降到6.5亿，而60岁及以上老年人口几乎接近总人口的一半。即使生育率在未来5年回升到更替水平并保持不变，仍然会出现45年的低速人口负增长，21世纪末总人口降到13.2亿，60岁及以上老年人口占30%。如果再设想一个极端情况，即生育率继续下降，未来5年降到1.0并保持不变，那么到21世纪末中国总人口就不足5亿，而60岁及以上老年人口接近占总人口的60%。[1]

增强家庭生育功能。"增强生育政策包容性，推动生育政策与经济社会政策配套衔接，减轻家庭生育、养育、教育负担，释放生育政策潜力"等推动实现适度生育水平的重要措施已被写入中国"十四五"规划和2035年远景目标纲要。要提高家庭生育水平，从家庭内部来说，要促进两性平等分担家庭责任。强调男女共担家庭责任，帮助妇女兼顾工作与家庭，缓解家庭生育压力，不仅要倡导两性共同承担育儿责任，而且应重视女性在社会生活和家庭生活中的独特作用，促进两性平等参与家庭建设。从外部来说，要发展面向家庭的公共服务，为家庭育儿提供支持，为夫妻双方兼顾工作和家庭创造条件。构建家庭发展支持体系，完善生育支持政策，增强家庭抚幼功能，支持女性生育后重返工作岗位，鼓励用人单位制定有利于职工平衡工作与家庭的措施，促进社会性别平等。此外，还需不断完善计划生育奖励假制度和配偶陪产假制度，鼓励男性参与儿童照料，共担生育责任和家务劳动。

针对当前严峻的人口问题，2011年11月，中国各地全面实施双独二孩政策；2013年12月，中国实施单独二孩政策；2015年10月，中国共产党第十八届中央委员会第五次全体会议公报指出：坚持计划生育基本国策，积极开展应对人口老龄化行动，实施全面二孩政策。2021年5月31日，中共中央政治局召开会议，会议指出，进一步优化生育政策，实施一对夫妻可以生育三个子女政策及配套支持措施，有利于改善我国人口结构、落实积极应对人口老龄化国家战略、保持我国人力资源禀赋优势。6月，中共中央、国务院颁布了关于优化生育政策促进人口长期均衡发展的决定，明确提出要实施三孩生育政策及配套支持措施。2021年8月20日，全国人大常委会会议表决通过了关于修改人口与计划生育法的决定，修改后的人口计生法规定，国家提倡适龄婚育、优生优育，一对夫妻可以生育三个子女。

---

[1] 陈卫：《中国的低生育率与三孩政策——基于第七次全国人口普查数据的分析》，载《人口与经济》2021年第5期。

(二)经济功能

家庭的经济功能包括家庭中的生产、分配、交换、消费,它是家庭功能的物质基础,用于满足人们基本生存的需要。家庭曾经是重要的生存单位,现代社会家庭的消费功能增强,家庭中的消费用品由全体家庭成员共同拥有和享用,家庭人口和收入数量决定了家庭的消费水平,家庭的支出方式、项目和权重决定了家庭的消费方式。

家庭是社会终端消费的基本单元。家庭直接或间接(通过所使用的产品)地消费能源、原材料和水资源,同时产生各种排放物和废弃物,对环境产生各种负面影响。家庭消费的生态影响涉及食品、住房、购物、能源、空气、交通、水、健康、照明、辐射、绿化等许多方面。20世纪90年代,联合国环境署提出了可持续家庭消费(Sustainable Household Consumption)的概念。联合国里约可持续发展大会成果文件《我们希望的未来》形成的可持续发展目标,以及2014年后国际人口与发展大会行动纲领审议的成果,都表明可持续战略应将家庭作为促进建立可持续消费模式的行动焦点。这是一个从宏观战略着眼,从微观单一家庭着手行动的战略,即可持续发展要从家庭开始。

(三)赡养功能

父母对子女有生活上提供供养的义务,家庭成员之间也表现出相互供养、给予生活援助的关系。子女对父母也有养老的责任,这是代际之间的相互抚育和照应。家庭养老包括经济上的赡养、生活上的照顾和情感上的交流三个方面。

我国老龄人口规模大、老龄化发展速度快。根据国家统计局统计,截至2018年年末,我国60周岁及以上人口达2.49亿人,占总人口的17.9%;2018年老年人口较2017年增长859万,未来每年新增老年人口约800万到1000万人。[①] 2019年8月,国务院常务会议决定,依托社区发展以居家为基础的多样化养老服务,为老年人提供助餐、助医、助行、助洁等便捷服务。

居家养老为根。孝道文化是中国的传统文化,同时也是我国应对人口老龄化极其重要的文化资源。自古至今,老有善终都是中国人的养老终极追求,能否有亲人的情感、心理和精神的支持和安慰对老人的临终安宁特别关键。当前在家庭结构核心化和家庭规模小型化的进程中,我国基于血亲基础上的代际反

---

① 《我国老年人口2018年末达2.49亿,1年新增超800万人》,载网易网,https://www.163.com/dy/article/E621UHNQ05129QAF.html,2020年4月21日访问。

哺和亲情赡养的家庭养老精神却在逐步弱化。亲人无亲现象值得关注，亲子之间零交流，即使同居一屋，也没有心灵上的交流，没有精神上的慰藉，"非经济的养老"常常被忽视。

社会养老为基。应对人口老龄化，构建养老、孝老、敬老政策体系和社会环境。全社会都要支持家庭发挥孝老敬老的重要功能，以促进老年人身心健康、维护老年人合法权益、实现老年人幸福晚年为目标，关注流动家庭、失独家庭、隔代家庭、独居家庭老人的特殊需求，给予适当的社会支持和服务，注重老年人的身体照顾和精神沟通，营造养老、孝老和敬老的社会氛围，发展银发经济，发掘和发挥老年人的社会作用，建立老老互助、邻里互助等多样化的养老模式。

(四) 情感功能

家庭的日常生活环境，家庭成员面对面互动与合作的特征，使得家庭对于个人具有特殊的心理和情感功能，满足人的心理和情感需求。在心理上，家庭能够给人以寄托感、依附感、安全感、信任感，是家庭成员心灵碰撞和交流的场所；在情感上，家庭是其成员情感宣泄和迸发的地方。家庭中包括有人间的爱情、亲情和友情。

当前，家庭成员的离散化居住对家庭关系和家庭功能的破坏不容小觑。再先进的通信手段、再频繁的语音视频都比不上陪伴身边一盏茶、一碗汤的温暖。夫妻关系可能会因长期分居而名存实亡，代际关系可能会在"留守"或"流动"的阴影下逐渐扭曲。与家庭关系形影相随的是家庭功能的实现，朝夕相处中儿童抚育或老人赡养才是有温度的，需求的及时满足是功能实现的最高境界。

(五) 教育功能

家庭教育是父母对子女施加积极的影响，以及帮助其实现社会化。儿童的初级社会化是在家庭及其邻里环境中完成的。社会化是人通过各种教育途径学习社会知识、技能和规范，从而形成自觉遵守与维护社会秩序、价值观念和行为方式的过程。家庭对儿童的社会化教育包括学习生活知识、学习社会规范、培养性格情操、协调人际关系、指导生活选择等各个方面。家庭是个体接受教育的第一场所，是社会化的起点。家庭教育不仅仅指父母对子女的教育，更包括所有家庭成员之间各种类型的教育活动。在明确家庭教育育人理念的基础上，需要推动和完善法律政策、指导服务等，支持家庭教育功能的更好发挥。

(六)闲暇功能

随着科技进步和经济增长,劳动时间缩短,自由时间增多,人们可以把大部分闲暇时间用于享受和发展的需要,对闲暇生活具有了更新的内容和要求。闲暇时间指人们除劳动外用于消费产品和自由活动的时间。闲暇是指不生产的消费时间,人们在闲暇时间中进行生活消费,参与社会活动和娱乐休息,这是从事劳动后身心调剂的过程,与劳动力再生产和必要劳动时间的补偿相联系。中国传统社会中,家庭观念浓厚,为了维系家庭联系,产生了以家为主的闲暇生活特点。闲暇社交圈多框定在亲朋好友之中,是以感情为纽带,以人情为媒介,以个人的血缘、地缘关系为依托建立起来的传统的私人关系网络。

闲暇时间的增加是现代社会发展的必然趋势,也是社会文明进步的标志。家庭成员根据个人的爱好合理地利用时间,科学地安排闲暇,选择丰富多彩而又适合自己需要的生活模式,达到张弛有度、学玩结合的目的,从而获得积极的休息,提高家庭生活质量。

(七)宗教与政治功能

由于家庭成员之间的血缘关系和共同的生活联系,宗教信仰相互影响并潜移默化,家庭成员经常持同样的宗教信仰,家庭就是一个宗教场所和单位。家庭中家长的权力与他对家庭成员的经济行为、生活选择的掌握和操纵,使家庭成为一个小型政府。在一个封闭型的社会,家庭又是政治权力的扩充和传递系统。

三、家庭的结构类型

家庭结构是在婚姻关系和血缘关系的基础上形成的共同生活的统一体,既包括代际结构,也包括人口结构,并且是二者组合起来的统一形式。按代际层次和亲属关系划分是社会学、人类学通常使用的方法。常见的家庭结构包括同宗家庭、主干家庭、核心家庭。随着社会的发展,产生了一些新兴的家庭结构类型,如单亲家庭、丁克家庭、重组家庭。家庭结构是家庭关系的外在表现,通常所说的核心家庭、主干家庭、"空巢"家庭、隔代家庭等,往往是通过家庭户所反映的家庭形态,离不开家庭成员共居一处的前设。平均家庭户规模作为一个平均值指标,反映的是一般性,而非差异性,事实上,这一指标背后隐含着日益多样化的家庭形态,如独自一人居住的单身青年、两人相守的夫妻家庭,以及为照顾新生孙代而阶段性同居的三代主干家庭等。家庭形态的多样化在某种程度上是人们自主居住意识得以实现的社会进步的反映,背后是迁移流动等相关制度的宽松化、住房的可得性,以及社会观念的转变。

从中华人民共和国成立后的人口统计数据上看,旧中国家庭户平均规模约为 5.2—5.4 人,1953 年"一人普"时为 4.30 人,1964 年"二人普"为 4.29 人,1973 年为 4.78 人,1982 年"三人普"为 4.41 人,1990 年"四人普"为 3.96 人,2000 年"五人普"为 3.44 人,2010 年"六人普"为 3.10 人,2020 年"七人普"时只有 2.62 人,家庭户规模跌破"三口之家"的数量底线意味深长。① 在中国社会大变革浪潮中出现的人口结构个体化、社会结构撕裂化、家庭结构空巢化之变革趋势。从表层看,这是家庭少子化、老年空巢化、居住分离化和青年独居化的表现;从深层看,则意味着在几千年的社会发展中,中国家庭作为最基本的社会组织、制度和结构正在逐步改变。家庭规模不断小型化的同时,产生了大量的风险家庭、空巢家庭、独居家庭和脆弱家庭。譬如,独生子女家庭本质上是高风险家庭,风险性就在于其唯一性。单身家庭户如独居老人,遇到急难如突发疾病风险等并不罕见。"七人普"数据发出强烈信号:大国空巢化开启,"单身社会"和"独居时代"已经到来。具体来看,当前我国主要家庭结构类型如下:

(一)核心家庭

核心家庭是指由已婚夫妇和未婚子女或收养子女两代组成的家庭。核心家庭已成为我国主要的家庭类型。核心家庭的特点是人数少、结构简单,家庭内只有一个权力和活动中心,家庭成员间容易沟通、相处。核心家庭也存在一定的问题,如双职工家庭照顾子女存在一定困难,核心家庭中独生子女一旦死亡,则直接对家庭产生重要的冲击。

当前核心家庭中很大一部分是独生子女家庭。1982 年 9 月计划生育被定为基本国策,计划生育政策实施四十多年来,独生子女家庭对我国控制人口总量,作出了特殊贡献。研究表明,计划生育使中国人口数量缩减了约 4 亿,将"世界 70 亿人口日"推迟了 5 年。另一方面,首批独生子女的父母正在步入晚年,对失独家庭来说,生活和精神支柱的双坍塌,令"生病"和"养老"成为这一群体最害怕提及的话题。② 来自北京市计划生育协会的数据显示,截至 2012 年 5 月,北京失独父母人数为 7746 人,其中农村 1269 人,城市 6477 人。据

---

① 穆光宗:《当前中国家庭户小型化的社会意涵》,载《人民论坛》2021 年第 7 期。
② 《失独家庭现状调查:身心受重创 病榻间相依为命》,载《中国青年报》2013 年 1 月 22 日。

专家保守估算，目前中国至少有 100 万个失独家庭。如果以卫生部发布的《2010 中国卫生统计年鉴》为根据，以年龄段人口疾病死亡率来推算，15 岁至 30 岁年龄段的死亡率至少为 40 人/10 万人。由此推算，在中国目前的独生子女家庭中，每年 15 岁至 30 岁独生子女死亡人数至少 7.6 万人。这就意味着现有独生子女家庭中，每年又有约 7.6 万个失独家庭出现。① 这些数据都表明，我国的失独家庭已经成为一个庞大的群体，失独家庭的养老等社会保障已成为一大特殊的社会现实问题。

(二) 主干家庭

主干家庭又称直系家庭，是指由两代或两代以上夫妻组成，每代最多不超过一对夫妻，且中间无断代的家庭。在我国，主干家庭曾为主要家庭类型，但随着社会的发展，此家庭类型已不再占主导地位。主干家庭特点是家庭内不仅有一个主要的权力和活动中心，还有一个权力和活动的次中心存在。

当前，由于不同代际成员之间的价值观和生活方式的"代沟"扩大，以及年轻人婚后独立居住的诉求、年轻人更重视小家庭和两代人分住偏好等因素的综合影响，代际居住分离已然是社会的普遍现象。但由于生活成本的增加、工作压力的增大、婚姻稳定性的减弱等原因，核心家庭面临越来越多的社会风险。因此，家庭亲属网络间的互助合作传统在新的历史时期得到延续，子代与父代组成长期性或临时性的主干家庭仍然是比较普遍的现象。

临时主干家庭。尽管"家庭规模小型化"和"家庭结构核心化"是中国家庭现代变迁的一个总体趋势，但在当代中国城市家庭中，已婚子女与父母同住并非罕事。2010 年中国家庭动态跟踪调查数据表明，城市中已婚子女约有 40% 和父母同住。研究者指出，已婚子女与父母同住既受到文化传统的影响，又受制于当代家庭的现实需要。由于制度性保障的不足和家庭养老传统的延续，一些老人对子女赡养存在"刚性"依赖，包括经济支持、生活照料或精神慰藉等各方面。子女也将赡养父母视为自己应尽的责任，与父母同住以便更好赡养父母，报答父母的养育之恩。② 与此同时，子女需求也是年轻夫妇与父母同住的重要原因。老人与年轻夫妇同住，很多是出于帮助子女缓解经济压力、分担家务和照顾小孩，形成"临时主干家庭"。

---

① 《政策性补偿失独家庭体现社会公义》，载光明网，https://share.gmw.cn/guancha/2017-04/18/content_24233067.htm，2021 年 7 月 19 日访问。
② 王跃生：《当代中国家庭结构变动分析》，载《中国社会科学》2006 年第 1 期。

老漂族。中国有一类日益庞大的城市老年流动人口值得关注：为了支持儿女事业、照料孙辈，他们像"候鸟"一样离开家乡"漂"至陌生的大城市，面临着语言不通、文化差异、两地分居、异地医保等问题。根据相关部门发布的《中国流动人口发展报告 2018》显示，中国老年流动人口数据较 2016 年近 1800 万（其中专门为照顾晚辈的比例高达 43%）相比，呈持续增长趋势。① 随子女流动，身体和心灵处于"双重漂泊"的随迁老人构成当今老龄化中国一幅具有代表性的图景，被称为"老漂族"。

（三）单亲家庭

单亲家庭是指由离异、丧偶或未婚的单身父亲或母亲及其子女或领养子女组成的家庭。单亲家庭的特点是人数少、结构简单，家庭内只有一个权力和活动中心，但可能会受其他关系的影响。由于社会观念的变迁等原因，婚姻不稳定性因素日益增加，中国离婚率呈现快速上升的趋势。据民政部发布的《2017 年社会服务发展统计公报》显示，2017 年各级民政部门和婚姻登记机构共依法办理结婚登记 1063.1 万对，比上年下降 7.0%。2017 年结婚率为 7.7‰，同比降低 0.6 个千分点，这也是该项数据自从 2013 年达到 9.92‰的峰值后，连续第 4 年出现下滑。② 离婚率攀升的背后是单亲家庭数量的不断增长。

2019 年，首份全国性单亲妈妈生活现状与服务需求调研数据，近八成单亲妈妈无法得到前任配偶足够的抚养费，需面临阶段性或持续的经济压力；超六成的离异单亲妈妈表示前任基本不参与孩子的教育；近五成单亲妈妈因觉得没有给孩子一个完整的家而感到亏欠；面临着巨大的心理压力，超四成单亲妈妈在进入单亲状态后安全感降低；27.2%单亲妈妈在婚恋、就业、他人言论等方面感受到不友好态度，超过一半的单亲妈妈介意公布自己单亲身份；超四成单亲妈妈迫切需要社会的支持与服务，服务需求涵盖单亲父母正面形象宣传、生活情感关怀、单亲父母自助群、法律及心理服务等；在家庭生活发生变故后，超过四成的单亲妈妈在经历单亲的人生阶段过程中会努力提升自我期望；

---

① 《聚焦"老漂族"：人在哪儿，公共服务就应该在哪儿》，载中国经济网，https://baijiahao.baidu.com/s?id=1711047744660580509&wfr=spider&for=pc，2021 年 10 月 23 日访问。

② 民政部：《结婚率连续 4 年下降 晚婚现象或越来越常见》，载《经济日报》2018 年 8 月 16 日。

近六成的单亲妈妈表示经过自己的不断努力,重拾撑起自己和家庭未来发展的信心。[①] 单亲家庭中家长的经济状况、心理状态、个人成长、社会支持以及亲子关系都会对孩子成长产生重要影响。

(四) 重组家庭

重组家庭指夫妇双方至少有一人已经历过一次婚姻,并可有一个或多个前次婚姻的子女及夫妇重组的家庭。重组家庭是基于再婚而产生的,其家庭成员之间的关系不是基于血缘关系而是基于姻亲关系引起的。重组家庭的特点是人数相对较多、结构复杂。

法律对重组家庭成员的各项责任与义务作了详细的规定。如继父母与继子女间关系的认定。《民法典》第1072条规定:"继父母与继子女间,不得虐待或者歧视。继父或者继母和受其抚养教育的继子女间的权利义务关系,适用本法关于父母子女关系的规定。"同时满足上述两个条件,就应认定存在继父子女关系:生父母再婚时,要形成继父母子女关系,继子女须属未成年人;继父母承担了继子女全部或部分抚养费用;抚养事实持续时间足够长。

(五) 留守和流动家庭

受到了我国人口流动日趋频繁、流动范围扩大、流向流量多变的影响,大量农村劳动力向城市转移,支援了城市建设,加速了我国城镇化、工业化进程。然而在劳动力转移的过程中,农民却"命运颠沛",一方面,城市"廉价"吸收了大量农村多余劳动力资源,却不愿为他们的劳动力再生产"买单",不能为进城务工人员举家迁移提供所需的基础设施和基本福利保障;另一方面,"城"发展很快,"镇"的发展没有跟上去,就地(近)城镇化不具备条件,农民很难实现就地(近)就业,不得不离家别子,采取离土离乡的方式跨地区流动,当前流动人口中61.3%是农业户口。据国家统计局数据显示,2020年全国农民工总量28560万人,比上年减少517万人,下降1.8%,规模为上年的98.2%。其中,外出农民工16959万人,比上年减少466万人,下降2.7%;本地农民工11601万人,比上年减少51万人,下降0.4%。在外出务工人员中,年末在城镇居住的进城务工人员13101万人,比上年减少399万人,下

[①] 符畅:《首份全国性单亲妈妈生活现状调研数据在穗发布》,载金羊网,https://news.ycwb.com/2019-01/03/content_30167463.htm,2021年3月18日访问。

降 3.0%。①

留守家庭是在农村劳动力向城市转移的过程中因家庭成员分离而处于变动中的家庭，留守家庭的基本特征就是家庭成员长期处于(一年中的多数时间)分居的"不完整"状态。留守家庭中，家庭成员长期分离、散住异地的现象日益普遍，丈夫与妻子、子女分离，父母与儿女分离，农村出现大量留守家庭，家庭成员分散生活于城市与农村，被分割为打工者与留守者，家庭离散是留守家庭的本质特征和困难的归结点。据统计，全国已有留守家庭7000万户，涉及2.4亿人口，其中农村留守家庭占全部留守家庭的77%，以此估算，农村留守家庭数量约为5390万户。

根据教育部《中国教育监测与评价统计指标体系》，农村留守儿童是指外出务工连续半年以上的农民托留在户籍所在地家乡，由父、母单方或其他亲属监护接受义务教育的适龄儿童少年。教育部每年发布的教育统计数据则能够提供比较精确的义务教育阶段流动儿童的数据：2017年义务教育阶段流动儿童有1897.45万人、农村留守儿童有1550.56万人。②《中国儿童福利与保护政策报告百度2019》(以下简称《报告》)显示，家庭分离不仅使留守儿童失去了成长的良好家庭环境，还带来了一系列的社会影响，突出表现在营养不足引起的健康问题、亲情缺失引起的心理问题、照顾不周引起的安全问题(包括暴力侵害、性侵害、网络侵害、溺水、车祸)、监管缺失引起的学习问题和品行问题等。③

根据教育部《中国教育监测与评价统计指标体系》，随迁子女是指户籍登记在外省(区、市)、本省外县(区)，随父母到输入地(同住)并在校接受教育的适龄儿童少年。国家卫计委流动人口司编著的《中国流动人口发展报告2016》数据显示，近九成已婚新生代流动人口是夫妻双方一起流动，而与配偶、子女共同流动的约占60%。也就是说，进城务工人员随迁子女的增加一定程度上减少了农村留守儿童的数量。随迁子女的境况比留守儿童要好得多，但是囿于现行的户籍制度，随迁子女在就学上仍然面临诸多困境，一是就读公办学校的流动儿童得到大幅提升，但尚未全部解决。二是"小升初"阶段，有

---

① 《2020年农民工监测调查报》，载国家统计局官网，http://www.stats.gov.cn/tjsj/zxfb/202104/t20210430_1816933.html，2021年5月21日访问。

② 《中国有多少流动儿童和留守儿童——2017年教育统计数据发布》，载搜狐网，https://www.sohu.com/a/249676480_100001871，2021年7月12日访问。

③ 周福林：《我国家庭结构变迁研究》，经济管理出版社2016年版，第82~183页。

大量的随迁子女因为学位不足或者升学门槛高的原因被迫返乡,其中很大一部分会转变为留守儿童。

(六)空巢家庭

空巢家庭一般是指家庭中因子女外出工作学习老人独居的一种现象。所谓"空巢",是指子女长大成人后从父母家庭中相继分离出去,只剩下老年一代人独自生活的家庭。而一旦配偶去世,则家庭生命周期进入鳏寡期。空巢期与鳏寡期对老年人来说是生活中容易发生困难的两个重要阶段。全国老龄委预测,2015 年到 2035 年我国老年人口将年均增长 1000 万左右。① 目前,我国大中城市老年空巢家庭率已达 70%。伴随着第一代独生子女日渐长大,儿女们离家求学、就业和结婚,越来越多的低龄空巢家庭开始在城市里出现。空巢家庭的增加对传统的家庭养老产生强烈的冲击。

当前,我国空巢老人尤其是独居老人增长是家庭户进一步缩小现象背后的一个基本的人口学事实。据推测,2020 年,我国的失能老年人已达 4200 万,80 岁以上高龄老年人已达 2900 万,空巢和独居老年人已达 1.18 亿。② 虽最新统计还未公布,但不难看出,老龄少子化、老年空巢化和空巢失能化是中国人口老龄化的深层挑战。

(七)丁克家庭

丁克家庭是指由夫妇两人组成的无子女家庭。依据夫妻双方个体差异,丁克家庭分主动自觉型和被动消极型。前者指夫妻双方有生育能力,但自愿不育的家庭;后者指夫妻一方或双方不具有生育能力而造成没有子女的家庭。近年来,丁克家庭的数量在我国逐渐增多,相关数据显示,目前中国已有超过 60 万的丁克家庭。丁克家庭的特点是人数少、结构简单。

中国受"养儿防老"和"不孝有三,无后为大"的思想影响已久,大多数家庭相对传统,男女结婚后会要孩子。丁克家庭不一样,他们是只结婚不要孩子。20 世纪 80 年代,丁克第一次传入中国,就受到一些知识分子的追捧。他们不想有孩子束缚自己的生活,尤其是年轻女子不想经历生育的痛苦,就选择成为丁克家庭。丁克家庭的理由有:夫妻双方以事业为重,不愿意让孩子影响自己的工作;要做"新新人类"的代表,他们有全新的婚恋观、家庭观、生育

---

① 《老龄委预测到 2035 年我国老年人口将年均增长一千万左右》,载央广网,http://m.cnr.cn/news/20151108/t20151108_520436518.html,2021 年 10 月 11 日访问。
② 《中国失能老年人 4 年后将达 4200 万 老龄化趋势严峻》,载中国新闻网,https://www.chinanews.com.cn/gn/2016/10-27/8044647.shtml,2021 年 6 月 7 日访问。

观。所以拒绝"第三者"（孩子）插足；不让自己和孩子太累，认为自己势必会为子女成长费尽心血，所以还不如不生育；对家庭生活没有信心，在自己对生活还没有十足的把握时，不要孩子；受经济条件的制约，认为自己现在的工作还不够稳定，希望能创造更好的经济条件；把家庭幸福的条件放宽，认为没有儿女承欢也一样可以活得很充实；相信社会保障功能的进步，这些家庭认为"防老"未必非得"养儿"，家庭的保障功能逐步由社会来承担等。

（八）单身家庭

随着工业化进程的加快，城市化程度的加速，生活压力的增大，特别是婚育观念的改变。单身家庭指的是选择追求有品质、高质量独身生活的家庭类型。高房价、高额的养育成本、不完善的保障体系等被很多人认为是导致出现这种情况的主要原因。民政部数据显示，2020年我国结婚登记数据为813.1万对，这是继2019年跌破1000万对大关后，再次跌破900万大关。同时，这也是2003年以来的新低，仅为最高峰2013年的60%。[①] 还有一种独居状况的"空巢青年"也值得关注，指的是生活在大城市，与父母及亲人分居，单身且独自租房的年轻人。空巢青年和单身人口的增加将通过不婚不育和晚婚晚育加剧低生育——少子化进程。它给婚姻家庭制度、人心人性和生活方式以及人口安全带来了前所未有的大挑战。

四、家庭的关系与角色

（一）家庭关系

婚姻家庭关系作为人类生存与发展的前提条件，是最早形成的社会关系。婚姻家庭关系与其他社会关系不同的是，它是建立在两性和血缘关系基础之上的一种特殊的社会关系，是实现人类自身繁衍的社会形式。家庭在婚姻和血缘关系的联结下，形成了各种家庭关系。家庭关系存在于家庭成员之间，而其成员又分血缘、姻缘和拟制血亲（收养等）关系，同时还有代际、代内之别，由此形成多种家庭关系类别。概括来讲，有夫妇关系、亲子关系、兄弟姐妹关系、婆媳关系、妯娌关系、祖孙关系、叔侄（伯侄、姑侄）关系、舅甥（姨甥）关系，还有堂兄弟姐妹、表兄弟姐妹关系等。若从代的角度着眼，这些关系形式可以被归纳为三大类：代内关系，夫妇之间、兄弟姐妹之间等；代际关系，亲子之间，还可延伸至公婆与子媳之间、岳父母和女婿之间等；隔代关系，祖

---

① 《2020年我国结婚登记数据为813.1万对》，载《中国青年报》2021年3月19日。

孙之间等。① 从理论或从广义上讲，上述关系类型的成员都有可能生活在一个家庭之中，并为"家庭关系"所涵盖。而从狭义角度看，家庭关系指血缘关系最近或有姻缘关系成员之间的关系，包括亲子关系、夫妇关系、祖孙关系、兄弟姐妹关系等。中国当代家庭关系伴随着社会变革和制度演变发生了重要变动，家庭成员平等的局面基本形成。以亲子关系为主导的家庭关系转变为夫妇为主导，成为家庭关系的一条主线。在这一过程中，家庭核心化和小型化受到推动。当代家庭关系的另一主线是亲子代际关系，其既有对传统的保留，更多地则随社会变革发生了强弱变化。

1. 夫妻关系

通过中华人民共和国成立以来 70 多年的家庭建设工作，婚姻自由、一夫一妻、男女平等已成为我国社会共识和绝大多数人的基本行为规范。随着社会的转型，人们的婚恋观变得复杂多元，主流的婚姻道德标准、家庭价值观受到挑战，婚姻伦理观念受到拜金主义、享乐主义思想的冲击，近年来在广大农村，封建主义在婚姻家庭领域有以新的形式死灰复燃的迹象，变相的包办婚姻、买卖婚姻和天价彩礼、豪华丧葬、人情礼金、老无所养等现象激增。从婚姻关系维持来看，婚姻家庭中存在着不平等现象。婚姻家庭中的暴力问题频现，甚至在《反家庭暴力法》正式实施后，此类社会事件仍旧持续出现。平等和睦的婚姻家庭关系不仅对维持良好的家庭意义重大，为家庭教育顺利实施提供最重要的基础条件。良好的夫妻关系是对孩子进行教育时形成合力的必要前提。婚姻关系需要两个长大成熟的大人，而长大成熟意味着能够脚踏实地以及独立自主。不同类型的夫妻关系对孩子的影响不同，如冲突的夫妻关系对儿童身心健康产生多种负面影响。苏联著名社会学家 B. A. 瑟先科在《夫妇冲突》一书中阐述了家庭冲突对下一代的消极影响：(1)孩子在充满矛盾、父母要求不一致的环境和家庭气氛中缺少宁静、和平、幸福、安定……一句话，缺少儿童精神与心理健全发展所必需的一切条件。(2)发生神经、心理病态的危险急剧增长。(3)行为的放纵与缺乏自制力日趋发展。(4)孩子的适应能力逐渐降低。(5)道德习惯上瑕疵日益增多。(6)孩子越来越不习惯于人们共同的道德规范。(7)孩子往往会产生对自己双亲的反感，有的甚至对一方怀恨在心。② 因此，

---

① 王跃生：《中国当代家庭关系的变迁：形式、内容及功能》，载《人民论坛》2013 年第 24 期。

② 陈一筠：《瑟先科〈夫妇冲突〉》，载《读书》1984 年第 7 期。

为了维护婚姻家庭的稳固性，维护夫妇和子女的身心健康，已婚夫妇要努力承担好做夫妻和父母的义务，并且懂得如何持家和抚养教育子女，才能为儿童成长营造良好的家庭环境。

2. 亲子关系

亲子关系包括三层含义：(1)生物学：血缘关系。(2)社会学：法律、制度、地位等关系。(3)心理学：特定的情感态度、行为方式等方面的联系。中国亲子关系从传统上来看：重角色行为，轻亲密关系；重社会教化，轻儿童成长；重替代行为，轻独立意识。良好的亲子关系始于相互尊重，主要体现在良好沟通与日常交流上。

尊重孩子是家长与孩子建立良好沟通的前提。尊重孩子是指将孩子作为独立的个体，平等对待孩子、认真倾听孩子的话、允许孩子表达自己的意见。如果家长充分尊重孩子，孩子会更愿意接受家长的教导、理解家长，也更愿意向家长表达自己的内心想法。家长给予孩子充分的信任和自主权，有助于提高他们的自尊水平和幸福感；家长采用民主的教育方式，还有助于促进孩子情感、人格和智力等方面的发展。2018年《全国家庭教育状况调查报告》指出：部分学生报告家长不尊重自己。13.3%的四年级学生和10.8%的八年级学生报告"我做错事时，家长总是不听解释就批评我"，10.7%的四年级学生和8.2%的八年级学生报告"家长从不认真回答我提出的各种问题"，15.4%的四年级学生和9.9%的八年级学生报告"家长从不认真听我把话讲完，总是打断我"，17.4%的四年级学生和14.4%的八年级学生报告"当我和家长有不同意见时，家长从不允许我表达自己的观点"，19.3%的四年级学生和18.8%的八年级学生报告"家长要求我做某件我不愿意做的事情时，从不会向我耐心说明理由"。[①]

亲子沟通是建立和维系亲子关系、实施家庭教育的重要途径。父母与子女通过沟通交换信息、观点和情感来促进相互了解和信任。亲子沟通状况是反映家庭功能完善程度的重要指标之一，良好亲子沟通对孩子的学业表现、身心发展和社会适应等均有较大的作用。调查发现：部分学生报告家长从不或几乎不与自己进行沟通。25.1%的四年级学生和21.8%的八年级学生报告"家长从不或几乎不花时间与我谈心"，22.5%的四年级学生和21.2%的八年级学生报告

---

① 《全国家庭教育状况调查报告(2018)》全文发布，载中国教育新闻网，http://www.jyb.cn/zcg/xwy/wzxw/201809/w020180927730230778351.pdf，2021年5月17日访问。

"家长从不或几乎不问我学校或班级发生的事情",23.6%的四年级学生和19.0%的八年级学生报告"家长从不或几乎不和我讨论身边发生的事情",34.0%的四年级学生和34.8%的八年级学生报告"家长从不或几乎不和我一起谈论电影或电视节目"。① 这表明部分家长与孩子沟通不足。

家庭日常交流是家庭生活的重要组成部分,也是对孩子进行教育的重要途径。良好的家庭日常交流不仅有利于营造温馨的家庭氛围、促进良好亲子关系,还有利于孩子积累知识、拓展视野,树立正确的价值观、人生观和世界观。调查发现:在家庭日常交流中,部分学生报告家长没有教自己"做人的道理""安全知识""法律常识""传统文化";其中,与教孩子"做人的道理""安全知识"相比,家长与孩子进行"法律常识""传统文化"方面的交流更少。9.2%的四年级学生和5.7%的八年级学生报告家长几乎从不教孩子做人的道理,9.5%的四年级学生和11.8%的八年级学生报告家长几乎从不教孩子安全知识,25.2%的四年级学生和35.4%的八年级学生报告家长几乎从不给孩子讲日常生活中的法律常识,30.2%的四年级学生和35.0%的八年级学生报告家长几乎从不给孩子讲传统文化的相关内容。② 这说明家长重视让孩子了解做人的道理、重视孩子的人身安全,而轻法律常识和传统文化的学习。

3. 隔代关系

三代同堂是中国传统文化中家庭的幸福追求,一方面使老年人老有所养,另一方面也可以在年轻人上班时照料孩子。但由于代际之间的理念价值、生活观念和习惯等因素存在差异,导致家庭生活中会出现一些摩擦,如婆媳矛盾、隔代教育问题、老人长期卧病在床给家庭造成重负、家庭住居空间小导致生活不方便等。

在现代社会中,"男主外,女主内"的家庭分工格局已经被打破,大多数女性(特别是高学历的女性)走出家庭并参与到劳动生产过程之中。但是,由于传统的"男主外,女主内"观念的存在,子女照料等生理性抚育仍然被视为女性的主要家庭责任,使得他们往往面临更为严重的工作家庭冲突。因此,调动上一代的资源来缓解家庭的负担和工作家庭冲突,组建临时或长期的主干家庭成为已婚夫妇常用的策略。也就是说,已婚夫妇是否与上一代同住与女性的

---

① 《全国家庭教育状况调查报告(2018)》全文发布,载中国教育新闻网,http://www.jyb.cn/zcg/xwy/wzxw/201809/w020180927730230778351.pdf,2021年5月17日访问。

② 《全国家庭教育状况调查报告(2018)》全文发布,载中国教育新闻网,http://www.jyb.cn/zcg/xwy/wzxw/201809/w020180927730230778351.pdf,2021年5月17日访问。

劳动力市场参与情况密切相关。在职女性的家庭由于更依赖上一代在家务劳动和子女照料等方面所提供的服务，因而更有可能三代共同居住。

父母缺位的家庭更加需要通过家庭支持网络来缓解由于家庭解体或父母缺位所带来家庭危机，对祖辈资源也相对更加依赖，因而更可能会三代共同居住。在选择与祖辈同住的家庭中，因为增加了一个家庭主体，所以家庭内部的社会资本总量会大幅度增加。不仅如此，祖辈的加入还可以改善或增强原来的父辈与孙辈之间的互动模式，包括父子两代之间可能更高的互动频率和更佳的互动效果，从而改善家庭内部的社会资本。另外，祖辈加入后，其承担的家庭功能还可以帮助父辈有更多的时间和精力扩展家庭外部社会资本。这些增加的家庭社会资本有利于提高家庭中经济或人力资本的传递效率，促进孙辈的教育发展。[①] 因此，隔代教育对于儿童教育并不完全是负面的影响，要根据每个家庭的情况，做好沟通协调，尽量保持教育观念一致，才能达到家庭育儿的最优分工。

(二)家庭角色

家庭角色中与家庭教育最密切相关的就是母亲和父亲。青年人在结为夫妇之后生儿育女，角色转变为父亲和母亲。

1. 母亲

母亲，是子女对生养自己的女子的称谓。母亲在子女性格特质的形成中具有更明显的优势，扮演着更重要的角色。母亲通过身体上的拥抱抚摸和心理上的情感沟通两种途径与儿童产生亲密接触，其孕育者和喂养者的特殊身份决定了她们与孩子在情感上能产生更为深入和紧密的联系。著名心理学家弗洛伊德曾经这样描述幼儿和母亲之间的亲密关系，"独有的、无可比拟的、最强烈的、无可替代的第一个爱的对象，并且是这个孩子在与异性建立爱情关系时所参考和遵循的模范"。[②] 依恋理论认为，母亲是儿童最重要的照料者，妇女以母亲的身份与儿童形成稳定安全的情感纽带，对儿童的健康成长产生至关重要的影响。在社会现实中，我国儿童的主要照料者依然是母亲。根据调查显示，在 2016 年，一孩母亲平均每天用于照料孩子的时间约为 4.1 小时，二孩母亲

---

① 张帆、吴愈晓：《与祖辈同住：当前中国家庭的三代居住安排与青少年的学业表现》，载《社会》2020 年第 5 期。

② 孙云晓：《拯救男孩——母亲：男孩的"安全岛"和"放飞基地"》，载《青春期健康》2013 年第 1 期。

则约为 6.79 小时。① 这表明妇女承担着抚育子女的大部分责任。在中国社会中，父母往往承担着主要的抚育责任，与孩子有更亲近的交往和更密切的联系，帮助孩子在家庭中完成人际交往、社会规范、社会角色等的学习。母亲扮演着社会化的示范者角色，通过言传身教，向儿童表明肯定和支持什么、否定和反对什么，由此实现家庭对儿童社会化的引导。

在我国几千年的封建社会发展中，基于男权文化的家族制度，形成了封建礼教所提倡的"三纲"，指父为子纲、君为臣纲、夫为妻纲，用来调解社会中人与人之间的关系。其中"夫为妻纲"建立在"男尊女卑"的思想基础和"女子无才便是德"的封建文化价值观上，形成了"男主外，女主内"的社会分工。在这种男权文化下，女性被剥夺了参加社会生产和社会活动的权力，被禁锢在家庭这个狭小的圈子里，只有对丈夫单方面的责任和义务。社会对于女性的评判标准，主要根据男子——丈夫和儿子的社会地位高低和价值大小，来衡量与体现女子即妻与母的价值和作用，如同俗语所言"妻以夫荣""母凭子贵"。因此，封建社会中的母亲角色具有从属性特点，缺乏独立的人格。

在新的历史条件下，女性获得了更有意义的现代社会角色，能在政治、经济、社会生活中找到自己的位置，通过劳动，在创造社会价值的同时实现自身的价值。然而，现代女性也面临着一个难题，就是在承担社会公共领域责任的同时，过去对女性在家庭方面的责任要求并没有改变。婚姻和生育是女性平衡工作与家庭关系面临的巨大挑战，工作减少了女性对家庭的时间投入，城镇已婚在业女性比男性面临更大的工作与家庭冲突。在中国这个有着强烈男权文化传统的国家，男性的生活重点更可能放在工作，而女性的生活重心更可能放在家庭，从而影响了女性的职业发展。作为母亲，白天在职场追求事业成功，下班回家后还要接受传统女性价值观的评判。在当前的中国家庭中，母亲比父亲更加长久且深入地卷入孩子的成长过程，妇女往往承担着大部分的家务劳动责任和儿童照料责任，承受着工作和生活的双重压力。

正确理解母亲角色，要从家庭内部观念和社会支持两个方面，帮助母亲更好地平衡事业与家庭。一方面，树立正确的家庭性别平等观念。通过宣传和倡导，引导公众正确认识妇女在家庭中的地位和作用，强化对女性家庭劳动社会价值的认知，摒弃以往对"家庭妇女""家庭主妇"的陈旧观念，为妇女在建设

---

① 刘继文、简鑫源：《从家庭视角看二胎时代下女性抚育压力》，载《长江丛刊》2017年第 22 期。

社会主义新家庭中发挥独特作用，奠定良好的社会观念氛围。另一方面，从外部为妇女在家庭中的发展提供支持。完善家庭的社会支持系统，政府增加公共服务供给，提高服务水平，保障妇女的合法就业权益，促进男女共同承担家庭责任，消除对女性的一切形式的歧视。

2. 父亲

父亲，主要是生物学意义上的，指生育自己的男子，有直系血缘关系的上一代男性。美国哲学家艾瑞克·弗洛姆在《爱的艺术》中说："母亲代表大自然、大地与海洋，是我们的故乡"，而"父亲则代表人类生存的另一个极端：思想的世界，法律、秩序和纪律等事物的世界"。有学者将父亲参与幼儿教养定义为：父亲在日常生活中所从事的一切直接或间接地影响幼儿成长的活动。这些活动包括：父亲对参与幼儿教养的认识、父亲参与的频率、父亲参与的内容与方式三个方面。父亲参与的内容划分为八个维度（日常互动、常规教育、关注监督、规则约束、情感表达、学业鼓励、间接支持、自我学习）。[①]

在20世纪六七十年代出现的性解放及妇女解放运动的推动下，父亲在家庭和社会中的地位发生了深刻的变化，父亲已经不仅仅是家中的"养家者"。学者们开始对家庭中父亲的角色、参与、影响进行专门的研究。研究表明，良好的亲子关系是儿童健康成长的重要前提，[②] 父亲角色在儿童抚育和社会化中同样具有重要作用。在儿童抚育的过程中，男女两性通过合作形成的抚育团体一方面能够产生更大的效率，另一方面更有利于促进儿童健康成长。在儿童社会化的过程中，父亲对儿童形成积极的个性品质、发展正确的性别角色等均有重要影响。因此，男性同样发挥着抚育子女和引导儿童社会化的重要作用。在世界范围内，受传统社会文化的影响，父亲在家庭教育中的参与相对母亲更少，有学者提出父亲"角色缺失"的现象，既父亲生理在位的情况下，因没有承担作为"父亲"这一角色所需要承担的责任和义务，不能符合社会对"父亲"这一角色的期待，包括父亲与孩子情感上的疏远、父亲对亲子教育的错误认识及教养方式不当等。2016年发布的《中国家庭教育现状》白皮书显示，父亲主

---

① 魏栋：《父亲参与幼儿教养现状分析及对策建议》，上海师范大学2013年硕士论文。

② 李艳玲、张艳青：《父亲对儿童社会化的影响》，载《才智》2010年第3期。

导教育的家庭不足两成。① 封建社会中，父亲在经济上支持着家庭的生存，更多的是向子女提出要求，是权力的象征，对子女是严厉的，表现出一家之长的体面和尊严。

父亲对儿童成长的影响是多方位的，有学者认为父亲的影响在于：第一，父亲更善于把孩子引向外部世界。同样是做游戏，母亲喜欢进行一些安静的、柔和的游戏，而父亲则更多地带孩子进行一些运动性、冒险性、探索性的游戏。经常和父亲一起游戏的幼儿，好奇心和自主性更强，运动技能和操作技能也更强。第二，父亲能帮助孩子了解性别角色。如果男孩在向父亲学习方面受到阻碍，男孩常常会表现出更多女性化的趋向。同样，女孩也会从父亲身上了解很多男性的特征及品质，在与父亲的相处中使自己性格更开朗，更具有探索、独立等精神品质。第三，父亲会影响孩子的情绪情感。如果父亲在养育婴儿的过程中是积极的，那么孩子对陌生人的态度就比较友好。孩子的父母如果能经常分担育儿的责任，那么孩子便习惯于父亲或母亲的离开。第四，父亲影响孩子的认知和思维。② 部分研究表明，一个家庭中的父亲在育儿工作中缺席，将对儿童身心健康产生诸多不利影响。北京军区总医院青少年成长基地近些年的研究发现，孩子在成长过程中出现的行为问题和成瘾性的人格特点，首要责任在父亲。对收治的网络成瘾病例进行统计发现，排名首位的伤害是父爱缺失，占87%。③ 根据国家贫困儿童研究中心的报告，没有父亲教育的男生，比有父亲教育的男生逃学的可能性增加一倍，犯罪的可能性大两倍，长大后需要接受心理治疗的可能性增加3倍。如果是女孩，长大后成为单身母亲的可能性也高出3倍。④ 父亲不仅影响孩子的性格，还影响孩子的智力。与父亲相处时间多的婴幼儿更乐于探索；与同伴的交往中更加受欢迎和喜爱，更容易融入陌生环境中；经常与父亲在一起的幼儿创造力相对而言要高些；经常与父亲玩耍的幼儿更多地表现出勇敢、自信、意志坚强等良好的人格品质；父亲较多地参与和幼儿的交往，能日益提高幼儿的认知技能、成就动机和对自己能力的自信心。

---

① 《〈中国家庭教育现状〉白皮书发布：反映中国家庭教育方面的一些特点》，载新华网，http://www.goschool.org.cn/jtjy_rq/tbtj/2016-10-31/11674.html，2021年5月19日访问。
② 孙彦红：《关注父亲教育缺失》，载《中小学德育》2014年第2期。
③ 孙云晓：《父教缺失对儿童成长的危害及预防》，载《光明日报》2009年11月4日。
④ 《父亲的背景，成长的阴影？》，载《中国教育报》2014年1月9日。

随着家庭教育指导工作的推广和普及，越来越多的父亲认识到家庭教育的重要性，但调查研究显示，父亲们参与儿童教育的时间还是明显少于母亲。究其原因：首先是今天的社会竞争激烈，如果不多一些投入，可能难以立足，更难以承担养家糊口的责任，也谈不上维护男人自身的尊严。其次，教育孩子既费时间又费心，相比母亲的爱心和耐心，父亲往往自愧不如。其次，教育孩子需要改变许多旧观念，需要学习很多知识和技能，父亲常常望而却步。其中，最根本的原因是对父亲的特殊责任和巨大潜能认识不清。支持父亲参与家庭中的育儿工作，一方面要加大宣传指导，让广大父亲认识到父母共同育儿可以更好地促进儿童身心健康成长，同时也有利于夫妻关系和睦相处。另一方面，为父亲参与育儿工作提供更多有利的社会条件。2021年8月20日，十三届全国人大常委会第三十次会议表决通过了关于修改人口与计划生育法的决定，增加的一项条款引人注目：国家支持有条件的地方设立父母育儿假。8月25日，国务院常务会议审议通过《中国妇女发展纲要（2021—2030年）》和《中国儿童发展纲要（2021—2030年）》，提出探索实施父母育儿假。相关政策法律的配套措施如能具体规定父母育儿假的内容、条件和时间，深化男女平等，优化家庭内部分工，则可以更好地平衡家庭关系，发挥父亲育儿职能。

五、家庭发展与生命周期

家庭是人类社会的基本单位。家庭发展指的是从家庭建立到终止的变化过程。家庭教育与家庭发展存在着密切的联系。一方面，家庭教育功能的发挥离不开家庭发展过程，儿童通过家庭获取各种资源并满足其生活、发展需要；另一方面，家庭教育可以促进家庭文化与家庭成员素养的提升，进而推动家庭发展过程并提升家庭发展能力。

学者们通过研究发现，家庭发展过程具有一定的规律，并提出家庭生命周期理论。美国人类学家格里克（Paul C. Glick）1947年提出了经典的家庭生命周期理论，家庭生命周期理论是一种结构分析方法，它将家庭的生命历程解构为不同的阶段，揭示了家庭的生命历程变化及运动规律。家庭生命周期理论认为，家庭从建立到终止是一个发展的过程，在每个不同的阶段具有不同的使命，包括生理上的照顾、分配家庭资源、决定劳动分工、确保家庭成员的社会化、家庭成员之间建立联系、吸收和分解家庭成员、与社会联系等。除了基本家庭使命外，家庭还必须面对不同的家庭危机，并使得家庭发展转换到另外一个新的阶段，应对家庭所面临的外部压力，在家庭内部实现代际支持。因此，家庭发展具有过程性和可分割性。家庭发展的过程性是指家庭发展经历了从产生到消亡的过程。家庭发展的可分割性是指可以根据家庭发生的重大事件将其分成不同的发展阶段，每个发展阶段皆有其独立性。根据家庭生命周期理论，学者们将家庭发展过程划分为不同阶段。唐纳德·柯林斯综合了学者们的研究，认为家庭发展可以划分为以下阶段：(1)结婚、配对、对偶结合。(2)有小孩子的家庭。(3)学龄儿童家庭。(4)青春期孩子家庭。(5)青年人离家的家庭。(6)返巢阶段。(7)中年家长。(8)年迈家庭成员(不同阶段的任务可以详见表1-1)。结合我国实际情况和家庭教育指导需求，可以将上述阶段简单归纳为：恋爱与结婚阶段、生育与养育阶段、婴儿与幼儿阶段、学龄期阶段、青春期阶段、空巢阶段、退休阶段和鳏寡阶段。随着现代化的推进，渐趋流行的晚婚、不婚、晚育、不育等婚育形态使新生家庭的生命历程迟迟难以形成或展开，而离婚率攀升、少子背景下子女普遍离家等现象，又催生家庭过早进入"空巢"期和消亡期，加速了家庭的解体。

表1-1　　　　　　　　　　　家庭发展不同阶段

阶段	家庭任务
1. 结婚、配对、对偶结合	忠于彼此，形成角色规范和规则，与原生家庭分离，形成夫妻关系，就具体个人需求达成妥协、让步
2. 有小孩子的家庭	用三角关系来稳定婚姻，将孩子融入家庭，重新调整关系，在工作或事业与家庭琐事之间达成平衡
3. 学龄儿童家庭	允许孩子最大限度的独立性，开放家庭界限，理解和接纳新的角色变化
4. 青春期孩子家庭	通过适当调整界限来处理青春期孩子对独立的需求，重新设定个人自治规则，改变、设限和角色妥协
5. 青年人离家的家庭	青年人准备独立生活，接纳和鼓励青年人自力更生
6. 返巢阶段	重新调整家庭系统，接纳成年子女返巢，处理夫妻问题，重新协商个人空间和物理空间，重新协商角色和责任
7. 中年家长	与孩子分离后，适应新的角色和关系
8. 年迈家庭成员	与孩子们的配偶和孙子孙女建立关系，处理与衰老有关的问题，努力保持尊严、意义和独立性

资料来源：[加]唐纳德·柯林斯、[美]凯瑟琳·乔登、[加]希瑟·科尔曼：《家庭社会工作》，刘梦译，中国人民大学出版社2008年版，第87页。

下文将选取与儿童成长联系最密切的几个家庭发展阶段，即恋爱与结婚、生育与养育、婴儿与幼儿、学龄期和青春期阶段来进行阐述。

（一）恋爱与结婚阶段

恋爱与结婚是家庭建立的前提。恋爱是异性间以交流相互的爱慕情感为目的的互动。恋爱关系一旦确定，两人开始亲密的互动，愿意和对方以固定一对一的交往方式出现。恋爱是一种动态互动的过程，双方随着互动可能加深亲密关系或进入婚姻，也有可能终止关系。从恋爱到结婚，是一个质的改变。当男女双方正式缔结了婚姻，就开始了一个新的家庭过程。婚姻是男女双方通过择偶，依据一定的法律、伦理和风俗所结成的夫妻关系。婚姻的社会性决定了婚姻双方结婚后要承担相应的社会责任和义务，根据《民法典婚姻家庭编》规定，婚姻当事者必须具备一定的生理、心理和社会条件。婚姻使夫妻之间建立了姻亲关系，需要受到不同规则和期望的约束。

（二）生育与养育阶段

家庭很重要的功能之一就是生育。生育是影响家庭发展的关键因素。孩子出生后，家庭生活从之前的二人世界转变为三人或三人以上的世界。家庭中出现亲子关系，家庭成员有了新的角色。养育孩子意味着承担责任，由于很多夫妻在初为家长时并没有太多的经验，导致家庭生活中产生暂时性的混乱和冲突，需要家庭成员共同努力来调整并适应这种转变。

（三）婴儿与幼儿阶段

婴儿与幼儿阶段指的是家庭中最大的孩子不超过6岁的时期。在婴儿与幼儿阶段，家长已经不像应对新生儿那般紧张无助，通过各种渠道掌握了养育儿童的一定知识和技能。此时，有的家庭会选择要第二个孩子，二孩的到来会将家庭的已有秩序再次打乱，夫妻需要重新协调各种关系并建立新的平衡。对于家长来说二孩出生绝不是简单的工作量的翻倍。特别是第一个孩子年龄尚小，家长还需要教两个孩子如何相处。

（四）学龄期阶段

学龄期阶段指的是家庭中最大的子女小于12岁的时期。儿童进入学龄期，开始系统接受全面的学校教育，家庭发展进入一个新的阶段，家庭成员需要按照学校需求来制定家庭日程表，家庭生活需要重新调适。随着儿童长大，家庭开销继续增加，家务工作有增无减，家庭成员需要相互理解和支持，齐心协力完成家庭中的各项任务。夫妻经过多年的相处已经更加了解对方，为了保持家庭关系的和谐，需要家庭成员能够彼此耐心倾听并进行良好的沟通，才能减少误解并化解危机。

（五）青春期阶段

青春期阶段是家庭中最大的子女处于12—18岁的时期。青春期常常被当成一个家庭混乱时期。在这个阶段，青春期的孩子和家庭都在快速成长变化。青春期的孩子正在向成年过渡，从而导致家庭结构需要随之发生改变，各种情感也变得激烈。[①] 在此阶段，家庭中的家长一方面要帮助儿童逐渐走向成熟、独立，另外一方面还要面临彼此家长的衰老。这种"上有老、下有小"的压力会促使家庭成员进行新的调整以适应新的阶段。

六、当代中国家庭的特点与问题

在社会快速转型，新型城镇化向前推进，人口老龄化程度不断加深，人口持续保持低速增长的形势下，中国家庭规模、家庭结构、家庭关系等方面均发生了深刻的变化，这些变化对家庭教育产生了深远的影响。

（一）中国当代家庭发展特点

总体来看，近20年来中国的家庭结构发生了很大的变化，导致家庭承担传统责任的能力受到不同程度的挑战，与家庭相关的社会问题明显增多，下文节选了当前较为权威的揭示我国家庭发展情况的调查结果，呈现出当代我国家庭发展的主要特点。

1. 从国家卫生计生委家庭司《中国家庭发展报告》看家庭的变迁

根据国家卫生计生委家庭司2016年对于中国家庭的调查来看，当代我国家庭发展的现状主要包括：（1）户规模小型化、结构核心化、居住形态多样化。（2）家庭作为消费单元，家庭生命周期的不同阶段消费特点不同。未婚阶段是房租消费最旺盛的阶段，家庭建立阶段是服装和旅游消费最旺盛的阶段，家庭拓展和稳定阶段是基本生活消费、教育消费、人情往来支出最旺盛的阶段，家庭空巢和解体阶段是医疗服务消费和家庭内财富分配相对旺盛的阶段。（3）家庭仍然是儿童照料和老年人照料的主要承担者，对社会照料的需求明显。近九成的家庭有不同程度的照料需求，近四成的家庭有双重照料需求，面临"上有老、下有小"的照料负担。代际支持是家庭照料的重要来源。0—1岁婴儿主要由母亲照料。在1—5岁儿童中，超过半数（52.1%）主要由母亲或由

---

① ［加］唐纳德·柯林斯、［美］凯瑟琳·乔登、［加］希瑟·科尔曼：《家庭社会工作》，刘梦译，中国人民大学出版社2008年版，第113页。

父母双方照料。父母参与0—5岁儿童日常照料和日常教育的比例低。在留守家庭中，隔代抚育是留守儿童的主要照料形式。0—5岁儿童获取社会照料服务的程度较低，但需求明显。(4)儿童抚养成本因地区、社会环境不同存在显著差异。食品、教育、医疗是抚育儿童的三大支出项目，教育支出随年龄增加显著增加。家庭收入与抚养成本支出具有相关性。(5)传统婚姻匹配模式仍是主流，"女大男小"的婚配模式的接纳程度上升。(6)城镇家庭生存型消费的碳排放占七成，家庭碳排放存在较大的上升空间。(7)不同职业、不同受教育程度成年人的阅读量存在差异，阅读内容涉及社会科学类图书相对较多。① 这个调查全面展示了计划生育家庭在内的各类家庭及其成员在经济、社会、健康、保障等方面的实际情况和变化过程。

2. 从第七次人口普查数据看家庭的变化

(1)家庭户规模继续缩小，促进家庭发挥生育功能迫在眉睫。从人口数量看，近10年间，中国总人口数增长速度延续放缓势头。2020年，大陆地区人口总体规模达到14.1亿人。第七次人口普查结果显示，全国共有家庭户49416万户，家庭户人口为129281万人；集体户2853万户，集体户人口为11897万人。平均每个家庭户的人口为2.62人，比2010年的3.10人减少0.48人，家庭户规模继续缩小。2020年，大陆地区60岁及以上的老年人口总量为2.64亿人，已占总人口的18.7%。② 而在"十四五"时期，20世纪60年代第二次出生高峰所形成的更大规模人口队列则会相继跨入老年期，使得中国的人口老龄化水平从最近几年短暂的相对缓速的演进状态扭转至增长的"快车道"。

党的十八大之后，生育政策调整完善步伐明显加大加快，面对着城镇化水平增长、受教育程度提高、离婚不婚率上升等诸多生育水平下行因素的持续影响，相当程度地推迟延缓了生育水平走低态势。但是因育龄妇女规模在减小、结构在老化等，出生人口数量降低的大走向不会根本改变，总人口数趋于零增长乃至负增长的基本面不会根本改变。迈入人口零增长乃至负增长时代，是中国在人口领域所面对的"百年未有之大变局"，是促进人口长期均衡发展进程需关注的先导性议题，深刻影响着高质量发展的劳动力供给量、消费者需求

---

① 国家卫生计生委家庭司：《中国家庭发展报告》，中国人口出版社2016年版，第1~8页。

② 翟振武：《新时代高质量发展的人口机遇和挑战——第七次全国人口普查公报解读》，载《经济日报》2021年5月12日。

量等。

（2）人口大流动对家庭产生了多方面冲击。从人口分布看，近10年间，中国常住人口城镇化率在突破50%后仍保持快速增长趋势，我们还将延续大规模的城乡迁移流动。第七次人口普查结果显示，人户分离人口为49276万人，其中，市辖区内人户分离人口为11694万人，流动人口为37582万人，其中，跨省流动人口为12484万人。与2010年相比，人户分离人口增长88.52%，流动人口增长69.73%。我国经济社会持续发展，为人口的迁移流动创造了条件，人口流动趋势更加明显，流动人口规模进一步扩大。2020年，大陆地区常住人口城镇化率达63.9%，相较于2010年"六人普"时的49.7%，上升了14.2个百分点。从发达国家城镇化的一般规律看，中国当前仍然处于城镇化率有潜力以较快速度提升的发展机遇期，"十四五"时期可突破65%的城镇化率，乡城之间因此还将呈现出大迁移大流动的基本格局。在以人为核心的新型城镇化战略推动下，历史上千百年的"乡土中国"正日益发展为"城镇中国"，这可成为实现高质量发展的重要力量"源泉"。① 我国近10年间的人口大迁移大流动，流入地主要是各类资源集中的大城市，流出地分布在中小城市和农村地区，对家庭结构、家庭功能等产生了深远的影响。如上文家庭结构类型（第一章第一节第三部分）产生了流动家庭和留守家庭等家庭类型以及"老漂族"和"空巢青年"等群体。由于家庭成员长期异地分开居住，不利于家庭中教育、赡养、情感等功能的有效发挥，尤其对儿童成长造成了诸多负面影响。联合国儿童基金会的报告《2015年中国儿童人口状况——事实与数据》估算了中国的流动儿童和留守儿童约有1亿人（其中流动儿童3426万人、农村留守儿童4051万人、城镇留守儿童2826万人）。②

3. 中国央行关于我国人口转型的分析

2021年，中国央行发表题为《关于我国人口转型的认识和应对之策》的工作论文。论文指出，中华人民共和国成立以来，我国人口数量从急剧膨胀到增长趋缓，人口结构从金字塔到长方形，而且我国的人口转型时间更短、老龄化更迅速、少子化更严重。我国要认清人口形势已经改变，要认识到人口红利当时用得舒服，事后是需要偿还的负债；要认识到人口惯性是跨代际的巨大力

---

① 翟振武：《新时代高质量发展的人口机遇和挑战——第七次全国人口普查公报解读》，载《经济日报》2021年5月12日。
② 《2015年中国儿童人口状况——事实与数据》，载联合国儿童基金会（中国）官网，https：//www.unicef.cn/reports/population-status-children-china-2015，2022年1月20日访问。

量,其反作用力将导致人口反方向变化;要认识到教育和科技进步难以弥补人口的下降。为此,应全面放开和鼓励生育,切实解决妇女在怀孕、生产、入托、入学中的困难,综合施策,久久为功,努力实现2035年远景规划和百年奋斗目标。当前我国即将由人口转型的第Ⅲ阶段过渡到第Ⅳ阶段,面临的主要矛盾已由人口膨胀,转变为人口红利即将消失和渐行渐近的老龄化和少子化危机。有专家认为联合国的预测偏乐观,高估了我国的总和生育率,我国人口转型带来的挑战,可能比本书前述分析还要更大。因此我国要认清形势变化,深刻吸取发达国家的前车之鉴,牢牢抓住宝贵的时间窗口,转变观念、综合施策、有效应对。论文认为,应对人口转型这种大课题,单一政策难以奏效。不仅要放开生育,而且鼓励生育,可从根本上解决经济增长和养老来源,解决金字塔底部变窄的问题;不仅优化生育政策,而且完善养老制度。[①] 中国央行基于对我国人口转型的分析,提出当前我国社会发展面临的主要矛盾,其中老龄化和少子化都是当代家庭结构变迁的特点,如何鼓励生育并解决养老问题,国家、社会、市场和家庭之间如何协作应对挑战,关乎国家发展和社会稳定。其中涉及的妇女怀孕、生产、儿童入托、入学等问题均与家庭教育密切相关,从家庭教育视角提出促进人口数量和质量提升的对策,有助于促进我国人口转型。

(二)当代家庭发展的问题与挑战

随着经济体制深刻变革、社会结构深刻变动、利益格局深刻调整、思想观念深刻化,家庭领域也出现许多新情况新问题,如婚恋观呈现多元趋势,婚姻稳定度下降;养老观念出现分化,并呈现城乡差异;家教观念显露多重矛盾,重学习轻品德培养现象凸显;受不良思潮和价值观影响,家庭生活中出现一些道德失范行为,等等,对社会形成了巨大冲击。转型期的中国,家庭在适应社会变革的过程中面临很多方面的挑战,家庭的保障功能严重削弱,但与世界上其他国家一样,中国的家庭仍然是社会最基本的福利单位,继续承担着很多基本的社会功能,包括社会化以及为家庭中不能自立的成员提供经济帮助和生活照顾等。

当前家庭出现的主要问题包括:

---

① 中国人民银行:《关于中国人口转型的认识和应对之策》,载中国人民银行研究局官网,http://www.pbc.gov.cn/yanjiuju/124427/133100/4214199/4215384/index.html,2022年2月28日访问。

第一，婚姻的不稳定和生育率的下降。结婚对家庭结构的影响是多种的。一对夫妻结婚后单独居住形成一对夫妇家庭。一对夫妇结婚后与一方父母居住，该家庭如果只有一个已婚子女，那么就会形成二代直系家庭；如果已经有一个已婚子女和父母居住，第二个已婚子女一起居住就使家庭成为了二代联合家庭。离婚主要是使核心家庭成为单亲的核心家庭，或者使一对夫妇家庭成为单人家庭。生育率降低的具体表现是每个妇女生育子女数量的减少。在子女离家状况相同的情况下，子女数量的减少使得核心家庭向空巢家庭转化的速度加快。

第二，弱化了家庭的养老功能。我国家庭结构变迁过程中出现了大量老年空巢家庭、老年单身家庭和有老年人的隔代家庭。这些家庭的养老负担明显提高，养老功能不断降低，更多的老年人缺少子女照料，尤其是农村留守老人抚育孙子(女)的负担明显加重。

第三，人口流动使完整家庭分解为流动家庭和留守家庭。居住在流入地的成员组成流动家庭，居住在户籍地的成员组成留守家庭，分解后的两种家庭是规模更小、家庭结构更简单的家庭。流动家庭和留守家庭都属于不完整的家庭。流动家庭和留守家庭破坏了儿童成长的家庭环境。人口流动产生了影响深远的"三留守"问题，留守儿童是受家庭结构变化影响最大的群体。

上述问题都突出显示了当前家庭发展的关键性因素：(1)家庭传统功能弱化与社会支持不足之间的矛盾。由于家庭小型化、核心化而导致家庭传统功能的弱化已经成为我国家庭的普遍特征。与此同时，我国社会福利制度尚不健全，社会功能还不足以弥补家庭功能的弱化部分。(2)家庭照料资源短缺与社会照料提供不足之间的矛盾。(3)家庭生活和工作与家庭生育需求之间的矛盾。(4)家庭问题多样化、复杂化与家庭政策碎片化、应对措施单一化之间的矛盾。[①] 目前，我国形成了以部门为主导的各种家庭政策，呈现分散化和碎片化的特征。针对错综复杂的家庭问题，特别是针对脆弱家庭，政策多采用补助的形式提供家庭支持，缺少通过财政、税收、公共服务、社会支持等手段，提供全面、系统的家庭政策支持。在少子化和人口老龄化的大背景下，国家和社会将出台更多的支持家庭发展的政策，促进家庭发挥养老、生育、教育等各类重要社会功能，有效支持现代家庭的能力建设及可持续发展，鼓励家庭成员更

---

① 国家卫生计生委家庭司：《中国家庭发展报告》，中国人口出版社2016年版，第9~11页。

好地承担其家庭责任、帮助国民有效地适应经济和社会变化。

七、新时代的家庭观

2021年7月22日，中宣部、中央文明办、中央纪委机关、中组部、国家监委、教育部、全国妇联印发《关于进一步加强家庭家教家风建设的实施意见》(以下简称《意见》)。

《意见》提出新时代的家庭观：以习近平新时代中国特色社会主义思想为指导，以社会主义核心价值观引领家庭家教家风建设，升华爱国爱家的家国情怀、建设相亲相爱的家庭关系、弘扬向上向善的家庭美德、体现共建共享的家庭追求。《意见》明确阐述了新时代家庭观，将习近平总书记在十八大之后关于家庭家教家风的重要论述以及党和国家在家庭建设方面的重要做法进行了提炼总结，为新时代家庭建设工作指明了道路。

(一) 培育和践行社会主义核心价值观为根本

以习近平新时代中国特色社会主义思想为指导，立足新发展阶段、贯彻新发展理念、构建新发展格局，以培育和践行社会主义核心价值观为根本，以建设文明家庭、实施科学家教、传承优良家风为重点，强化党员和领导干部家风建设，突出少年儿童品德教育关键，推动家庭家教家风建设高质量发展。将社会主义核心价值观作为家庭文明建设的重要内容，发扬光大中华民族传统家庭美德，促进家庭和睦，促进亲人相亲相爱，促进下一代健康成长，促进老年人老有所养，使千千万万个家庭成为国家发展、民族进步、社会和谐的重要基点。

1. 文明家庭

早在2013年，中共中央办公厅印发了《关于培育和践行社会主义核心价值观的意见》，其中明确提出："深化群众性精神文明创建活动。各类精神文明创建活动要在突出社会主义核心价值观的思想内涵上求实效。推进文明城市、文明村镇、文明单位、文明家庭等创建活动，开展全民阅读活动，不断提升公民文明素质和社会文明程度。"精神文明建设活动的最终目的是促进公民在城市、城镇、单位和家庭等落实社会主义核心价值观，转化为自觉地思想观念和行为习惯。其中家庭作为社会的基本细胞，具有私密性和个别差异性等特点，在家庭中践行社会主义核心价值观是文明创建的关键环节。每一个小家庭都能将社会主义核心价值观在家庭中落地生根，每一位家庭成员都能自觉践行社会主义核心价值观，进一步推动文明社区、文明单位、文明城镇和文明城市的创建。

2. 科学家教

家庭作为社会中最基本的单元，在家庭成员价值观的形成过程中起着至关重要的作用。家庭教育的根本任务是立德树人，社会主义核心价值观则是家庭思想道德教育的指南。良好家风家教要以社会主义核心价值观作指导，同时家风家教是社会主义核心价值观的细化与落实。由于家长的文化素质、教育观念差异较大，家庭教育必须形成一个协同育人的网络才能确保方向正确。《关于培育和践行社会主义核心价值观的意见》提出："完善学校、家庭、社会三结合的教育网络，引导广大家庭和社会各方面主动配合学校教育，以良好的家庭氛围和社会风气巩固学校教育成果，形成家庭、社会与学校携手育人的强大合力。"2021年，建设学校家庭社会协同育人机制已经进入"十四五"规划和相关部门的政策目标，社会主义核心价值观则是协同育人机制的灵魂，指导着家校社合作沿着正确的价值方向进行，以提升少年儿童的思想道德品质为关键，培养时代新人。

3. 优良家风

家风具有深刻的时代性特征。它的内容往往是一个社会和时代精神的缩影。从中国家风家训的发展历程可以看出，不同时代的家风家训具有不同的思想内容，各个历史时代精神文明建设的得失都可以在家风家训中反映出来，从而教会了人们基本的价值认知和价值判断，影响着人们价值观的形成和变化。家风将社会主义核心价值观大众化，合理运用生活语言将价值观巧妙地融入每个人的生活中，逐渐形成个人的日常行为习惯。《关于培育和践行社会主义核心价值观的意见》提出："广泛开展道德实践活动。以诚信建设为重点，加强社会公德、职业道德、家庭美德、个人品德教育，形成修身律己、崇德向善、礼让宽容的道德风尚。大力宣传先进典型，评选表彰道德模范，形成学习先进、争当先进的浓厚风气。"习近平总书记在中央政治局第十三次集体学习时指出，只有把价值观融入人们的日常生活，让人们在生活实践中去感知并领悟，才能真正发挥其引领作用。[①] 尊老爱幼、男女平等、夫妻和睦、勤俭持家、邻里团结等家庭美德，是在家庭落实社会主义核心价值观的具体表现。家庭美德在弘扬社会主义核心价值观更加实际、更加贴近生活、更加形象生动、

---

① 《中共中央政治局进行第十三次集体学习 习近平主持》，载中央政府门户官网，https://www.audit.gov.cn/n4/n18/c4296/content.html，2014年2月26日访问。

更具有说服力,传承中华民族优秀传统文化,是一个国家和社会良好风气的集中体现。

(二)家庭家风家教一体化建设

要围绕落实立德树人根本任务开展家庭教育,引导家长用正确行动、正确思想、正确方法培养孩子养成好思想、好品行、好习惯。要把家风建设作为党员和领导干部作风建设重要内容,引导党员和领导干部筑牢反腐倡廉的家庭防线,以纯正家风涵养清朗党风政风社风。要注重发挥家庭家教家风建设在基层社会治理中的重要作用,吸引群众走出"小"家、融入"大"家,积极参与和谐社区、美丽乡村等建设。

1. 家庭教育

家庭教育是家庭的重要功能。家庭是个体接受教育的第一场所,是社会化的起点。家庭教育不仅仅指父母对子女的教育,更包括所有家庭成员之间的各种类型教育活动。家庭全部成员都应接受家庭教育指导,学习科学的现代化的生活方式,家庭教育指导是建设学习型家庭的重要途径,家庭成员素质的提高和家庭生活环境的优化是儿童健康成长的必要条件。普惠性家庭教育指导服务是为了建设和谐家庭,增进家庭幸福,通过各种教育形式给千家万户带来利益和实惠的、以增进家庭生活质量所需的知识、态度与能力的教育活动。通过提供普惠性家庭教育指导服务,可以帮助家庭成员营造优良的家庭教养环境,提升家庭生活的品质,从社会最小细胞着手构建社会的和谐。

2. 家风建设

按照《现代汉语词典》的解释,所谓家风,就是"门风",① 是"指一家或一族世代相传的道德准则和处事方法"。② 家风家教是一个人价值观形成和行为习惯养成的首要场所。家风一经形成便世代相传,承载家庭文化传承及家庭或家族延绵不断的使命。家庭的幸福程度、社会文明甚至国家和谐稳定都与家风的好坏息息相关。只有最基础的家风建设好了,才能最终形成良好的社会风气。我国的社会风气分为民风、党风、行风和政风,这四者相辅相成,相互作用,党风清正则政风廉洁,政风廉洁则社会风尚正大光明,最终使民风淳朴,反之亦然。从社会风尚的形成机理来看,家风在汇聚和沉淀后形成民风,淳朴

---

① 《现代汉语词典(第六版)》,商务印书馆2012年版,第621页。
② 路丙辉:《热议"家风"现象的伦理审思》,载《道德与文明》2014年第6期。

的民风则为其他三种风气的形成提供基础，同时，民风亦是社会风气的具体体现。①

中华人民共和国成立后，老一辈革命家重视自家家庭教育，严把家风关，绝不给自己的子女或亲属们任何特权，要求他们自立自强、脚踏实地。党的十八大以来，习近平总书记立足新的时代要求，对家庭建设作出一系列重要论述，特别强调领导干部要把家风建设摆在重要位置，廉洁修身、廉洁齐家。在改革开放和发展社会主义市场经济的条件下，家风建设遇到了许多新问题。比如，现在有相当比例的违纪违法干部家风不正，不仅自己搞权钱交易，还纵容家属子女利用权力和影响收钱敛财。全面从严治党，要落实到每个党员干部，落实到每个党员干部的家庭。在家风建设上，党员干部要带头，上级做给下级看，党员做给群众看；党员干部的家属要做贤内助的表率，支持、劝助、提醒干部廉洁从政、干净做事、用权为民，用党员干部的好家风带动普通群众的好家风，在全社会弘扬文明向上好风气。② 因此，要把家风建设作为党员和领导干部作风建设重要内容，充分体现了家风建设的"三个好"要求，即千千万万个家庭家风好、子女教育得好，社会风气好才有基础。

3. 基层社会治理

基层社会治理是国家社会治理的坚实基础。基层社会的稳定是社会稳定的基础。当前我国基层的主要问题包括：矛盾纠纷复杂，如征地拆迁、安置补偿、环境污染；安全防控压力不断加大；农村留守老人健康状况堪忧、留守儿童身心成长面临诸多不利；基层服务能力相对不足；基层人员队伍建设难度增大；基层管理思想观念相对落后；基层治理方式创新不足；治理机制尚不健全等问题。基层社会治理是社会治理的基本单元，也是党、政府、社会以及广大人民群众的联结点，上述这些问题影响到社会长治久安和人们群众的获得感、幸福感、安全感。

党的十九届四中全会《决定》提出："注重发挥家庭家教家风在基层社会治理中的重要作用。"2020 年 8 月 24 日，习近平总书记在主持经济社会领域专家座谈会时，就正确认识和把握中长期经济社会发展重大问题发表重要讲话，强调"要完善共建共治共享的社会治理制度，实现政府治理同社会调节、居民自

---

① 路丙辉：《热议"家风"现象的伦理审思》，载《道德与文明》2014 年第 6 期。
② 李源潮：《让社会主义核心价值观植根于每个家庭——在全国"最美家庭"揭晓暨全国五好文明家庭表彰会上的讲话》，载《中国妇女报》2016 年 5 月 17 日。

治良性互动，建设人人有责、人人尽责、人人享有的社会治理共同体。要加强和创新基层社会治理，使每个社会细胞都健康活跃，将矛盾纠纷化解在基层，将和谐稳定创建在基层"。①

第一，家庭和谐是构建基层社会治理新格局的落脚点。基层社会治理是社会治理的"最后一公里"，处于社会发展中矛盾和问题的最前沿，其中家庭或由家庭引起的纠纷、矛盾和冲突较为集中。②从基层治理角度为特殊家庭提供一些关爱服务，如为孤寡老人、空巢老人、失能老人、失独家庭等提供生活关爱、精神文化抚慰、健康检测、防诈骗、智能技术运用等服务；加大对特殊困难儿童群体的保障力度，开展农村留守儿童寒暑假期关爱活动；开展婚姻家庭辅导、矛盾纠纷调解、心理咨询、学生课后托管等服务，帮助广大群众解决生活难题，进而有助于化解基层矛盾。同时，基层家庭服务工作并不是全部依靠自上而下的帮扶，而是在政府治理同社会调节、居民自治中取得平衡。政府提供家庭政策引导和经费支持，实施民生实事项目，为群众办实事；社会组织有专业人员和专业工作方法，可以参与政府购买项目，为居民提供各类公共性家庭服务；居民则在参与和谐社区活动中，走出"小"家、融入"大"家，如通过居民议事会实现自治，通过志愿服务实现邻里互助。通过家庭工作，将社会主义核心价值观落地，打造良好家风，进而影响当地社会风气，有助于维护党的领导、社会稳定。

第二，家庭教育是构建基层社会治理新格局的关键点。家庭是人生的第一所学校，家庭教育的根本任务是立德树人，将社会主义核心价值观在家庭中落地生根，从小在孩子品德培养上把握好方向。当前我国家庭教育存在诸多问题，如重智轻德、生而不养、教育方法不当等，均对儿童身心健康产生巨大危害。基层社会治理可以通过家庭工作，利用社区家长学校等阵地，开展家庭教育指导活动，利用当地"五老"等专家资源为居民指导亲子关系沟通、儿童心理健康等常见问题，帮助家长掌握正确的家庭教育理念和教育方式；利用当地社区场地设施为居民提供托幼、课后托管等服务，与学校和家庭合作，有效利用社会各类资源，共建儿童友好型社区，共享优秀教育经验，扭转当前不正确的育人方向，指导家长掌握正确的教子方法，可以有效促进家庭和睦和儿童健

---

① 习近平：《在经济社会领域专家座谈会上的讲话》，载新华网，http：//news.cnr.cn/native/gd/20200825/t20200825_525224924.shtml，2020年8月25日访问。

② 张守华：《家庭视角：构建基层社会治理新格局的重要维度》，载《中国社会科学报》2020年12月22日。

康成长，进而构建家校社协同育人机制。

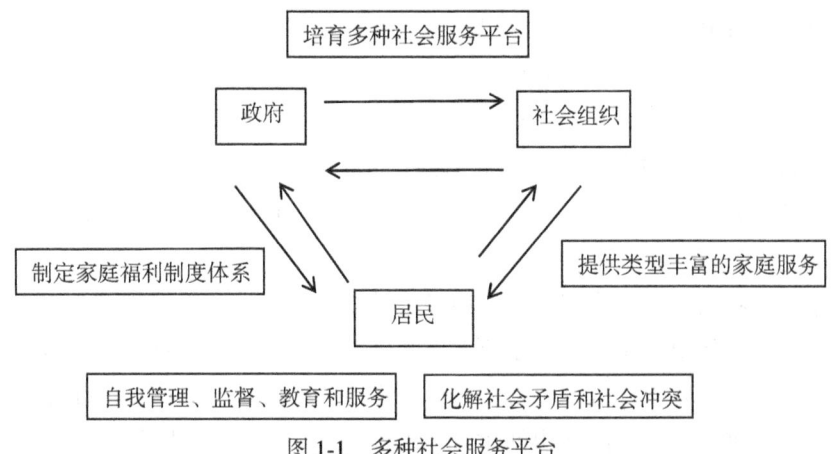

图1-1 多种社会服务平台

第三，优良家风是构建基层社会治理新格局的切入点。优良的家风内化于心外化于行，表现为生活作风、价值导向和行为准则，是社会主义核心价值观在家庭内的具体呈现。在基层，结合创建文明城市、文明村镇、文明家庭，通过寻找"最美家庭"、评选"五好家庭"、创建"绿色家庭"，引导居民建立科学、健康、文明的家庭生活方式。充分发挥新时代文明实践中心(所、站)作用，统筹居(村)民委员会、业主委员会、物业单位等力量，组织开展亲子阅读、健康公益、厨艺展示等丰富多彩的文化娱乐活动，吸引群众，积极参与和谐社区、和睦邻里、美丽乡村、平安社区建设。充分发挥红白理事会、村民议事会、道德评议会等自治组织作用，弘扬尊老爱幼、夫妻和睦、勤俭持家、邻里团结的家庭美德，引导村居民自我管理、自我教育、自我监督，改变农村家庭生活中的陈规陋习，树立良好家风。

(三)提供强有力的制度保障

要强化制度保障，把新时代家庭观的要求体现到法律法规、制度规范和行为准则中，体现到各项经济社会发展和社会管理政策中，彰显公共政策价值导向。要加强组织领导，强化部门有效协同，形成家庭家教家风建设合力，动员广大家庭把个人梦、家庭梦融入国家梦、民族梦之中，为实现中华民族伟大复兴中国梦汇聚磅礴力量。

第一，围绕家庭建设的重要领域，如家庭文明、婚姻家庭、家庭教育、家庭健康、特殊家庭等方面构建起全方位的家庭政策法律体系，有效发挥家庭功能。当前，我国从家庭角度构建社会福利体系，包括最低生活保障、困难家庭医疗保险、廉租房、居家养老政府购买服务、生育保险等社会保障政策措施，属于补缺型福利体系设计，缺乏对家庭层面通盘考虑。为更好地为家庭成员提供帮助，从而使个人更好地发挥其家庭角色作用，家庭也能够更好地行使其职能，应当在公共政策中建立家庭视角，从政府职责的角度建构中国发展型家庭政策，将重点放在为家庭特别是那些承担养老和育幼责任的家庭提供直接和间接经济帮助方面，在一些基本社会服务领域采取支持性措施，以支持家庭承担其功能。

第二，将新时代家庭观纳入各项经济社会发展和社会管理政策。相比其他工作，家庭工作由于工作要求紧迫性不强经常被排在次要位置，评估指标不明确也容易导致重要性降低。要将新时代家庭观与经济社会发展目标任务和工作重点结合起来，如将家庭文明创建（文明家庭、五好家庭、最美家庭、绿色家庭等）、家风家训宣传、家庭教育指导、家庭普法宣传、婚姻家庭纠纷化解、邻里纠纷化解、家庭健康促进、家政服务、特殊困境家庭支持等逐一分解到有关部门，并纳入各级政府年度工作评估指标，必须不折不扣落实到位。

第三，形成部门有效协同的家庭工作管理体系。当前的家庭建设工作涉及多个部门，大多数工作都是多部门联合共推。如家庭文明建设牵头部门为文明办、宣传部，家庭教育工作牵头为全国妇联和教育部；婚姻家庭工作牵头部门为民政部；家庭健康工作牵头部门为卫健委等。在多部门协同合作的过程中，容易出现部门之间权责不清、重复工作、出现状况相互扯皮等问题。要在新时代家庭观指导下，通盘设计多部门有效协同的工作体系，既能汇聚各方优势资源，又能促进分工合作。

第二节　家庭教育的基本理论

一、家庭教育的定义

国内对家庭教育进行正式界定的主要是各类工具书和学术专著，学者们根据不同的视角给出了家庭教育的定义，需要对这些概念进行全面分析，并给出本书对于家庭教育的理解。

(一)工具书

《辞海》对家庭教育的解释是：父母或其他年长者在家庭里对儿童和青少年进行的教育。不同社会有不同性质的家庭教育。[①]《中国大百科全书·教育》把家庭教育定义为，父母或其他年长者在家庭内自觉地、有层次地对子女进行的教育。[②] 这两个定义都强调了家庭教育的对象主要是家庭中的子女。《中国大百科全书·社会学》一书中认为，家庭教育包括父母教育子女和家庭成员之间相互教育两个方面，其中主要方面是父母教育子女。[③] 这个定义突出了家庭教育的双向性。

(二)学术专著

北京师范大学赵忠心先生出版的专著《家庭教育学——教育子女的科学与艺术》，是中华人民共和国成立以来第一部对家庭教育进行系统论述的著作，其对家庭教育的定义有狭义与广义之分。"狭义的家庭教育指的是在家庭生活中，由家长，即由家庭里的长者(其中主要是父母)对其及其他年幼者实施的教育和影响。广义的家庭教育，应当是家庭成员之间相互实施的一种教育……在家庭里，无论是父母对子女，子女对父母，长者对幼者，幼者对长者，同辈人对同辈人，一切有目的有意识施加的影响，都是家庭教育。"[④]这一界定对国内家庭教育产生了深远的影响。赵忠心先生在《家庭教育学——教育子女的科学与艺术》一书中的侧重点主要是对家庭中年幼者(主要是未成年人)的教育。

学者杨宝忠认为："家庭教育实际上是一个内涵丰富、外延广泛的概念，它是指在人类社会家庭生活中，家庭构成人员之间的终生持续不断的一种教育和影响活动……其重点是对未成年人实施的教育和影响活动。"[⑤]这个定义强调了家庭教育的终身性，提出家庭教育是"社会家庭生活"中的活动，生活性是家庭教育区别于学校教育的重要标志。学者邓佐君认为："家庭教育是在家庭生活中发生的、以亲子关系为中心，以培养社会需要的人为目标的教育活动，是在人的社会化过程中，家庭(主要指父母)对个体(一般指儿童青少年)产生

---

① 《辞海》，上海辞书出版社1979年版，第1023页。
② 《中国大百科全书·教育学》，大百科全书出版社1985年版，第688页。
③ 《中国大百科全书·社会学》，大百科全书出版社1991年版，第140页。
④ 赵忠心：《家庭教育学——教育子女的科学与艺术》，人民教育出版社2001年版，第5页。
⑤ 杨宝忠：《大教育视野中的家庭教育》，社会科学文献出版社2003年版，第86页。

的影响作用"。① 这个定义突出了家庭教育的社会性，家庭教育对人的社会化产生深远影响。

学者缪健东认为，"家庭教育是人类的一种教育实践活动，主要表现为父母对子女的教育影响活动，也包括家庭中各成员间发生的各种活动。家庭教育有广义和狭义之分。广义的家庭教育既包括家庭对子女的教育，又包括子女对家长的教育，甚至包括双亲之间、子女与祖辈之间相互产生的教育影响。狭义的家庭教育主要指父母对子女所形成的教育影响。"②这个定义提出了家庭教育的广义与狭义之分，具有重要意义。广义的家庭教育往往容易被人所忽视，也是影响儿童成长和家庭幸福的重要因素。学者关颖认为，"家庭教育是家庭中发生的以亲子互动为中心的教育活动，是成年人按照期望的目标在家庭生活的各个方面、持续不断地教育和影响儿童的过程，也是家庭成员相互学习和影响的过程。"③这个定义从社会学的视角强调了家庭成员间的各种互动对家庭教育产生的影响。

总体来看，我国比较有代表性的家庭教育定义存在着研究视角和侧重点的差异。从各类工具书和不同学者对于家庭教育的定义来看，国内家庭教育的定义主要以狭义为主，即家庭内父母或年长者对于未成年子女施加的影响（又被成为"亲职教育"）。随着家庭教育研究的深入，学者们开始从不同学科的视角来研究家庭教育，广义家庭教育定义中的家庭成员的相互影响开始得到更多学者的关注。但无论是广义还是狭义的家庭教育，国内学者更多地将聚焦点放在家庭教育中的"教育"方面，强调家庭内成员之间单向或双向的影响，而对于"家庭"这一独特的场域则缺乏深入系统的研究。

(三) 本书定义

要对家庭教育下一个准确的定义，首先需要认清家庭的本质。马克思、恩格斯在1846合写的《德意志意识形态》一书中第一次对家庭本质作出探索，他们指出：每日都在重新生产自己生命的人们开始生产另外一些人，即增殖。这就是夫妻之间的关系、父母和子女之间的关系，也就是家庭。④ 由此可见，家庭的本质在于家庭中的关系。家庭是自然界的一部分。家庭是由有生命的个体

---

① 邓佐君：《家庭教育学》，福建教育出版社1995年版，第7页。
② 缪健东：《家庭教育社会学》，南京师范大学出版社1992年版，第2页。
③ 关颖：《家庭教育社会学》，教育科学出版社2014年版，第32页。
④ 《马克思恩格斯全集(第3卷)》，人民出版社1960年版，第3页。

组成，每个人只有依靠自然界才能生存下去。自然界是人的实践活动和精神生活的源泉，家庭反映了人与自然的关系。因此，家庭不是一个封闭的场所，生活在家庭中的个人与自然界发生着各种联系。家庭教育存在于人与自然的系统中，需要使用系统思维去分析自然界对于家庭教育产生的各种影响。

美国著名心理学家尤里·布朗芬布伦纳(Urie Bronfenbrenner)在《人类发展生态学》一书中详细介绍了人类发展所涉及的几个关键性的环境因素，即学校、家庭和社会等因素，并对它们之间的关系进行了深入分析，提出了"四系统观"。[①] 其中，环境层次的最里层是微观系统，指个体活动和交往的直接环境，这个环境是不断变化和发展的。第二个环境层次是中观系统，它是指各微观系统之间的联系或相互关系。第三个环境层次是外观系统。这一系统是指那些个体并未直接参与、但却对他们的发展产生影响的系统。第四个环境系统是宏观系统。宏观系统指的是存在于以上三个系统中的文化、亚文化和社会环境。在布朗芬布伦纳看来，个体在发展过程中并非是孤立的存在，而是能动地与周围的各层环境相互依赖、相互依存、相互作用。正是在这种相互联系、相互作用中，个体才从中获得了发展。

从马克思对于家庭本质的认识和尤里·布朗芬布伦纳的教育生态系统理论来分析家庭教育，我们应该看到，家庭教育不能仅仅被视为"家事""私事"。家庭教育发生的场所也不限于家庭内部。家庭以外的环境和生态系统对家庭教育会产生着各种影响。在激烈震荡和变迁的现代社会，家庭的结构和功能在不断调整以适应社会发展的需要。受整个大环境的影响，家庭教育的结构和功能也随之发生变化。因此，我们要赋予家庭教育以更广泛的内涵。本书认为，家庭教育包括广义和狭义两种范畴。广义的家庭教育是指，在人类生态系统中，为了建设和谐家庭，增进家庭幸福，透过各种教育形式以增进个人家庭生活所需之知识、态度与能力的教育活动。广义家庭教育的目标在于：通过和谐家庭的建设、家庭文化与家庭素养的提升，营造优良的家庭教养环境，与党和国家推动的家庭家教家风建设工作高度一致。在这种语境下，家庭教育不仅对人类繁衍接续的下一代的教育十分重要，更在于以此提升家庭生活的品质，从社会最小细胞着手构建社会的和谐。狭义家庭教育指的是家庭成员之间的相互影响，主要是长辈对子女(主要是未成年人)所实施的促进子女健康成长的影响

---

① Bronfenbrenner. U, *The Ecology of Human Development: Experiences, by Nature and Design*. Boston: Harvard University Press, 1979, p. 23.

活动。由于家庭成员文化水平的不均衡性以及家庭环境的私密性,导致家庭教育质量参差不齐。在这种情况下,需要其他各类机构如学校、社区、公共文化机构以及企事业单位等为家长提供家庭教育的相关支持,协同共育促进儿童健康成长,由此产生了家庭教育指导,即各类机构根据党和国家的家庭教育指导政策,开展的有针对性的家庭教育活动,目的是提高家长的育儿能力,促进未成年人健康成长。

二、家庭教育的特点

家庭教育作为一种建设和谐家庭、增进家庭幸福的教育,有着不同于学校教育的特点,主要表现如下:

(一)综合性

家庭教育的"家庭"不仅是一个私人的场所,它与社会有着紧密联系,是一个社会最基本的细胞,家庭和睦则社会安定,家庭幸福则社会祥和,家庭文明则社会文明。家庭教育中的"教育"是一种家庭文明建设活动。在此基础上进行的家庭教育也远远超出了单学科研究范围,而是围绕着全体家庭成员基本需要,即礼仪、伦理、健康、法律、儿童、老人、食品、文化、居住、财产等内容进行地综合而复杂的专业活动。

(二)层次性

家庭教育包括宏观、中观、微观三个层次具体来说,宏观层面的家庭教育是国家制定出台相关法律法规及政策措施,加大政府财政投入,鼓励社会力量参与支持,促进家庭教育资源均衡配置,切实为家庭提供普惠性、常态化的家庭教育公共服务;中观层面的家庭教育指的是根据国家的要求,社会各种机构(包括学校、社区和公共文化资源等)深入挖掘家庭教育服务资源,大力拓展新媒体服务阵地,搭建基本覆盖城乡的信息共享服务平台,通过提供家庭教育指导服务对微观家庭全体成员施加的积极影响。微观层面的家庭教育是家庭成员之间相互的影响,主要是指父母对于子女施加的影响。由于微观层面家庭成员道德水平、文化素质和家庭环境差别较大,导致家庭教育在微观层面显现出个别性和相对封闭性。

(三)全员性

家庭教育不仅仅是家庭内部家长对于子女的教育,家庭教育指导活动也绝不仅仅限于专业人员对于家长育儿方法的指导。家庭教育是家庭建设的重要组成部分,家庭建设需要全体家庭成员共同参与。家庭教育实施的过程,家庭内的全部成员都应受到教育，学习科学的现代化的生活方式，家庭生活质量得到提升。家庭成员素质的提高和家庭生活环境的优化是儿童健康成长的必要条件。

三、影响家庭教育的主要因素

影响家庭教育的主要因素除了本章第一节论及的家庭结构、家庭关系，还包括家庭生活方式、家长教养方式、家长文化程度和职业等。

（一）家庭生活方式

家庭生活方式是指人们在一定的社会条件制约和价值观念的指导下所形成的满足自身生活需要的全部活动形式与行为特征。主要包括家庭生活条件、家庭生活观念和家庭生活活动。

1. 家庭教育投入

家庭教育投入，或称家庭教育投资通常被理解为家庭花在子女身上的教育费用。但从广义的角度，家庭教育投入既包括了教育支出、物质投入等货币性资源，也包括了教育观念、抚养时间与精力的付出等非货币性资源。本书认为可以从三个方面界定家庭教育投入：一是教育期望，指父母对其子女在未能够接受的最高教育水平的心理预期，它既反映了长的一种美好希望，也源于家长的一种理性评估，父母进行家庭教育投入的内在动力。二是教育支出，一般指购买教育的全部支出的货币表现。既包括了直接的教育费用，例如家庭付给学校的学费和考试费、注册费、课费等其他费用，也包括了一些间接的费用，例如购买教材、文具、服装、交通、家教等费用。三是教育参与，主要指与子女学业相关的父母参与表现，代表着家庭对子女教育的时间和精力投入，如父母与子女关于学校生活的沟通、父母对子女学业的监督、辅导和帮助，如督促、辅导、完成家庭作业等。

据诸多家庭教育调查显示，我国父母在子女教育上的投入比较多，成为家庭消费的第一大支出。《中国教育财政家庭调查报告（2019）》显示：就各个学段的城乡差距来说，学前教育的全国平均生均家庭教育支出为6501元，城镇8517元，农村3467元；小学教育的全国平均生均家庭教育支出为6119元，城镇8680元，农村2866元；初中教育的全国平均生均家庭教育支出为8720元，城镇1.13万元，农村4780元；普通高中教育的全国平均生均家庭教育支出为1.77万元，城镇1.98万元，农村1.29万元；中等职业教育的全国平均生均家庭教育支出为9847元，城镇1.02万元，农村9315元。在小学阶段，学科类和兴趣类校外教育占家庭校外支出的 86.9%，初中阶段占 81.3%，普高阶段占 87.3%，可以说家庭很大一部分校外支出都投入在了校外教育上。① 家庭在儿童教育上的较高投入显示了家长对于教育问题的重视，如何正确面对子女教育问题，如何理性投入，如何正确地为孩子未来发展做好规划，如何客观地看待孩子的成长已经成为每一位家长和每一个家庭需要客观冷静思考的问题。

2. 家庭闲暇方式

闲暇时间是人们在履行了社会职责及扣除各种必要时间支出后所剩下的可以自由支配的主要用来满足精神文化生活需要和精力恢复的时间。家庭闲暇生活方式受到家庭的闲暇条件、闲暇价值观、闲暇能力等因素影响，也受社区社会生态环境影响。闲暇时间内的生活质量决定人的生命质量。人应该从小得到良好的闲暇教育，获得在闲暇中提高生命质量和全面发展的知识和手段。当前，受互联网等信息技术的影响，家庭闲暇方式也发生了巨大的变化。家长和儿童上网进行各类休闲娱乐活动，成为家庭闲暇时间安排的新方式。如《第二次全国家庭教育现状调查》显示，近八成的父母与近七成的孩子上网，近七成的父母表示担心。

(二) 家长教养方式与家庭教育

家长教养方式，一般是指父母对子女实施教育和抚养时通常运用的方式和形式，是教育观念和教育行为的综合体现。根据父母的教养行为特点，将父母分为权威型、专制型、溺爱型、放任(忽视)型四种教养类型。家长教养方式，一般是指父母对子女实施教育和抚养时通常运用的方式和形式，是教育观念和教育行为的综合体现。权威型父母为了孩子的成长发展，向他们提出合理的要求和限制，并要求他们遵守。同时这类父母对孩子表现出热忱和关心，耐心倾听孩子的观点，并鼓励孩子参与家庭中的各种决策。专制型父母对孩子要求多表现为严厉，通常提出很高的行为标准，这些标准和要求有时甚至不近情理，但要求孩子能无条件遵守和服从。他们不愿与孩子协商而强迫孩子执行，孩子出现稍许的抵触，父母就会采取体罚或其他惩罚措施对孩子进行管制到服从为止，孩子没有自己的权利。溺爱型父母很少向子女提出要求或施加控制，对孩子的爱缺乏理智和分寸，即使子女提出过分的要求，往往也采取"听之任之"的态度。放任型父母没有对孩子提出行为标准的要求，也不进行适时的管教，

---

① 魏易：《中国教育财政家庭调查报告》，社科文献出版社 2019 年版，第 78 页。

孩子的成长表现为提供食品衣物等物质条件，而对孩子的情感与心理要求缺乏关心。

（三）家长文化程度、职业

在社会大背景下，文化程度很大程度上直接影响到个人的职业选择、收入水平、社会地位等。家长职业类型与儿童智力发展之间存在着显著性极高的相关，侧重脑力劳动的家长的子女在智力发展的优于侧重体力劳动家长的子女。有学者针对家长职业类型及文化程度与儿童智力发展的相互关系作了研究发现，家长不同职业，子女的平均智商排列次序，由高到低分别为教师子女、科技干部子女、党政干部子女、工人子女、个体工商业主子女。① 随着我国居民整体受教育水平逐渐提高，父母文化素质也随着增高。《第二次全国家庭教育现状调查》显示，约四成的父母具有大学学历，约三成有初中学历，两成多有高中学历。有小学或研究生学历的不到一成。父母受教育程度的提高，对家庭教育重视度、学习意愿以及学习能力都相应地有所提高。②

（四）信息科技

近年来，随着互联网、大数据、云计算等技术的快速发展，人工智能发展突飞猛进，语音识别、图像分析、智能控制、复杂计算等各大领域涌现出一系列应用产品，人们的生活、工作和学习发生了巨大变化。科技对家庭教育产生发挥了越来越多的影响力。

信息科技影响了家庭教育理念。互联网+对家庭教育理念的影响主要表现在三个方面：一是家庭教育信息快速、广泛地传播。随着互联网的普及，互联网信息传播具有及时性、快捷性的特点，使得良好的家庭教育理念（如幼儿园自己创办的园所公众号、优质的各类教育组织官网等）可以迅速通过互联网传播，且覆盖面广；二是家庭教育信息方便、高效地传播。相对于实体培训，家长通过互联网获得家庭教育理念的方式不受时间、空间的限制，更加方便、高效。三是家庭教育观点更加多元。互联网的草根性赋予普通人以教育话语权，"互联网+"时代下任何一位父母都可以在网络社区中就家庭教育发表观点，任何一个公众号作者都可以就个人的知识和经验发表对家庭教育的理解。

信息科技影响了家庭教育方式。一是父母的权威更难树立。"互联网+"时

---

① 韦晓、窦刚：《家长职业类型及文化程度与儿童智力发展相互关系的研究》，载《云南师范大学学报》2017年第5期。
② 全国妇联儿童工作部：《第二次全国家庭教育现状调查报告》，载新时代家庭数据平台，https：//www.chinesefamilydata.cn/report/56，2021年7月23日访问。

代，丰富的网络资源，精彩的教育课堂，便捷的在线答疑逐渐代替了父母的教育。一般来说，家长教育子女的权威性包括人格权威性、源于血缘亲情的权威性和知识性权威。互联网的无限功能涵盖了父母有限的知识，知识传承载体被改变。父母知识性权威的丧失导致父母人格魅力的减退，加大家庭教育的困难。二是在电脑、手机的使用上，家长对控制和放任之间难以做出权衡。互联网丰富、有趣的资源对孩子来说具有巨大的吸引力，且在当代生活中不可或缺，然而，长时间使用手机电脑，致使家长担忧孩子的视力、运动、创造力和人际关系能力的发展。从而使家长更容易以专制或溺爱的方式对待电子用品的使用，或者在难以寻找到恰当的平衡。三是互联网为现代家庭教育中忽视型的养育方式带来新的契机。现实家庭教育中经常出现丧偶式育儿，即母亲承担其家庭教育的责任，父亲却很少与孩子沟通交流；隔代养育，即祖辈以传统的方式来养育孩子，父母家庭教育的缺失。同时，借由互联网通信的便捷性，有助于以新型的方式搞好家庭建设，增强家庭凝聚力。

四、家庭教育的相关理论

这部分选取了五个直接影响家庭教育发展的理论，第一个是马克思主义家庭观，深刻地阐释了人类婚姻家庭发展的历程以及婚姻家庭的本质，是指导我国家庭教育发展的理论依据之一。第二个是人类生态学理论，从生态学视角分析了人成长的几个环境，阐释了家庭对个人成长的重要作用，以及家庭环境与其他环境的相互影响关系。第三个是重叠影响阈理论，解释了学校、家庭与社区之间发展一种新型的伙伴关系，可以有效促进儿童健康成长，为建构家校社协同育人机制提供了理论指导。第四个是发展型家庭政策理论，解释了西方20世纪80年代以后家庭政策的理念，即完善家庭功能，对社会的健康发展提供了积极支持与持续投资。第五是现代化和日常生活理论，从更深刻的哲学层面揭示了家庭教育在当前我国社会转型中的重要作用。

（一）马克思主义家庭观

马克思主义家庭观是马克思主义理论经典作家对于家庭的产生以及与家庭有关的爱情观、婚姻观、亲情观等关系的看法和观点。马克思主义家庭观对中国近现代家庭变迁产生了巨大的影响。马克思主义家庭观的主要观点包括家庭产生的原因、家庭发展形态、家庭的未来发展趋势和平等的两性关系，对我国家庭教育相关政策和实践产生了重要影响。

1. 家庭的产生

在马克思和恩格斯看来，婚姻家庭关系作为人类生存与发展的前提条件，是最早形成的社会关系。婚姻家庭关系与其他社会关系不同的是，它是建立在两性和血缘关系基础之上的一种特殊的社会关系，是实现人类自身繁衍的社会形式。马克思、恩格斯在对摩尔根的《古代社会》进行深入研究的基础上，以历史发展过程中切实存在的亲属制度为出发点，对家庭的产生作出科学阐述，进一步提出了两种生产理论，"生产本身又分有两种。一方面是生活资料即食物、衣服、住房以及为此所必需的工具的生产；另一方面是人自身的生产，即种的繁衍"。① 生产的制度作为对生产状况的记录和反映，"一定历史时代和一定地区内的人们生活于其下的社会制度，受着两种生产的制约：一方面受劳动的发展阶段的制约，另一方面受家庭的发展阶段的制约"。② 生活资料的生产是通过劳动实现出来的，人自身生命的生产是通过家庭实现的，因此就出现了两种生活，一是劳动的生活，一是家庭的生活。这两种生产在历史发展过程中的地位是不断变化的，"劳动越不发展，劳动产品的数量、社会的财富越受限制，社会制度就在较大程度上受血族关系支配"。③ 因此，在人类社会生产不发达的初级阶段，社会生产越不发达，家庭生产越居于支配地位。相反，在人类社会生产发达的高级阶段，劳动的生产越居于支配地位。因此，起初家庭是唯一的社会关系，然而，在以血族关系为基础的这种社会结构中，劳动生产率日益发展起来；与此同时，私有制和交换、财产差别、使用他人劳动力的可能性，从而阶级对立的基础等新的社会成分，也日益发展起来。

2. 家庭发展的形态

马克思和恩格斯认为，在不同的生产方式和社会制度下，婚姻家庭的形式是不同的。"在生产、交换和消费发展的一定阶段上，就会有一定的社会制度、一定的家庭、等级或阶级组织，一句话，就会有一定的市民社会。"④不同的历史发展阶段，对应有不同的婚姻家庭形式，蒙昧时代，家庭婚姻形式为群婚制；野蛮时代，婚姻家庭形式为对偶制；到了文明时代是一夫一妻的专偶制。

恩格斯在《家庭、私有制和国家的起源》中指出，直接血缘家庭是家庭的

---

① 《马克思恩格斯选集(第4卷)》，人民出版社2012年版，第13页。
② 《马克思恩格斯选集(第4卷)》，人民出版社2012年版，第13页。
③ 《马克思恩格斯选集(第4卷)》，人民出版社2012年版，第13页。
④ 《马克思恩格斯全集(第27卷)》，人民出版社1972年版，第477页。

第一个阶段。在这里,婚姻集团是按辈数来划分的。在"这一阶段上,也包括相互的性交关系",①"夏威夷的亲属制度"②是这种家庭形态存在的现实证明。普那路亚家庭,姊妹和兄弟间排除了性交关系,这种家庭形态"对美洲印第安人中盛行的亲属制度做了完备的说明"。③ 对偶家庭,或长或短时期内的成对配偶制。一夫一妻制家庭,建立在丈夫的统治之上,子女继承父亲的财产,婚姻关系较之对偶婚牢固得多,双方不能任意解除这种关系。在恩格斯看来,家庭的存在,是与两性关系、血缘亲属关系相联系的;家庭的发展,则是与性关系范围逐渐缩小,两性关系逐渐稳固相联系的。这一过程最初是自然选择原则发生作用的结果,并且这种作用一直持续到对偶婚制家庭开始。而对偶婚姻、一夫一妻制关系的存在和发展则是私有制在起作用。

家庭是缔结婚姻的结果,婚姻是男女两性的结合,这种结合形成了为当时的社会制度所确认的夫妻关系。因此,婚姻是男女两性间的一种社会关系。而家庭实际是一种社会组织,并且是随着社会的发展而发展,随着社会的变化而变化的历史范畴,是人类社会发展到一定阶段的产物。因此,家庭作为社会基本组织单位完全是由物质生产活动决定的,就是说有什么样的物质生产方式就有什么样的家庭发展状况,有什么样的社会生产就有什么样的家庭形式。

3. 家庭未来形态

马克思和恩格斯认为,资产阶级的婚姻家庭关系完全是以财产关系和金钱关系为转移的。恩格斯在《英国工人阶级状况》中指出,在资本主义社会,"维系家庭的并不是家庭的爱,而是隐藏在财产共有这一外衣下的私人利益"。④在《共产党宣言》中,马克思、恩格斯更为明确地指出:"资产阶级撕下了罩在家庭关系上的温情脉脉的面纱,把这种关系变成了纯粹的金钱关系。"⑤马克思和恩格斯认为,爱情和婚姻的真正统一,只有在消灭私有制的前提下才能实现。他们在《共产党宣言》中指出,"由私有制所产生的现代婚姻的两种基础,即妻子依赖丈夫、孩子依赖父母",在"废除私有制和社会负责教育儿童"的情况下,也会消灭。这时,"两性间的关系将成为仅仅和当事人有关而社会无需

---

① 《马克思恩格斯选集(第4卷)》,人民出版社1985年版,第35页。
② 《马克思恩格斯选集(第4卷)》,人民出版社1985年版,第36页。
③ 《马克思恩格斯选集(第4卷)》,人民出版社1985年版,第40页。
④ 《马克思恩格斯全集(第2卷)》,人民出版社1957年版,第433页。
⑤ 《马克思恩格斯全集(第1卷)》,人民出版社1957年版,第275页。

干预的纯粹私人关系"。① 恩格斯更为明确地指出，在私有制消亡以后的未来社会中，婚姻的基础将是性爱即爱情。也只有在共产主义社会制度下，才能真正实现以爱情为唯一基础的婚姻。

在资本主义生产方式消灭以前，新的更高类型的婚姻家庭制度也不会自动到来。只有无产阶级革命的胜利和社会主义制度的建立，才能在人类的婚姻家庭史上引起革命的变革。在生产资料公有制的基础上，无产阶级的新的婚姻家庭关系，因得到了充分发展的有利条件，逐步形成人类历史上前所未有的新型的婚姻家庭关系。体现着共产主义道德的婚姻和家庭关系，已经逐渐地发展起来，人民获得了婚姻自由的权力。事实证明，只有社会主义制度，才能给人民群众带来幸福的婚姻的家庭。②

4. 平等的两性关系

马克思和恩格斯认为，未来的婚姻则建立在全新的社会物质生活基础之上，"这要在新的一代成长起来的时候才能确定。这一代男子一生中将永远不会用金钱或其他社会权力手段去买得妇女的献身；而妇女除了真正的爱情以外，也永远不会再出于其他某种考虑而委身于男子，或者由于担心经济后果而拒绝委身于她所爱的男子"。③ 在马克思主义者看来，理想的婚姻与家庭中的妇女解放是紧密相联系的。恩格斯说，"妇女解放的第一个先决条件就是一切女性重新回到公共的劳动中去"，这一方面有助于增加妇女的经济收入，另一方面也是让妇女如在母权制社会一样，参与"一种公共的为社会所必需的事业"，④ 最终为妇女因被排斥于社会公共生产之外在经济上依附于男人状况的改变创造前提条件。现代大工业为妇女参加社会生产开辟了途径，但是由于家庭内的分工没有改变，家务的料理仍然是妇女的事情，所以妇女便陷入了肩挑物质生产和家务劳动双重任务的困境。这种困境的解决，要等到共产主义社会的来临，到那时，"随着生产资料转归社会所有，个体家庭不再是社会的经济单位了。私人的家务变为社会的劳动部门。孩子的抚养和教育成为公共的事业；社会同等地关怀一切儿童，无论是婚生的还是非婚生的"。⑤

---

① 《马克思恩格斯全集(第4卷)》，人民出版社1957年版，第70页。
② 希淑惠：《马克思主义关于家庭起源问题的理论浅述》，载《社科纵横》1993年第2期。
③ 《马克思恩格斯全集(第2卷)》，人民出版社1995年版，第70页。
④ 《马克思恩格斯全集(第2卷)》，人民出版社1995年版，第72页。
⑤ 《马克思恩格斯全集(第2卷)》，人民出版社1995年版，第74页。

恩格斯提出，要想实现妇女真正的解放和平等，首先就要消除私有制。从历史唯物主义角度来看，私有制是罪恶，是一切灾难压迫的根源，无产阶级要建立无产阶级专政，消灭剥削，消灭私有制，所以消灭剥削只有消灭阶级差别，只有彻底消灭私有制，才能最终实现男女平等。其次，妇女参与社会物质生产劳动在经济上就可以获得独立，最后，把私人的家务劳动融入到公共的事业中。恩格斯认为，妇女只有摆脱沉重的家务劳动，把用在家庭劳动中的时间和精力用在社会劳动中，才能使妇女的地位得到真正的解放。只有这种平等关系下的两性关系，才能从根本上使婚姻变得和谐美满，男女之间才有真正的爱情。

5. 马克思主义家庭观对我国家庭发展和家庭教育的影响

马克思主义家庭观对中华人民共和国成立后的家庭变革产生了深远的影响，如毛泽东在中国革命的实践中继承和发展了马克思主义家庭观，他号召广大妇女走出家门，参加火热的生产斗争，在生产实践中驱散空虚和孤独，求得生活上的充实和经济上的独立。他指出："真正的男女平等，只有在整个社会主义改造过程中才能实现。""要发动妇女参加劳动，必须实行男女同工同酬的原则。"①各级领导要大力组织，"使全部妇女劳动力，在同工同酬的原则下，一律参加到劳动战线上去"。② 这就为妇女获得了与男子同样的生存、参与、发展和实现自身价的机会，为妇女在经济上获得独立，实现男女平等，开辟了道路，奠定了基础。江泽民同志在第四届世界妇女大会上指出："我们十分重视妇女的发展与进步，把男女平等作为促进我国社会发展的一项基本国策。"③把男女平等作为基本国策，不仅体现了江泽民对于马克思恩格斯家庭观的继承与发展，同时也体现了党和国家对提高妇女在我国的社会地位与作用的高度重视，这一决策对我国妇女事业以及社会的发展具有十分重要的作用。胡锦涛同志在2011年中共中央政治局第二十八次集体学习时提出："建立健全家庭发展

---

① 《毛泽东选集(第3卷)》，人民出版社1991年版，第247页。
② 1955年，邢台县将《邢台县民主妇女联合会关于发展农业合作化运动中妇女工作的规划》报送中央。12月，毛泽东对《怎样办农业合作社》进行了重编，书名改为《中国农村的社会主义高潮》，《邢台县民主妇女联合会关于发展农业合作化运动中妇女工作的规划》被收入。
③ 《江泽民在联合国第四次世界妇女大会欢迎仪式上江泽民主席的讲话》，载《人民日报》1995年9月5日。

政策，切实促进家庭和谐幸福。"①同年，国家"十二五"规划纲要中明确指出，"要建立健全家庭发展政策，注重稳定和发挥家庭功能，努力提高家庭服务能力"。和谐幸福的家庭有利于每个家庭成员的全面健康发展，也有利于社会的和谐稳定。

习近平总书记继续深化了马克思主义家庭观，提出了一系列关于家庭家教家风的重要论断，2015 年，习近平总书记在春节团拜会上提出"三个注重"，即注重家庭、注重家教、注重家风。② 2016 年，习近平总书记出席第一届全国文明家庭表彰大会并发表重要讲话，提出要重视家庭文明建设。③ 2018 年，全国教育大会，习总书记强调"办好教育事业，家庭、学校、政府、社会都有责任"。④ 2019 年，党的十九届四中全会指出："要发挥家庭家教家风在基层社会治理中的重要作用""构建覆盖城乡的家庭教育指导服务体系"。⑤ 2020 年，党的十九届五中全会指出："健全学校家庭社会协同育人机制"。⑥ 2021 年 10 月，《中华人民共和国家庭教育促进法》颁布。⑦ 在马克思主义家庭观影响下，我国新时代家庭建设沿着家庭文明建设的方向，通过构建全社会支持家庭发展的制度框架，为充分发挥家庭功能、促进社会和谐稳定和国家繁荣奠定基础。

(二)人类生态学理论

1979 年，美国学者布朗芬布伦纳(U. Bronfenbrenner)创建了人类生态学理论。布朗芬布伦纳的思想在人类发展理论中占有着举足轻重的地位，这个一直

---

① 《加强任务落实不断开创人口工作新局面，为经济社会发展创造更加有利的人口环境》，载《人民日报》2011 年 4 月 28 日。

② 《习近平关于注重家庭家教家风建设论述摘编》，中央文献出版社 2021 年版，第 3 页。

③ 《习近平：推动形成社会主义家庭文明新风尚》，载新华网，http://www.xinhuanet.com/politics/2016-12/12/c_1120103506.htm，2021 年 7 月 27 日访问。

④ 《习近平在全国教育大会上发表重要讲话》，载新华网，http://www.xinhuanet.com/politics/leaders/2018-09/10/c_1123406247.htm，2021 年 7 月 29 日访问。

⑤ 《中共中央关于坚持和完善中国特色社会主义制度推进国家治理体系和治理能力现代化若干重大问题的决定》，载新华网，http://www.xinhuanet.com/politics/2019-11/05/c_1125195786.htm，2021 年 8 月 10 日访问。

⑥ 《中国共产党第十九届中央委员会第五次全体会议公报(2020 年 10 月 29 日中国共产党第十九届中央委员会第五次全体会议通过)》，载新华网，http://www.xinhuanet.com/politics/2020-10/29/c_1126674147.htm，2021 年 10 月 11 日访问。

⑦ 《中华人民共和国家庭教育促进法》，载中国人大网，http://www.npc.gov.cn/npc/c30834/202110/8d266f0320b74e17b02cd43722eeb413.shtml，2021 年 10 月 20 日访问。

处于演进之中的理论实现了人类发展观从静到动的转变,开创性地提出了一个全新的视角与理论框架。布朗芬布伦纳倡导的生态环境是一套鸟巢式的结构,每一层次都嵌在相邻一个层次里面,像一套俄罗斯套娃,并由此区分了四个环境成分。按照与发展的个体相互作用的程度自内向外分别为微观系统(microsystem),即包含发展中个体在内的,与个体产生最直接互动的环境,如家庭、学校等;中间系统(mesosystem)包括发展中个体在内的两个或多个环境之间的作用过程与联系(如家庭和学校的关系、学校与工作单位的关系);外在系统(exo-system),即发生在两个或多个环境之间的作用过程与联系;宏观系统(macrosystem)是指各种较低层次的生态系统(微观系统、中间系统和外在系统)在整个文化或者亚文化水平上存在或可能存在的内容上和形式上的一致性,以及与此相联系并成为其基础的信念系统或意识形态。以上相互作用的四个环境系统共同对人类的发展产生影响。① 布朗芬布伦纳认为这些系统中的每一个系统都对儿童的发展有着复杂的生态学意义。从人类生态学视角来看,家庭与家庭外其他的小系统、外系统、大系统产生互动并且交互影响。因此家庭可说是一个动态的单位,会随着时间与情境而产生改变。这些改变有些来自家庭内部,有些则来自家庭外其他的小系统、中间系统、外系统及大系统的影响。对于不同背景的家庭而言,每个系统都会对家庭参与学校教育产生各种各样的影响。譬如,与家庭最直接接触的生活经验或环境,如家庭、学校、邻里小区、工作环境、政府的政策、文化价值、意识形态、法律、宗教,等等,都可能影响到父母参与儿童教育的意愿及互动的质量。

运用生态学方法进行评量家庭参与学校教育问题,主要是从家庭与环境(包括物理与社会环境)的关系的角度,探讨不同家庭孩子的教育需求与其环境资源的相互适应程度及其相互影响问题。这种交互的形式、程度与内容直接决定了家庭参与子女学校教育的程度。1997年史密斯(Smith. E)等人一起就家庭、教师、学校以及社区的互动关系及其对儿童的影响,应用生态学的模式对美国东南部一个中等规模的学区进行了研究,主要考察了家长与学校的互动、家长对学校教育的重视以及家长对参与学校态度的调查结果表明家长的受教育

---

① 谷禹、王玲、秦金亮:《布朗芬布伦纳从襁褓走向成熟的人类发展观》,载《心理学探新》2012年第2期。

程度、家庭结构和收入水平对家庭参与学校教育的态度有非常密切的联系。①因此，不同家庭及其环境的支持资源、家庭及其个别成员与其环境(包括组织机构)的关系，都是影响家庭参与学校教育态度、程度与结果的重要因素，并继而影响不同家庭的教育机会的均等问题。

(三)重叠影响阈理论

20世纪70年代，约翰·斯霍普金斯大学家长与社区项目的主持人爱普斯坦(Epstein, J. L.)在具体深入研究美国中小学校与家庭、社区关系后，提出必须要在学校、家庭与社区之间发展一种新型的伙伴关系，因为只有这样的关系才能够改善学校的教育实践和学校的气氛，增强父母的技能和领导能力，密切父母与学校及社区中其他人的关系，帮助教师更好地工作。爱普斯坦指出，建立伙伴关系的核心理由在于它能够有助于所有的学生在学校里和未来的生活中取得成功。因此必须研究重新调整学校、家庭与社区关系的理论基础，并在此基础上确立学校、家庭与社区的新的关系模式。为此，爱普斯坦等人基于生态学的解释框架与科尔曼的"社会资本"概念，提出了建立家庭与学校伙伴关系的重叠影响阈理论(overlapping spheres of influence)，以此作为学校与家庭伙伴关系的理论基础。

爱普斯坦认为，孩子们成长发展所依托的家庭、学校与社区都抱有相同的目标，承担着共同的任务，它们之间经常进行高质量的沟通和互动。如此，学生就可以从各种机构中感受到关怀，从各种人那里接受到相同的有关学校重要、要努力学习等信息概念，这样学校、家庭和社区这三个背景实际上对孩子以及三者的状况、关系就产生了重叠的影响。这样教育者将会把学生看作孩子，把家庭和社区看成学校的伙伴，并且后者可以在孩子的教育和发展方面发挥重要作用，同样，家庭父母与社区人员都会认识到他们对孩子们有着共同的兴趣和责任，积极为孩子在学校学习创造更好的机会。② 重叠的影响包括内部与外部两种认识结构。对于外部结构而言，影响学生学习和成长的三个主要环境互相因为条件或设计的差异，可以互相靠拢，也可能更加分离，即有些活动

---

① Emilie Phillips Smith, Christian M. Connell. Gary Wright, Monteic Sizer and Jean M. Norman, "An Ecological Model of Home, School and Community Partnership: Implication for Research and Practice", Journal of Educational and Psychological Consultation, 1997, 4rd ed., pp. 339-360.

② [美]阿伦·C. 奥恩斯坦、琳达·S. 贝阿尔-霍伦斯坦、爱德华·F. 帕荣克:《当代课程问题(第三版)》，余强主译，浙江教育出版社2004年版，第507~508页。

应该是学校、家庭和社区分开来进行的,要重视家庭、学校等个别机构对于学生的独特影响力;而有些则必须是三者共同完成,三者之间发生的重叠的影响将可能造成参与某项活动的条件、场地、机会或不同的激励效果的形成,同时也决定了某项活动的数量。重叠影响阈理论指出,彼此重叠面积的大小,取决于时间(考虑学生的年龄与年级的变化)与行为(考虑学生的背景特征、环境的影响等个别差异)等因素。该理论的内部认识结构主要揭示制约学校、家庭和社区内部因素或三者之间跨界线的相互作用的人际关系和影响方式,这些复杂的人际关系和影响方式可以在机构之间(如学校邀请家庭参与某种活动)与个人水平(如一位家长与教师交流时候)上发生作用。[①] 家庭、学校与其他社会组织对于孩子的发展的影响力是重叠且不断累积的,将持续地影响不同年龄、年级学生的成长。在这样的模式下,家庭、学校与学生本身(甚至其他社会机构)都应注意其对孩子的教育责任或影响力,同时更应关心其彼此之间的联系与合作,以发挥合成的影响力。

1. 重叠影响阈理论的主要观点

第一,强调家庭、学校与社区等机构对学生的独特影响力。重叠影响阈理论主张家庭、学校、个体与其他社会组织对学生的发展与教育的影响力是重叠的。在突出家庭与学校等机构所构成的合力影响外,此模式还注重各主要机构的历史连结及其累积的影响力,同时非常重视个别机构对于学生的独特影响力。这些独特影响力的作用范围、大小与效果受到包括家庭、学校、社区的背景、习惯性做法、孩子身心发展的阶段性特点与个性特征,以及三个机构历史和政策的背景等因素的影响,发挥对学生独特的功效,而这些独特的影响对于不同学生的成长而言可能扮演重要的角色。

第二,改变了人们对于家庭、学校与社区影响孩子发展次序的理解。基本假定是早期的生长发展决定了后期的成功,家庭教育与学校教育都很重要,尤其是家庭教育,因为其是后期学校教育成功的根基。然而,到了学龄阶段,家庭则必须"淡出",因为这时候学校已经接手了。该理论则认为这种影响力的重叠持续人的一生,只是随着个体年龄与行为特征而改变,在重叠的量与质上有所不同而已,而且因人而异。

第三,发展了科尔曼的"社会资本"的概念。爱普斯坦等人认为,重叠影

---

① [美]阿伦·C. 奥恩斯坦、琳达·S. 贝阿尔-霍伦斯坦、爱德华·F. 帕荣克:《当代课程问题(第三版)》,余强主译,浙江教育出版社2004年版,第507~508页。

响阈理论将社会资本的概念放到了更为广阔的理论背景之中。家庭、学校、个体与其他社会组织对于学生的发展与教育的影响力是重叠且不断累积的，将成为新的社会资本而储藏在重叠影响阈理论的内部结构之中，然后通过社会联络或社会活动等形式去消费、投资、再投资。那么，经过很好设计的家庭与学校伙伴关系将使学生学业进步、家庭关系得到加强、学校教育质量得以提高、社区生活变得丰富多彩，这样就实现了社会资本的增值。①

第四，将学生置于重叠影响理论的中心。重叠影响阈理论是建立在这样的假设基础之上的，即如果学生们感到有人关爱他们并鼓励他们努力学习，他们就会尽全力去学习阅读、写作和计算，学习其他的技能和能力，并坚持在学校里学习而不会辍学。家庭与学校的伙伴关系并不是保证学生一定会成功，而是在这样三方伙伴关系的模式下，可以促进学生在参与中取得自己的成功。

总之，该理论旨在建立一个学习型社区或关怀型的社区，在这里所有的家庭、学生、老师都相信，伙伴合作关系可以帮助学生获得成功。

2. 重叠影响阈理论的实践框架

重叠影响阈理论重视学生在家庭、学校和社区环境中所处的中心位置，在该理论指导下，许多小学、初中和高中教师与家长们不断努力构建良好的家庭与学校伙伴关系，进行了深入的实践，形成了许多有价值的经验。爱普斯坦收集了各种成功的学校关怀合作计划，在重叠影响阈理论的指导驱动下，归纳了6种学校协助家庭和社区参与关怀学生的途径与框架模式，发展了以"关怀"为主题的实践模式。②

（1）加强亲职教育（Parenting）。支持家庭以家庭教育的方法，提供家庭支持、帮助家庭了解儿童和青少年的发展、帮助布置家庭环境，以利于学生在每一个年龄阶段和不同年级的学习。帮助学校了解学生的家庭背景、文化和对孩子的期望。

（2）拓展沟通渠道（Communicating）。通过各种有效的方式，就学校的课程计划及学生的学业进展情况与家长进行沟通。

（3）组织家长自愿服务（Volunteering）。改善学校培训与活动计划，吸收更多家庭作为志愿者或观众参与到学校或其他地方的活动，还包括为学校教育及

---

① ［美］莫琳·T. 哈里楠：《教育社会学手册》，傅松涛等译，华东师范大学出版社2004年版，第190~374页。

② Epstein, J. L., "School/Family/Community Partnerships: Caring for the Children We Share, *Phi Delta Kappan*, 1995, Vol. 76, NO. 9, pp. 701-712.

其组织活动筹集资金，提供道义方面的支持。

（4）协助家庭辅导（Learning at home）。学校为家长提供在家里参与孩子学习活动的信息建议，以帮助家长更好地辅导学生完成家庭作业或组织其他与学业有关的活动。

（5）参与学校决策（Decision making）。通过各种学校委员会和家长教师组织等，使家长作为参与者关心学校的决定、管理和倡导各种活动。

（6）加强与社区的合作（Collaborating with community）。协调社区内的各种企业、机构、文化的和民间组织、高等院校以及其他社区群体，为家庭、学生和学校提供各种服务和资源，让学生、家长与教师能够为他们所生活的社区作出贡献。

这六种家庭与学校伙伴关系的参与模式都包含了双向的联结，学校必须了解家庭、支持家庭，家庭也要积极了解并支持学校。这六种家庭与学校伙伴关系的参与模式在实践发展过程中，取得了新的成绩，积累了新的经验，这些经验包括建立伙伴关系的重要原则、实施关爱模式的行动步骤以及一些成功项目的特点等。在这些经验中一致表明，好的伙伴关系将有助于学校提高学校教育质量，增强家庭参与，使社区充满活力，并促进学生获得成功。

（四）发展型家庭政策理论

1970年以后，由于经济、文化和政治的原因，西方国家的社会福利制度受到多方面的挑战。在此社会背景下，发展型家庭政策应运而生，政策主张重新界定政府与家庭二者的福利责任。进入20世纪90年代后，家庭政策的理念由原先政府承担职责转移于家庭，变为把对家庭的支持建立在政府、市场和家庭三者的合作关系之上。发展型家庭政策关注对家庭人力资本的投资。家庭成为发展型社会政策干预的核心，原因是人们越来越认识到家庭是促进社会不同系统有效发挥作用的关键所在。稳定和功能完整的家庭不仅是家庭成员，也是社区、市场乃至整个社会的资源。因而，以家庭作为基本单位，对其进行投资和支持，便有了深刻的现实意义。第一，通过对家庭中儿童及青少年的投资，来提升国民素质和整体文化水平，进而提升国家的综合竞争力和维护国家安全；第二，家庭作为青少年社会化的重要场所，可以预防一部分青少年越轨行为问题；第三，通过对家庭的支持，维护婚姻及家庭稳定，从而维护社会的稳定。① 发展型家庭政策的核心是完善家庭功能。所谓家庭功能就是家庭在社会

---

① 赵家鑫：《发展型家庭政策兴起的背景分析》，载《山东工商学院学报》2012年第6期。

生活中所起的作用。一般认为"家庭功能包括生产、消费、生育、教育、赡养、抚育、闲暇与感情满足等"。① 发展型家庭政策是对社会的健康发展提供了积极支持与持续投资。

1. 发展型家庭政策的主要理论

(1) 吉登斯——建积极性家庭福利政策。著名社会学家吉登斯提出,所谓积极性家庭福利的特点是:有效处理家庭危机,并寻求发展。② 危机处理的含义除了指保障个人及家庭去克服危机外,还包括提供资源去利用危机中的有利之处,即在危机里寻求发展。特别是鼓励家庭福利接受者在可能条件下,重新投入工作或者生产,增加家庭福利。吉登斯认为传统的给予个人及家庭的福利保障容易形成福利依赖,诱发道德风险,所以对于家庭的就业福利应更多地用于人力资源的投资,对家庭成员及公民实行终身教育。其内容不仅仅包括技能培训,而且更重要的是认知和情感能力的培养。他还建议实行灵活的就业时间,对工作进行"积极的再分配",使劳动与家庭兼顾。在养老政策方面,积极性家庭福利政策将其视为一种资源而不是一种负担,对家庭老龄人口进行社会融合而不是社会排斥,应当逐步废除固定的退休年龄,使其按能力和意愿决定何时及如何使用养老金,充分发挥其人力资本的优势。这些福利开支不只是依靠国家来创造和分配,还有其他机构发挥作用共同提供。

(2) 阿玛蒂亚·森——以"资产投资"为其核心特征的家庭政策。社会学家阿玛蒂亚·森首先提出了福利评价的最大困难是人及其家庭是千差万别的。这些差别包括个人及家庭的差异性(如残疾人、病人和正常人的需求不同)、环境的多样性(如气候、自然灾害影响个人及家庭生活质量)、社会氛围的差异(如教育、健康设施、社会治安环境影响生活质量)、人际关系的差别(个人及家庭所处的传统及风俗背景),特别是"家庭内部的分配,家庭内部根据性别、年龄等因素的分配对单个成员的成功和失败起着重要作用"。由于这些差异的存在,使得用收入和商品来衡量福利具有局限性。因此阿玛蒂亚·森认为,家庭应去追求多种多样的福利或状态,包括足够的营养、免于疾病的侵害、创业的机会、教育和就业就会、社区参与和自我实现等。③ 他提出以下家庭发展政

---

① 杨善华:《家庭社会学》,高等教育出版社2006年版,第55页。
② 严杰:《马克思主义福利观视角下的发展型家庭政策研究》,江南大学2012年硕士论文。
③ [印]阿玛蒂亚·森:《以自由看待发展》,任赜、于真译,中国人民大学出版社2002年版,第117页。

策观点：

第一，以支持家庭保护儿童成长。重视儿童等未成年家庭成员的健康成长，历来是家庭政策最为关注的目标。西方福利国家通过建立健全婚姻家庭法律法规，发放家庭津贴等各类经济支持，设定休假制度等工作福利，完善家庭服务等多种方式，旨在帮助儿童得到更多的照顾，使家庭功能得到正常发挥，从而保护儿童健康成长。但随着社会的变迁，尤其是离婚率的上升，使儿童的成长环境面临诸多不确定因素。这样，原先侧重给予家庭中父母，以父母保护儿童的福利模式，便不能完全发挥其应有的作用。因此，发展型家庭政策在原有政策框架基础上，提出以支持家庭为目标的福利模式，通过对家庭给予支持，促进家庭关系的改善，避免婚姻破裂，保证家庭的稳定性。发展型家庭政策注重为整个家庭服务，通过综合运用政策引导、经济支持和服务提供，为父母、儿童和家庭照顾者给予全方位的福利保障。

第二，以提供服务协调工作与家庭平衡。就目前发展阶段而言，家庭福利最重要的来源应该是家庭成员从事劳动所赚取的工资，工作对家庭福利的实现具有非常重要的作用。因此，工作和家庭并非完全独立，工作的目的是为了获得收入，从而保障和促进家庭发展；家庭也为工作提供了一个稳定的调试环境。此外，这样的压力也导致了很多家庭成员既面临工作所带来的困境，又要面临照顾家庭的责任，使二者不能很好地协调。发展型家庭政策则将家庭与工作联系起来看待，主张建立以社区、非政府组织为主的多元家庭服务模式，开展覆盖面广的日间托养和家庭服务，实现家庭成员工作和照顾责任的平衡。同时，也注重对人力资本，尤其对妇女的投资，使其从照顾家庭的束缚中摆脱出来，实现其价值的发挥。

第三，以早期干预防范家庭危机。发展型家庭政策将福利对象由传统的"有问题的家庭"，扩展至了所有家庭，指出只要有家庭的存在，便有需要的存在。在此基础上，指出家庭福利既需要给处于弱势或遭受不幸的家庭提供应急、救援性质的帮助，还应针对不同家庭给予预防和支持性的帮助。这些预防和支持包括：以提供咨询和给予服务方式，建立和谐稳定的家庭关系；通过巩固婚姻关系、增强家庭观念，预防家庭暴力、家庭矛盾、家庭关系破裂，从而使家庭得以依托，为儿童及未成年人成长营造一个良好的家庭氛围；同时，在家庭重要的变迁阶段，如婚姻初始、孩子出生、亲人离世，为家庭提供主动及时的支持与引导，从而规避家庭危机产生的可能，促进家庭平稳度过每一环节。

阿玛蒂亚·森的主张特别强调了家庭具有一定的公共性，即家庭并非新自由主义所宣扬的"私人领域"（private sphere），而是具有一定的公共性质。家庭不仅会产生一些社会问题，而且需要政府和社会协助解决，同时家庭也是有效解决社会问题的一种措施或途径。首先，家庭问题会向社会外溢（externalities），作为破碎家庭"副产品"的绝望少年会将内心的仇恨直指向社会，而任何一个国家都得为青少年犯罪承担巨额的社会成本。其次，家庭的亲情使其成员更加清晰地明确自己的责任，积极完成社会化任务，从而有效减少了消极越轨行为，维护了社会的有序与和谐。最后，家庭的亲情使其成员更加清晰地明确自己的责任，积极完成社会化任务，从而有效减少了消极越轨行为，维护了社会的有序与和谐。显而易见，家庭与国家的关系极为密切且具有很强的互益性，随着这种意识的深化，就形成了以"资产投资"为其核心特征的家庭政策。结构完整、功能完善的家庭是其成员的福祉，更是整个社会系统无可替代的珍贵资源，因而有必要将家庭视为一种不可或缺的社会资产加以支撑和扶持，以利于家庭形成、发展并巩固其固有的能力或优势。

综上所述，发展型家庭政策特征概括如下：

第一，在福利政策的重点上，发展型家庭政策关注对家庭人力资本的投资。发展型家庭政策最具理论创新的观点是：家庭福利政策是生产要素之一。这颠覆了之前社会福利政策是单纯支出的传统观念。发展型家庭政策认为，家庭福利具有帮助人们实现潜能的作用，因而是生产力要素之一（对劳动力的投资）。发展型家庭政策以针对家庭成员人力资本投资为重点，通过开展教育与技能培训，提升劳动素质与职业技能，使家庭成员顺利进入劳动力与人力资源市场，从而使家庭具备再生产能力；发展型家庭政策还强调对家庭成员医疗保障和健康服务的投资，使家庭成员具备良好的身体素质和精神状态，更好从事生产活动。其同时强调，需要建立良好的社会机制，营造优质的家庭发展氛围，建立完善社会支持系统，推动家庭福利目标的实现。

第二，在福利政策与经济发展的关系上，发展型家庭政策注重协调发展。发展型家庭政策驳斥了传统观点中福利仅是支出的观点，认为家庭政策的实施，不仅不会阻碍经济的发展，而且对经济发展可以起到推动和促进作用。因为发展型家庭政策的社会投资理念，有利于增强家庭成员的竞争力，激发参与经济活动家庭成员的积极性，为人们参与经济活动创造良好的社会条件；同时，发展型家庭政策的实践，有利于促进家庭消费，家庭消费的扩大，可以有效拉动经济的增长。发展型家庭政策还强调了权利和义务的统一，强调家庭政策的获得，需要家庭成员的责任履行，激励各成员积极参与经济活动。

第三，在福利政策的根本功能上，发展型家庭政策认为福利是对社会的投资。发展型家庭政策认为，家庭福利的实践本质是对社会的投资。具体表现为：一是发展型家庭政策注重对家庭成员人力资本的投资，人力资本的提升有利于促进社会生产力的提高，进而推动社会发展；二是注重家庭及其成员在社会建设和社会资本中的积累，为发展积蓄能量。在此二者的基础上，发展型家庭政策可以增强社会凝聚力和培育积极健康的社会文化，这些因素便是国家竞争力的核心。简而言之，发展型家庭政策的实践，最终将成为国家竞争力的体现。

第四，在福利政策的思维方式上，发展型家庭政策强调对于家庭问题的源头预防。发展型家庭政策最重要的政策理念便是对家庭可能出现的问题开展源头预防，通过源头预防措施来防范和化解可能出现的家庭危机，降低家庭问题出现后的解决成本。发展型家庭政策认为不能等家庭陷入贫困后才给予政策支持，而应通过对家庭成员健康、教育等投入，增进个人、家庭参与经济活动的能力。同时，帮助家庭及其成员，极早发现和分析家庭问题产生的原因，切断问题发育的链条。发展型家庭政策还主张在福利实践中，应着眼长远，注重中长期规划，统筹运作，减少福利损耗的成本。

2. 发展型家庭政策对我国家庭教育发展的启示

发展型家庭政策理论解释了当前西方家庭政策转变的原因，并针对当前中国家庭发展问题，提出支持家庭、投资儿童，增强家庭功能，是中国经济转轨和社会转型的核心，为政府开展家庭教育指导提供了重要的社会学解释。

我国的家庭政策是以补救性为主，缺乏预防性家庭政策。① 有学者指出，中国仍然停留在家庭的自我保障阶段，家庭是满足社会成员保障和发展需要的核心系统，在社会保护体系中起着极为重要的作用。目前的家庭政策的主要对象是贫困家庭、计划生育家庭、特殊儿童家庭等功能不完整的家庭，社会福利项目或行动也较多集中于特殊儿童家庭，而结构较为完整的家庭更多依靠自我保障。家庭政策覆盖范围小，有很强的补充性导向。② 家庭既是产生各种社会问题的主要根源之一，也是社会稳定和发展的珍贵资源。对于转型期的中国来

---

① 杨静慧：《发展型家庭政策：预防青少年犯罪的有效切入点》，载《国家行政学院学报》2013年第5期。

② 吴帆：《我国家庭政策体系现状及发展路径》，载《中国人口报》2012年1月23日。

说，家庭在适应社会变革的过程中面临很多方面的挑战，家庭的保障功能严重削弱，但与世界上其他国家一样，中国的家庭仍然是社会最基本的福利单位，继续承担着很多基本的社会功能，包括社会化以及为家庭中不能自立的成员提供经济帮助和生活照顾等。① 在这种情况下，构建以支持家庭、投资儿童为目标的发展型家庭政策，不仅是支持和鼓励家庭成员更好地承担其家庭责任、帮助他们有效地适应经济和社会变化的有效手段，更重要的是，从人的角度看，家庭功能的有效发挥是中国经济转轨和社会转型的核心。

在发展型家庭政策的背景下，家庭教育可以发挥更为深远的社会作用，不仅包括针对家长的服务，更要强调针对家庭整体功能的服务；不仅能为出现教育问题的家庭服务，也要为所有家庭服务；服务的内容要摈除形式化的东西，要对家庭教育有切实的帮助，例如应包括婚前教育（优生及家庭价值观念和家庭责任教育等）、生活技能培训（职业技能、家庭和人际关系及沟通技能、应对压力和解决问题技能以及家庭财务管理技能等）、父母角色及亲子关系技能、儿童保护及儿童和老人照顾服务、医疗服务、法律援助、家庭应急服务、家政服务、家庭和婚姻关系咨询以及信息服务等。② 建构发展型家庭政策的关键，是在全社会形成一个支持家庭、投资儿童的社会环境和制度体系，形成一个政府、市场组织、社区及公民社会组织等都有责任、动机和行动来支持家庭、帮助家庭更好地行使其责任的制度框架。

(五)现代化理论与日常生活理论

现代化理论为家庭教育的重要性和必然性提出了哲学解释。从现代化理论来看，家庭教育是社会发展到一定阶段的必然产物，是人自身现代化的重要手段。日常生活理论则为家庭教育提供了独特的生活教育，即家庭教育是处于生活场域的家庭之中，要从这一独特性来认识家庭教育。

1. 现代化的内涵

哈贝马斯在《现代性的哲学话语》中强调"现代"的发生有四个标志性的历史事件，即文艺复兴、宗教改革、法国大革命以及德国古典哲学。③ 吉登斯所认为的现代化是指"社会生活或组织模式，大约17世纪出现在欧洲，并且在

---

① 张秀兰、徐月宾、梅里志：《中国发展型社会政策论纲》，中国劳动社会保障出版社2007年版，第84页。

② 张秀兰、徐月宾、梅里志：《中国发展型社会政策论纲》，中国劳动社会保障出版社2007年版，第116页。

③ 曹卫东：《曹卫东讲哈贝马斯》，北京大学出版社2005年版，第71~72页。

后来的岁月里，程度不同地在世界范围内产生着影响"。① 现代化则是指"现代"形成这一过程，是传统向现代的嬗变。

现代化是指人类社会从传统向现代的嬗变过程。第一，现代化代表着人类社会由传统农业文明向现代工业文明的深刻的文化转型。韦伯认为，从宗教改革中转换出来的以世俗化和理性化为特征的新教伦理是支撑资本主义发展的主要精神。因此，西方近代的社会历史变迁的核心是理性化过程，是传统社会以传统、习惯和情感为基础的行为让位于以理性为目标取向为基础的行为的进程。② 第二，现代化的核心是人自身的现代化，即人的存在方式或行为模式的根本转变。从社会的层面上看，以农业文明为基本条件的传统社会用以维持社会和人的存在的各种关系从本质上不过是各种血缘的和情感的自然关系的拓宽与延伸。因而，在传统社会运动中，文化习俗、传统习惯、给定的规则、经验、常识、情感等自在的文化因素占据十分重要的地位。而现代化则是要运用现代科学技术和社会化大生产为后盾，打破以自然主义和经验主义关系加以维持的封闭的传统社会结构，代之以合乎理性的、符合人的发展需要的真正的属人的社会关系和结构。从个体的层面来看，在传统社会中，绝大多数人凭借着习惯、传统、风俗、经验、自在的规则、惯例、常识、情感等自在的文化因素而自在自发地、习以为常地生活于相对狭小的范围内。而现代化则意味着把个体从这种自在的和自然的状态中提升出来，使之成为适合现代科学技术和社会化大生产发展需要的，具有主体意识、批判意识、技术理性、人本精神的自由自觉的和创造性的个体。由此可见，人自身的现代化，乃至整个现代化进程都离不开传统的自在的文化向现代的自觉的文化的转型。换言之，人自身的现代化是以文化转型为核心和基本内涵的。第三，人自身现代化的实质或核心是文化的转型，即"由自在的文化向自觉的文化的深刻转型，即传统日常生活的批判重建。因此，形象地说，人自身的现代化表现为走出日常生活世界的进程"。③ 自在的文化是指以传统、习俗、经验、常识、天然情感等自在的因素构成的人的自在的存在方式或活动图式。自觉的文化则是指以自觉的知识或自觉的思维方式为背景的人的自觉的存在方式或活动图式。自在的文化构成自在的日常生活的内在结构和图式，而自在的日常生活又是自在的文化因素的基本

---

① ［英］吉登斯：《现代性的后果》，田禾译，译林出版社2000年版，第1页。
② 衣俊卿：《现代化与日常生活批判》，人民出版社2005年版，第260页。
③ 衣俊卿：《现代化与日常生活批判》，人民出版社2005年版，第264页。

寓所或基地。自觉的文化与非日常生活领域具有本质的一致性和契合性。日常生活的批判重建本质上是内在图式的转变，即自在文化的转型，本质上是人的自身现代化的问题(见图 1-2)。

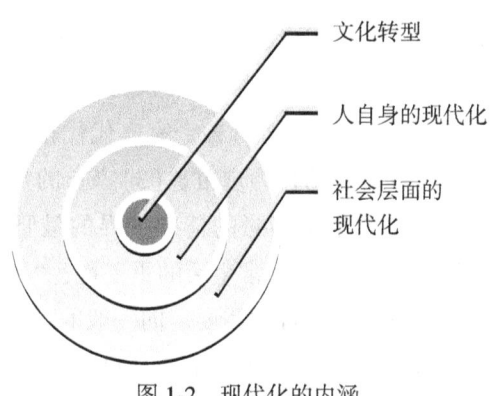

图 1-2　现代化的内涵

2. 家庭与日常生活

日常生活是以个人的家庭、天然共同体等直接环境为基本寓所，旨在维持个体生存和再生产的日常消费活动、日常交往活动和日常观念活动的总称，它是一个以重复性思维和重复性实践为基础存在方式，凭借传统、习惯、经验以及血缘和天然情感等文化因素而加以维系的自在的类本质对象化领域。非日常生活领域则相对于日常生活而言的，主要包括两个方面，一是政治、经济、技术操作、经营管理、公共事务等有组织的或大规模的社会活动领域和非日常的精神生产领域，二是科学、艺术和哲学等自觉地人类精神生产领域或人类知识领域，基本上等同于人们习惯称谓的意识形态领域。

日常生活包括三种基本的活动类型或三个基本层次："第一，日常消费活动。衣食住行、饮食男女等以个体的肉体生命延续为宗旨的日常生活资料的获取与消费活动是日常生活世界的最基本的层面，古今中外，古今往来，概莫能外。在这种意义上，可以把日常生活世界称之为消费世界；第二，日常交往活动。杂谈闲聊、礼尚往来等以日常语言为媒介，以血缘关系和天然情感为基础的日常交往活动，同样是日常生活世界最基本层面之一。第三，日常观念活动。伴随着日常消费活动、日常交往活动和其他各种日常活动的日常观念活动，是一种非创造性的、以重复性为本质特征的自在的思维活动。环绕着个体生存和再生产的日常消费活动、日常交往活动和日常观念活动，构成了日常生活世界的基本框架。"①

家庭是以婚姻和血缘关系为基础，由夫妻、父母和子女以及其他有血缘关系并共同生活的亲属组成的社会单位。家庭是日常生活的重要组织者、管理者和调控者。主要表现在：第一，家庭是日常生活最恒定的和最基本的寓所。第二，家庭是日常生活最主要的组织者和调控者。家庭通过三个方面的基本因素来组织、调控家庭成员的衣食住行、饮食男女和礼尚往来等日常活动的：(1) 人类世代自发地沿袭和积淀的经验。(2) 各个家庭代代相传的家规、家法、家训、家戒、家礼以及家风等自在的行为规范。(3) 家长的权威性，尤其是父权的重要性。第三，家庭是人类丰富多彩的情感世界的最坚实的基地。郝勒在《日常生活》提出"在家"的感觉对于日常生活的重要性，"熟悉感对我们的日常生活提供基础，同时，它自身就是日常需要。向一般的日常生活中的整合是关于空间中的固定点，即我们由之'开始'（无论是每日的还是一个较长时期内的）并在一定时期向之回归的坚实位置的意识。这一坚实位置是我们称之为'家'的东西。'家'并非简单的是房子、住屋、家庭。有这样的人们，他们有房屋和家庭，却没有'家'。由于这一原因，尽管熟悉是任何关于'家'的定义所不可缺少的成分，熟悉感自身并不等同于'在家的感觉'。比这更为重要的是，我们需要自信感：'家'保护我们。我们也需要人际关系的强度和密度：家的'温暖'。'回家'应当意味着：回归到我们所了解、我们所习惯的，我们在那里感到安全，我们的情感关系在那里最为强烈的坚实位置"。② 由此可见，家庭日常生活通过世世代代的演变已经形成了较为稳定的模式，这种特征与传统社会的文化相遇，形成一种强大稳固的生活方式，影响了人们的日常生活实践活动。现代化进程中要求文化转型，其核心是人的现代化。人们以往常常关注的是社会宏观层面的经济、政治的现代化，而忽视了微观而无处不在的家庭日常生活。家庭中存在的弥散性、影响深远的传统生活方式往往在最深刻的层面影响了现代化的进程。

3. 家庭教育与社会现代化

"如果一个民族主要凭借日常生活的图式和模式而活动，那么无论是个体的发展，还是社会的进步都将受到传统的巨大束缚于桎梏。"③从这一方面来

---

① 衣俊卿：《现代化与日常生活批判》，人民出版社 2005 年版，第 14~16 页。
② Agnes Heller, Everyday Life, *Routledge and Kegan Paul*, 1984, p.239.
③ 衣俊卿：《现代化与日常生活批判》，人民出版社 2005 年版，第 299~300 页。

讲，家庭教育对日常生活的重建意义重大。如果在工业社会中，人们在家庭日常生活中仍然靠农业社会中的重复性、经验式方式来进行，这种强大的日常生活思维方式很可能会形成一种与工业文明对抗的力量，悄悄地吞食非日常生活世界中的自由自觉的实践活动，影响人们主体性和创造性能力的发挥。因此，家庭教育对传统社会中的日常生活进行批判和重建是现代化进程中的重要助推力，其所倡导的新型生活方式是文化转型的关键。

家庭教育不断将工业文明中的技术理性与人本精神渗透到日常生活之中，通过对日常生活的批判和重建，使日常生活逐渐摆脱自发自在的状态，朝向自由自觉的方向发展。在这一过程中，人的理性和主体精神得到极大的张扬，促进文化转型和人的现代化，而为文化转型作出了重要的贡献。

2021年7月，中宣部、中央文明办、中央纪委机关、中组部、国家监委、教育部、全国妇联印发《关于进一步加强家庭家教家风建设的实施意见》（以下简称《意见》），《意见》要求，要加强习近平总书记关于注重家庭家教家风建设重要论述的学习宣传，让新时代家庭观成为亿万家庭日用而不觉的道德规范和行为准则。要以社会主义核心价值观引领家庭家教家风建设，升华爱国爱家的家国情怀、建设相亲相爱的家庭关系、弘扬向上向善的家庭美德、体现共建共享的家庭追求。要围绕落实立德树人根本任务开展家庭教育，引导家长用正确行动、正确思想、正确方法培养孩子养成好思想、好品行、好习惯。要把家风建设作为党员和领导干部作风建设重要内容，引导党员和领导干部筑牢反腐倡廉的家庭防线，以纯正家风涵养清朗党风政风社风。要注重发挥家庭家教家风建设在基层社会治理中的重要作用，吸引群众走出"小"家、融入"大"家，积极参与和谐社区、美丽乡村等建设。

五、当代家庭教育存在的主要问题

当前我国家庭规模、家庭结构、家庭关系等方面发生的深刻变化，对于家庭教育产生了深远的影响，主要表现在以下几方面：

（一）家长主体责任意识缺乏

家长履行主体责任不足。作为实施家庭教育的主体，部分家长对孩子生而不养、养而不教、教而无方，尤其是部分留守儿童家长甚至只生不教，责任意识严重缺乏。一些家长特别是农村家长在教育后代上自觉履责的法律常识不清、法律意识不强，在思想深处重视程度不够，忽视家庭教育及家长言传身教，履行主体责任的能力和水平不高。

家长对家校合作的认识存在偏差。由于家长的学历层次和文化素养的差异，一些家长对家校合作的认识存在偏差，认为家长的责任仅仅是照顾好孩子的日常起居，或者是以工作繁重为由，将教育职责全权委托给学校或者教育机构，将学生成绩不理想的责任推卸给学校。

父亲在家庭教育中参与率仍相对较低。当前我国家庭教育中，母亲扮演主要的教育角色，很多家庭教育缺乏父亲的参与，两性育儿责任分配失衡，导致女性家庭和工作的双重负担加重的问题。

（二）家庭中重智轻德的现象普遍存在

受应试教育模式影响，家长普遍重视学习成绩，盲目追求分数和名校，对孩子的考试分数、成绩排名、是否上一流大学等期望值偏高，重分轻能、重智轻德、重养轻教较普遍。很多家长在育儿过程中忽视孩子情感、人格和智力等方面的发展。有调查显示超半数中小学生视学习压力为最大烦恼、各个年龄段的儿童的睡眠时间均未达到国家的规定，[1] 儿童负担过重、应考压力过大，损害了身心健康。与此同时，多数父母存在不同程度的养育焦虑，不知道用什么方法教育孩子，缺乏相关知识和经验借鉴。《第二次全国家庭教育现状调查》显示，父母普遍希望孩子长大之后能有出息。半数以上的父母担心他们成绩不好，近五成的父母担心孩子没养成良好的习惯或有心理问题。[2]《全国家庭教育状况调查报告（2018）》显示，约七成左右的家长对孩子的期望是班里前十名及以上。[3] 以上调查均显示，我国部分家长在育儿过程中存在重智轻德、重知轻能、重养轻教等认识误区。

（三）家庭经济功能的强化带来家庭教育的功利化与工具化

社会转型期，随着就业压力和社会生活成本加大，不少家长表现出教育目标和教育内容的功利化。如部分家长将教育只简单理解为知识的传授，把追求高学历高智商当作家庭教育的成就目标，从而导致在家庭教育中出现教育与生活相脱离，重教育轻养育的结果。具体表现为父母与子女沟通的大多都是学习问题，而对儿童的情绪情感、兴趣爱好、个性发展等了解不足。同时，家长在教育过程中缺乏对于孩子的尊重。《全国家庭教育状况调查报告》显示，一成

---

[1]《全国家庭教育调查报告》，社会科学文献出版社2011年版，第10~11页。

[2]《第二次全国家庭教育现状调查报告》，载新时代家庭数据平台，https://www.chinesefamilydata.cn/report/56，2021年11月10日访问。

[3]《〈全国家庭教育状况调查报告（2018）〉全文发布》，载中国教育新闻网，http://www.jyb.cn/zcg/xwy/wzxw/201809/w020180927730230778351.pdf，2021年5月17日访问。

以上的家长从不听孩子讲话,不允许孩子发表自己的观点。孩子做错事时,不听孩子的解释就加以批评。近两成的父母要求孩子做事时从不说明理由。①

(四)家庭教育指导支持不足

家庭教育指导服务与家长的需求差距较大。一方面家长表现出对于家庭教育科学知识和方法的渴求,另一方面社会提供的家庭教育指导服务未能满足家庭的需求。家长的需求主要表现在对于家庭教育知识、家庭教育服务渠道以及对政府相关部门和社会的需求。有学者在辽宁、山东及京津冀省份进行了大规模调查,调查结果显示,六成以上的家长表示非常或比较需要家庭教育指导。家长普遍对教育及养育孩子的方法比较关注。三成以上的家长表示需要教育方法方面的指导,两成以上的家长表示需要关于教育知识的指导。②

家庭教育指导支持不足的一个重要表现就是家长在遇到问题时不知道应该向谁求助。《第二次全国家庭教育现状调查报告》显示,家长遇到问题多夫妻商量或与其他家长商量解决,三成多的家长没有接受过指导。③ 这说明很多家长基本没有或没有接受过家庭教育方面的指导服务。从家长面临的困难和服务需求看,加大不同类型的家庭教育指导服务十分重要。在激烈震荡和变迁的现代社会中,家庭的结构和功能在不断调整和变迁,家长需要接受科学家庭教育指导,按教育规律科学育儿,才可能帮助孩子健康成长并适应社会发展。

六、新时代家庭教育观

新时代家庭教育观要以习近平新时代中国特色社会主义思想为指导,以培育和践行社会主义核心价值观为根本,以培养少年儿童品德为核心,推动家庭教育事业高质量发展。

(一)以立德树人为根本任务

习近平总书记在全国教育大会上对家庭教育的阐述:"家庭是人生的第一所学校,家长是孩子的第一任老师,要给孩子讲好'人生第一课',帮助扣好人生第一粒扣子。"深刻地诠释了家庭教育的重要任务与目标方向。

家庭教育的根本任务是立德树人,家庭在孩子的一生成长中承担着最基础

---

① 《第二次全国家庭教育现状调查报告》,载新时代家庭数据平台,https://www.chinesefamilydata.cn/report/56,2021 年 8 月 13 日访问。

② 张学雷:《我国家长教育的问题与对策研究》,沈阳师范大学 2017 年硕士论文。

③ 《第二次全国家庭教育现状调查报告》,载新时代家庭数据平台,https://www.chinesefamilydata.cn/report/56,2021 年 8 月 13 日访问。

的育人使命，在家庭成员价值观的形成过程中起着至关重要的作用。家长在家庭中做启蒙好导师，带领孩子在家庭生活中共同践行社会主义核心价值观，促进儿童的道德、思想、人格、能力等充分发展，让家庭成为孩子健康成长好学校，引导孩子把握好人生发展的好方向。儿童具备了爱国、敬业、诚信、友善等良好的道德规范，成长为一个具有公共责任感的合格公民。

(二)构建学校家庭社会协同育人格局

由于家长的文化素质、教育观念差异较大，家庭教育必须形成一个协同育人的网络才能确保方向正确。基层社会包括了政府机关、社会组织、自治组织等诸多机构，蕴含着丰富的教育潜能。基层组织开展家庭教育指导工作，协同社区内各类优质的教育资源，指导着家长沿着正确的价值方向育人，以提升儿童的思想道德品质为关键，培养时代新人。

基层组织开展家庭教育指导，可以利用社区家庭学校等阵地，开展家庭教育指导活动，利用当地"五老"等专家资源为居民指导亲子关系沟通、儿童心理健康等常见问题，帮助家长掌握正确的家庭教育理念和教育方式；利用当地社区场地设施为居民提供托幼、课后托管等服务，与学校和家庭合作，有效利用社会各类资源，共建儿童友好型社区，共享优秀教育经验，扭转当前不正确的育人方向，指导家长掌握正确的教子方法，可以有效促进家庭和睦和儿童健康成长，进而构建家校社协同育人机制，以良好的家庭氛围和社会风气巩固学校教育成果，形成家校社携手育人的强大合力。

(三)发挥在基层社会治理中的重要作用

家庭教育是家庭最基础的功能，通过教化，促进家庭成员社会化，并将社会要求的价值观落实到家庭成员的行为规范中，按照社会和国家的育人标准立德树人。家庭教育可以促进家庭成员道德水平的提高、净化家风、促进家庭关系和谐，对家庭经济、家庭关系、老人赡养、家庭娱乐等功能都有积极促进作用。良好的家教是家风形成的基础，将行之有效的道德准则和处世方法世代相传，经家族传承和历史沉淀便成为家风。家风凝聚了优良家教的核心精神和有效法则，具有强烈的道德教化作用，也是一种无形的家教。通过家庭教育，帮助家庭成员营造优良的家庭教养环境，提升家庭生活的品质，建设美好家庭，培育优良家风，从社会最小细胞着手构建社会的和谐。

第二章 家庭教育的政策分析

本章梳理家庭教育政策在中华人民共和国成立后走过的历程，回顾我国家庭教育政策的经验和不足，梳理各阶段家庭教育政策的特点，为新时代家庭教育工作奠定良好的工作基础。

第一节 家庭教育政策的时代背景

本章查阅的文献主要包括中华人民共和国成立后家庭教育的政策，党和国家领导人关于家庭教育的重要讲话，意在厘清我国家庭教育政策发展的历史脉络，总结中华人民共和国成立70多年来我国家庭教育政策的有效经验以及存在的问题，结合新时代人民群众对于家庭教育的急难愁盼问题，提出新时代家庭教育发展的政策建议。

一、当前家庭教育存在的挑战

家庭教育关于儿童健康成长和家庭关系和谐，作为人民美好生活建设的重要内容，是当前我国重点推进的工作。综合各类家庭教育调研成果，我国家庭教育工作存在以下问题：(1)家长主体责任意识缺乏，重智轻德与育儿焦虑的现象普遍存在，家庭教育热点舆情缺乏正确引导。(2)家庭教育阵地建设方面，家长学校建设规范性不够，家校社协同育人机制不够健全。(3)家庭教育指导专业化方面，家庭教育指导队伍专业化程度不高，家庭教育指导外部资源良莠不齐。(4)家庭教育资源配置和精准服务方面，家庭教育指导资源配置不均衡，对特殊困境家庭精准化服务能力有待提高。(5)家庭教育理论研究方面，家庭教育研究工作重视不够，家庭教育理论研究成果层次不高。(6)家庭教育制度化建设和机制保障方面，家庭教育政策法律、工作机制不够完善，缺乏家庭教育专门经费等。家庭教育政策制定，要认真总结过去实施成效和经验，深入分析其家庭教育面临的新情况新问题，了解当前不同类型家庭的特点和需求，有针对性地提出解决问题的思路和措施。

二、党和国家高度重视家庭教育工作

近年来，家庭教育在党和国家的重大政策文件中不断出现，充分体现了家庭教育在育人的基础性地位。2015年，习近平总书记在春节团拜会上提出"三个注重"，即注重家庭、注重家教、注重家风。① 2016年，习近平总书记出席第一届全国文明家庭表彰大会并发表重要讲话，提出要重视家庭文明建设。② 2018年，全国教育大会，习总书记强调"办好教育事业，家庭、学校、政府、社会都有责任"。③ 2019年，党的十九届四中全会指出："要发挥家庭家教家风在基层社会治理中的重要作用""构建覆盖城乡的家庭教育指导服务体系"。④ 2020年，党的十九届五中全会指出："健全学校家庭社会协同育人机制。"⑤2021年10月，《中华人民共和国家庭教育促进法》颁布。⑥ 这一系列关于家庭教育的重要政策提出，标志着家庭教育事业发展进入新的阶段。在新时代下，如何将党和国家重点关切的家庭建设问题纳入制度机制，完善政策制定，是家庭教育工作开展的关键。

三、发挥家庭教育对基层社会治理的作用

早在中华人民共和国成立初期，党和国家领导人就将家庭教育与国家和社

---

① 《习近平关于注重家庭家教家风建设论述摘编》，中央文献出版社2021年版，第3页。
② 《习近平：推动形成社会主义家庭文明新风尚》，载新华网，http：//www.xinhuanet.com/politics/2016-12/12/c_1120103506.htm，2021年7月14日访问。
③ 《习近平在全国教育大会上发表重要讲话》，载新华网，2018年9月11日，http：//www.xinhuanet.com/politics/leaders/2018-09/10/c_1123406247.htm，2021年7月14日访问。
④ 《中共中央关于坚持和完善中国特色社会主义制度推进国家治理体系和治理能力现代化若干重大问题的决定》，载新华网，2019年11月5日，http：//www.xinhuanet.com/politics/2019-11/05/c_1125195786.htm，2021年8月10日访问。
⑤ 《中国共产党第十九届中央委员会第五次全体会议公报（2020年10月29日中国共产党第十九届中央委员会第五次全体会议通过）》，载新华网，http：//www.xinhuanet.com/politics/2020-10/29/c_1126674147.htm，2021年7月11日访问。
⑥ 《中华人民共和国家庭教育促进法》，载中国人大网，http：//www.npc.gov.cn/npc/c30834/202110/8d266f0320b74e17b02cd43722eeb413.shtml，2021年8月2日访问。

会建设联系在一起。1963年国务院总理周恩来在中共中央和国务院直属机关负责干部会议上，要求各级领导干部要过"亲属关"，带头做好子弟的家庭教育工作。他说，对干部子弟要求要高，责备要严，不能使干部子弟成为国家和社会的包袱。① 从周总理的讲话可以看出，中央高度重视领导干部的家风家教问题。每个家庭都建设好，将有利于社会和谐和国家稳定。

党的十八大之后，习近平总书记高度重视家庭家教家风问题，并且将家庭问题与基层社会治理联系起来。家庭教育在基层不单是一个子女教育问题，更关系到公民社会规范、道德规范以及法治观念的形成。进一步从战略高度上深化认识，增强推进家庭家教家风建设的责任感、使命感，以社会主义核心价值观为统领、立德树人为主线、弘扬好家风为抓手，回应家庭所需所盼，做深做实家庭工作。将家庭教育作为基层社会治理的重要手段，是党和中央对于家庭问题高屋建瓴的认识，从国家治理现代化和社会治理现代化的高度来规划家庭教育问题，发挥家庭教育更为广泛和深远的作用，是未来我国家庭教育政策设计的核心问题。在新时代，家庭教育被重新赋予了政治、经济等功能，政府通过影响家庭、为家庭提供支持来达成立德树人、净化家风等方面的目标。家庭教育与思想道德建设、性别平等、法制观念等紧密联系在一起，通过对家庭及其个体成员的支持，来达到提升人口素质、促进共建共享、服务基层社会治理等社会目标。

第二节 家庭教育政策的历史分析

中华人民共和国成立至今，我国共发布50份涉及家庭教育的政策文件，包括9份规划与改革类文件，10份学校教育教学与管理类文件，10份德育工作类文件、2份儿童发展纲要、13份家庭教育类文件、6份法律法规文件。根据这些政策文件，结合我国教育事业的发展进程，可以将我国家校合作的政策历程划分为以下几个发展阶段：

---

① 陈光辉、潘敬国：《保持共产党人的政治操守和优良作风——重读周恩来〈过好"五关"〉》，载《机关党建研究》2021年第2期。

一、家庭教育的萌芽发展阶段(1949—1977年)

中华人民共和国成立后，我国在历经前所未有的政治、经济、文化大变革的同时，参照苏联的教育理论和教育制度，明确了家庭在青少年思想品德教育中的作用。教育部和中央有关文件提出了在中小学开展家庭教育工作的要求，受到当时社会政治经济文化等因素的影响，家庭教育的相关政策执行并不到位，广大民众对于家庭教育的重视程度也不高，相当多的家庭对子女的教育处于自发状态，家庭教育发展处于停滞状态。

(一)家庭教育始于家校合作的需要

此阶段国家并没有出台专门的家庭教育政策，因中小学教育教学需要而开展家校联系。1952年颁布《小学暂行规程(草案)》与《中学暂定规程(草案)》是中华人民共和国成立后首次提到家庭教育的政策。两份规程分别通过家长委员会(小学)和学生家长会议(中学)的制度提出学校与家庭联系的要求，以征询家长对学校的意见并协助学校解决困难。[①] 1963年印发的《全日制小学暂行工作条例(草案)》和《全日制中学暂行工作条例(草案)》明确要求学校要"通过采取家庭访问或举行家长会等方式，同学生家长保持联系，共同教育学生"。[②] 家庭教育在配合学校教育方面的重要性和必要性在上述政策中得到了体现，并初步形成了家访、家长会等家校合作形式。但此阶段并没有对家庭教育做专门的规定，缺乏对家庭教育的内容、方法的指导。受到"文革"等历史因素影响，这些与家庭教育相关的政策也没有得到广泛的实施。

(二)从儿童健康角度看家庭教育的重要性

中华人民共和国成立后，妇联领导人从儿童健康成长的角度谈家庭教育工作的重要性，为我国家庭教育工作指明了方向，也为改革开放后妇联组织牵头家庭教育工作奠定了基础。国家名誉主席宋庆龄先生一向热爱儿童，十分关心儿童的健康成长和儿童工作。从1955年开始，几乎每年"六一儿童节"都要发表谈话和文章，号召广大家长要严格要求自己，以身作则，坚持正确方向，做好子女的家庭教育。1964年《工人日报》开展"怎样教育好我们的子女"问题的大讨论，宋庆龄应邀为该报撰写了题为《把培养革命后代的责任担当起来》的长篇文章，作为讨论总结，对家庭教育的重要性、教育观念和科学的教育方法

[①] 黄河清：《家校合作导论》，华东师范大学出版社2008年版，第120页。
[②] 顾明远：《世界教育大事典》，江苏教育出版社2000年版，第797页。

等基本理论和实践问题,进行了全面而系统的论述,指出了社会主义家庭教育的正确方向。妇联的主要工作就是维护妇女儿童权益,家庭作为儿童成长的重要环境,也得到妇联领导的高度重视。从妇联的组织架构、工作任务以及发展历史来看,其关注家庭教育问题的出发点是儿童的健康成长,这一视角也决定了妇联家庭教育工作的特点。

二、家庭教育的快速发展阶段(1978—1998年)

改革开放以后,我国实行工作着重点的战略转移,大规模地开展社会主义现代化建设。社会主义现代化建设,对国民素质提出了越来越高的要求。对此,广大家长有深切的感受。与此同时,随着我国计划生育政策的推行,1980年我国政府鼓励一对夫妇只生一胎,出现了大批的独生子女,我国社会进入了"少子时代",子女数量大大减少。子女数量的减少,使人们的思想观念也随之发生重大变化:由过去的只是单纯追求子女的数量,逐步转变为重视子女的质量。因此,广大家长对家庭教育指导的迫切需求开始增加。面对新情况新问题,我国家庭教育的相关政策开始增多,确立了家庭教育的作用,有了家庭教育的推动部门,出台了家庭教育的专门计划,家庭教育工作逐渐由民间自发的行为转变为政府主导的事业,我国家庭教育发展迎来了新的春天。

(一)家庭教育成为妇联的工作重点

1981年是我国家庭教育史上重要的一年,党中央敏感地觉察到了社会对于家庭教育的强烈需求,将家庭教育工作正式交给妇联来做。妇联在改革开放后的工作重点在保护妇女儿童权力的基础上,扩展到家庭教育领域。

1981年2月2日,中共中央书记处在第八十一次会议上讨论了《全国妇联关于四届三次执委扩大会议情况及1981年工作安排的请示报告》,指出:"全国妇联应把抚育、培养、教育三亿以上的儿童和少年作为自己的工作重点。"这个报告明确了妇联成为家庭教育工作推动的主力军,明确了妇联工作重点,并为妇联主抓家庭教育事业讲明了工作依据。1981年5月16日,中共中央以中发[1981]19号文件向各省市自治区转发全国妇联党组《关于两个会议情况及1981年妇联工作要点的报告》的通知。通知指出"帮助家长加强和改进对子女的教育,关心和培养从事儿童和少年工作的人员"。这个文件的转发标志着妇联作为家庭教育工作重点,从中央层面已经正式通知到地方,完成了对于家庭教育工作职责的确认和承担。

1981年2月6日,中共中央书记处书记宋任穷、中央书记处研究室主任邓力群在中南海勤政殿在听取了全国妇联党组书记康克清、副书记罗琼就全国妇联领导干部讨论中央书记处"二二指示"的情况的汇报指出："妇联今后的工作重点要放在少年儿童工作上,不是说其他工作不做了,而是说其他工作要服从这个重点。"①邓力群同志的讲话明确指出,妇联重心工作要围绕少年儿童工作,与少年儿童相关的家庭教育自然成为妇联的主要工作领域。1981年3月,邓颖超同志在首都纪念"三八"国际劳动妇女节大会上讲话："我们现在做的儿童工作,是什么样的工作呢?是做我们人民事业的后备军、将来的主力军的工作,是把原来认为是小小的家庭琐碎的工作提高到做人民事业的后备军的工作,做社会主义建设事业的后备军的工作""这次妇联工作所以能够有这样明确的工作重点,原因就是党中央书记处把妇女工作已经提到日程上了,专门讨论了妇女工作,所以出现这个新的面貌。"②邓颖超同志则将儿童工作及相关的家庭教育提到了国家未来人才培养的高度。

1983年9月2日,康克清在中国妇女第五次全国代表大会上的工作报告关于"今后五年我国妇女的光荣任务"部分中指出："要重视和改进家庭教育。各地家庭教育工作机构和专家们要进一步发挥作用,加强家庭教育的理论研究,特别要重视对特殊心理特点和教育的研究工作。通过各种宣传工具,广泛宣传科学抚育、教育子女的知识,不断提高民族的家庭教育水平。"③康克清同志的讲话,对妇联开展家庭教育工作做了科学的规划,以求真务实的态度提出家庭教育理论研究和宣传的必要性。至此,家庭教育工作在妇联组织的推动下,逐渐从私领域中不被重视的琐碎事情,发展到从上到下的、有目的、有计划、有组织的指导工作,为我国家庭教育事业的科学化、规范化发展起到了巨大的推动作用。

(二)家庭教育与学校、社会教育并列

这一阶段有两个纲领性文件为我国家庭教育发展指明了方向。一个是1985年我国颁布《中共中央关于教育体制改革的决定》,对中国体制改革进行了整体战略部署,提出教育体制改革的根本出发点和落脚点是培养人,认为义

---

① 《中国妇联新闻》,载青岛妇女网,http://women.qingdao.gov.cn/n28356088/n32568768/n32568777/191212205940373738.html,2021年8月7日访问。

② 《勇挑培育后代的重担》,载中国共产党新闻网,http://cpc.people.com.cn/GB/69112/86369/87105/87275/5964575.html,2021年8月7日访问。

③ 《中国妇女第五次全国代表大会与改革开放之初妇女工作方针的确定》,载中国妇女网,http://www.cnwomen.com.cn/2019/08/29/99170511.html,2021年9月1日访问。

务教育是"国家、社会、家庭必须予以保证的国民教育"，① 明确了社会和家庭在义务教育中的责任和义务，为构建三位一体的合作育人机制指明了方向。

第二个文件是1993年发布的《中国教育改革和发展纲要》，为学校家庭社会共同育人提出了落实机制。文件中指出"全社会都要关心和保护青少年的健康成长，形成社会教育、家庭教育同学校教育密切结合的局面。家长应当对社会负责，对后代负责，讲究教育方法，培养女子具有良好的品德和行为习惯。新闻出版、广播影视、文化艺术等部门，要把提供有益于青少年身心发展的、丰富多彩的精神产品作为义不容辞的责任。在城镇建设中，要注意兴建科学馆、博物馆、图书馆、体育馆和青少年之家等设施，要制定和完善公共文化设施对学生开放和减免收费的制度"。② 这个文件将家庭教育置于全社会共同育人的背景下，并强调了家庭教育在儿童品德与行为习惯培养上的重要性，为后续的家庭教育五年规划等家庭教育专题性政策文件指明了方向。

（三）突出家庭教育的德育作用

此阶段，相关政策中，家庭教育作为实施德育的重要途径，在大量的中小学德育文件中多次提及，教育部门在发布的德育政策中，强调了家庭教育对配合学校德育工作具有重要的作用。学校家庭教育的具体机制如家长学校、家长委员会等合作形式也快速发展起来。

1. 为家庭教育提供法律依据

1982年修订的《中华人民共和国宪法》（以下简称《宪法》）第49条规定："婚姻、家庭、母亲和儿童受国家的保护。夫妻双方有实行计划生育的义务。父母有抚养教育未成年子女的义务，成年子女有赡养扶助父母的义务。"在《宪法》里设置父母家庭教育责任的条款，凸显了国家对家庭教育的重视。

1986年，《中华人民共和国义务教育法》提出，"学校应当把德育放在首位，寓德育于教育教学之中，开展与学生年龄相适应的社会实践活动，形成学校、家庭、社会相互配合的思想道德教育体系，促进学生养成良好的思想品德和行为习惯"。《中华人民共和国义务教育法》为开展家庭教育提供了坚实的法律基础，将家庭教育作为推进德育工作的有效手段。

---

① 《改革开放三十年大事记·1985年》，载中广网，https：//www.cnr.cn/2008zt/ggkf/dsj/200810/t20081010_505119425.html，2021年7月13日访问。

② 《中国教育改革和发展纲要》，载中国教育和科研计算机网，https：//www.edu.cn/zhong_guo_jiao_yu/zheng_ce_gs_gui/zheng_ce_wen_jian/zong_he/201007/t20100719_497964.shtml，2021年9月4日访问。

1991年,《中华人民共和国未成年人保护法》出台,在总则第三条中提到家庭教育是儿童德育的重要组成部分,并列出了德育的主要内容:"国家、社会、学校和家庭对未成年人进行理想教育、道德教育、文化教育、纪律和法制教育,进行爱国主义、集体主义和国际主义、共产主义的教育,提倡爱祖国、爱人民、爱劳动、爱科学、爱社会主义的公德,反对资本主义的、封建主义的和其他的腐朽思想的侵蚀。"同时,法案专门设立"家庭保护"一章,详细规定家庭对未成年人的监护职责和抚养义务,将《儿童权利公约》中的四大权利(生存权、受保护权、发展权、参与权)落实到家庭教育中。该法案提出"父母或者其他监护人应当以健康的思想、品行和适当的方法教育未成年人",为后续的家庭教育指导服务工作开展提供了法律依据。

1995年,《中华人民共和国教育法》第49条规定:"未成年人的父母或者其他监护人应当为其未成年子女或者其他被监护人受教育提供必要条件。未成年人的父母或者其他监护人应当配合学校及其他教育机构,对其未成年子女或者其他被监护人进行教育。学校、教师可以对学生家长提供家庭教育指导。"法案强调了家长在儿童教育中的配合性,因此学校需要对家长提供家庭教育指导。该法案对我国家庭教育发展影响深远,在很长一段时间内,家庭教育与学校教育合作中都体现了主导与配合的关系。

2. 确立家庭教育的德育属性

1985年,《中共中央关于改革学校思想品德和政治理论课程教学的通知》规定在马克思主义思想品德和政治理论课的主要内容和要求中,提出家庭教育和社会教育都要与小学教育密切配合,明确了家庭教育的德育属性。

1988年,《中共中央关于改革和加强中小学德育工作的通知》提出全社会都要关心中小学生的健康成长,强调了社会各相关部门都要相互配合共同育德。通知对家长提出了具体要求,提出家长是孩子的启蒙教师,所有家长都应对社会负责,对后代负责,身体力行,教育好子女。要转变陈旧落后的家庭教育观念和方法,提高家庭教育的水平。教育部门和学校要积极主动地指导家庭教育,中小学要吸收善于教育子女的家长代表参与学校的教育工作,通知指出了家庭教育的重要性,同时又提出改进家庭教育工作的重点内容,对当前的家庭教育工作仍有较强的借鉴价值。

3. 提出实施家庭教育的具体实施机制

1992年,国家教委发布《小学德育纲要》,提出"实施德育,学校教育与家庭教育、社会教育要相互配合,学校应起主导作用。学校要指导家庭教育,帮助家长端正教育思想，改进教育方法，提高家庭教育水平。学校和教师要通过家长委员会、'家长学校'、家访、家长会等形式了解家长对子女进行教育的情况，向家长通报学校的教育要求，宣传和普及教育子女的知识，推广家长教育子女的成功经验，促使家庭教育与学校教育协调一致"。① 1995年，国家教委颁布《中学德育大纲》，提出家庭在德育工作中的重要性，提出"家庭对学生行为习惯的培养、品德的形成、个性的发展有着重要的影响。家庭教育主要通过亲子之情的感化激励，家庭生活的渗透熏陶及家长的言传身教而起作用，家长应努力为子女的健康成长提供良好的家庭环境。学校要通过家访、家长会、家长接待日、举办家长学校、开展家庭教育咨询、建立家长委员会等多种方式，密切与家长的联系，指导家庭教育，使家长了解并配合学校贯彻实施好本大纲，改进家庭教育的方法"。② 这两个文件都强调了学校在家庭教育的主导作用，并提出了学校开展家庭教育的具体实施机制，具有较强的可操作性，为家庭教育在学校的实施提供了具体的路径。

此阶段，无论是教育法律还是德育政策，都从德育工作的角度提到了家庭教育的重要性，以及家长教育儿童过程中存在的知识欠缺和能力不足对德育工作的影响。但此阶段，家庭教育主要是作为配合学校教育尤其是德育工作的有利手段，这一定位使得家校合作中，家长作为被动接受学校指导的一方，并没有深度参与到学校的全面工作中。

(四)家庭教育工作开始由政府主导

1. 家庭教育事业开始由政府主导

1992年，国务院妇女儿童工作委员会颁布《九十年代中国儿童发展规划纲要》，在"社区、家庭保障"部分，详细提出了家庭教育实施的策略措施，如在社区中向家庭提供家庭教育指导："在城市以社区为依托，举办新婚夫妇学校、孕妇学校和婴幼儿、小学生、中学生的家长学校，向不同年龄阶段儿童的家长提供较全面的家庭教育知识和方法；在农村，通过广播父母学校与县、乡、村的家长学校、家庭教育辅导站、辅导员相结合的方式，推广正确的保育、教育方法"，通过多种形式传播家庭教育科学知识："利用各种大众传播媒介和群众喜闻乐见的形式，开展全国性家庭教育宣传、咨询、服务工作"，

---

① 《国家教委关于颁发〈小学德育纲要〉的通知》，载华律网，https://www.66law.cn/tiaoli/139399.aspx，2021年9月18日访问。

② 《中学德育大纲》，载华律网，https://www.66law.cn/tiaoli/135814.aspx，2021年9月18日访问。

培养家庭教育专业人才并开展理论研究："层层培训家庭教育工作骨干""师范院校在试点的基础上，逐步开设家庭教育课程，有关学术机构和学术团体要开展家庭教育的理论研究，为改善儿童成长的家庭、社会环境提供理论支持。"[①] 纲要富有创见性地提出了家庭教育开展的阵地、平台、队伍建设以及科学研究，勾勒出家庭教育工作的初步思路，并且制定了明确的实施策略和监测机制，使得家庭教育工作在全国范围内得到有利推动，也为后续全国家庭教育计划奠定了良好的工作基础。

1996年，全国妇联、教育部等部门共同制定了《全国家庭教育工作"九五"计划》（以下简称家庭教育"九五"计划），这是我国第一份在全国范围内针对家庭教育进行全面部署的政策文件。计划从我国家庭教育工作队伍、平台、阵地、理论研究等方面，提出了具体可行的措施，是家庭教育事业发展的里程碑，奠定了家庭教育指导工作的基本框架。首先明确提出家庭教育指导目标："到2000年，使90%儿童（十四岁以下）的家长不同程度地掌握保育、教育儿童的知识。引导家长树立正确的教子观念，掌握科学的教育方法，提高家长素质，使家庭、学校、社会协调配合，面向新的世纪，共同促进儿童身心健康发展，培养有理想、有道德、有文化、有纪律的社会主义事业的建设者和接班人。"其次，明确了家庭教育工作的领导职责和分工："在国务院妇女儿童工作委员会的统筹协调下，由全国妇联和国家教委具体负责实施"，具体来说，"省、自治区、直辖市妇联、教育部门要有家庭教育专职（或兼职）干部；地（市）、县（市）、县（市）妇联、教育部门要有专人（或兼职）负责家庭教育工作。各级妇联负责牵头协调、推动社会各有关部门开展家庭教育工作"。[②] 家庭教育"九五"计划基于当时党和国家对于家庭教育的定位，将家庭教育交给妇联组织来牵头，充分发挥群团组织的引领性和联系作用。值得注意的是，在人员分工中，计划提出妇联、教育部门有专职（或兼职）干部负责家庭教育工作，受到当时各方面条件的制约，事实上各地开展家庭教育工作的妇联和教育部门干部多为兼职，也因此影响了家庭教育工作的专业性。家庭教育"九五"计划颁布后，家庭教育工作已进入社会事业发展大局，协调领导体制逐步建立，科学研究和实践创新成果不断涌现，队伍阵地和指导服务蓬勃发展，全社

[①]《九十年代中国儿童发展规划纲要》，载国务院妇女儿童工作委员会官网，http://www.nwccw.gov.cn/2017-04/19/content_157196.htm，2021年9月23日访问。

[②]《全国家庭教育工作"九五"计划》，载豆丁网，https://www.docin.com/p-681085850.html，2021年9月13日访问。

会家庭教育水平明显提高，家长教育素质能力有效提升，家庭教育指导工作在全国范围内得到迅速推广。

2. 家庭教育工作进一步规范化

在《九十年代中国儿童发展规划纲要》和《"九五"规划》的推动下，1997年，教育部、全国妇联联合颁布《家长教育行为规范》。实施意义在于，这是国家首次为家庭教育中家长教育行为"立规"，明确规范家长教育行为的"国家意志"，迈出公权干预和引导私人领域教育行为的重要一步。

1998年，全国妇联、教育部颁布《全国家长学校工作指导意见（试行）》，这是首次对家庭教育阵地——家长学校出台的政策，将家长学校确立为广大家长自愿参加的提高家庭教育水平的群众性业余教育机构，规定教育行政部门负责中小学、幼儿园家长学校的指导工作；妇联负责协调社会各部门，指导家长学校工作。这一定位明确了家长学校的职责和分工。此外，这个政策还提到了家长学校的场地和经费，规定除主办单位和主管部门拨给经费外，视当地情况经与有关部门协商后，不以盈利为目的，收取一定费用，以保障家长学校必要的开支。但文件并明确家长学校有稳定的经费来源，类似家庭教育的人员配置都是兼职，经费也多从一般性办公经费中支出，中小学和社区的办公经费本来也不宽裕，家长学校活动开展缺乏较为稳定的经费支持成为影响家庭教育发展的重要因素。

三、家庭教育的全面发展阶段（1999—2011年）

家庭教育发展的第三个阶段处于世纪之交，家庭教育开始在教育观念变革和制度化建设中开始全面发展，家庭教育的相关政策开始体现其独特性，并初步建立了家庭教育工作体系和网络。

（一）家庭教育观念发生重大转变

世纪之交的教育大变革，对于家庭教育也产生了重要的影响。1999年，中共中央、国务院颁布《关于深化教育改革，全面推进素质教育的决定》提出，实施素质教育"全面推进素质教育，是我国教育事业的一场深刻变革，是一项事关全局、影响深远和涉及社会各方面的系统工程"，"学校、家庭和社会要互相沟通、积极配合，共同开创素质教育工作的新局面"，家庭教育开始被纳入素质教育的育人框架下。素质教育是党和国家对当时的教育发展不能"面对新的形势"，迫切需要对"教育观念、教育体制、教育结构、人才培养模式、教育内容和教学方法"进行改革需要的正确决定。① 家庭教育也在这场深刻的变革中更新观念和方法。家庭教育不仅仅是配合学校德育工作的内容,更是育人工作中不可或缺的一环。在素质教育的背景下,家庭教育除了重视德育,还要加强体育、美育、劳动技术教育和社会实践。家庭教育同学校家庭教育一样,也需要解放思想、转变观念,为实施科教兴国战略奠定坚实的人才和知识基础。

(二)家庭教育的制度化进程加快

2010年,经党中央、国务院审议通过《国家中长期教育改革和发展规划纲要(2010—2020)》,第二十章提出:"建立现代学校制度""更新人才培养观念""学校、家庭、社会密切配合""制定有关考试、学校、终身学习、学前教育、家庭教育等法律。"②《国家中长期教育改革和发展规划纲要(2010—2020)》是21世纪以来首个国家级教育规划纲要,作为落实素质教育理念的制度设计,提出将家庭教育纳入现代学校制度并提出家庭教育立法等问题,加速了家庭教育制度化、规范化的进程。

2011年,全国妇联、教育部、中央文明办联合颁布《关于进一步加强家长学校工作的指导意见》,意见对家长学校提出了"有挂牌标识、有师资队伍、有固定场所、有教学计划、有活动开展、有教学效果"的规范化建设目标,并在组织管理、教学形式与内容、督导评估等方面作出规定,为家校合作提出更为明确的指南。

(三)认识到家庭德育工作的独特性

在素质教育背景下,家庭教育的德育任务更加重要,家庭德育除了配合学校德育工作,更有其自身发展的规律性。此阶段,国家开始从家庭幸福与社会和谐的关系来认识家庭教育,关注家庭对儿童道德发展的独特作用。

2001年,中共中央颁布《公民道德建设纲要》提出:"家庭、学校、机关、企事业单位和社会在公民道德教育方面各有侧重、各有特点,是相互衔接、密

---

① 《关于深化教育改革全面推进素质教育的决定》,载国务院妇女儿童工作委员会官网,https://www.nwccw.gov.cn/2017-04/28/content_152489.htm,2021年8月29日访问。

② 《国家中长期教育改革和发展规划纲要(2010—2020年)》,载教育部官网,http://www.moe.gov.cn/srcsite/A01/s7048/201007/t20100729_171904.html,2010年7月29日访问。

不可分的统一整体。"①《公民道德建设纲要》特别提出家庭在德育中的独特性而非仅仅作为配合学校德育工作的手段,如提到"家庭是人们接受道德教育最早的地方。高尚品德必须从小开始培养,从娃娃抓起。要在孩子懂事的时候,深入浅出地进行道德启蒙教育;要在孩子成长的过程中,循循善诱,以事明理,引导其分清是非、辨别善恶。要在家庭生活中,通过每个成员良好的言行举止,相互影响,共同提高,形成好的家风",可见家庭德育对儿童健康成长的关键影响,纲要还提出建设幸福美满的家庭与社会和谐的关系。家庭教育逐渐脱离了配合学校的格局,成为相对独立的、具有一定发展特点和规律的系统。

2004年,中共中央、国务院颁布《关于进一步加强和改进未成年人思想道德建设的若干意见》,其中有专门一部分提到"重视和发展家庭教育",特别强调,"家庭教育在未成年人思想道德建设中具有特殊重要的作用。要把家庭教育与社会教育、学校教育紧密结合起来。各级妇联组织、教育行政部门和中小学校要切实担负起指导和推进家庭教育的责任。要与社区密切合作,办好家长学校、家庭教育指导中心,并积极运用新闻媒体和互联网,面向社会广泛开展家庭教育宣传,普及家庭教育知识,推广家庭教育的成功经验,帮助和引导家长树立正确的家庭教育观念,掌握科学的家庭教育方法,提高科学教育子女的能力。充分发挥各类家庭教育学术团体的作用,针对家庭教育中存在的突出问题,积极开展科学研究,为指导家庭教育工作提供理论支持和决策依据"。②该文件充分肯定了妇联、教育部门在推进家庭教育中发挥的作用,强调了全国家庭教育计划中实施中的有效经验,并看到了家庭教育在未成年人思想道德建设中具有特殊重要作用。家庭教育在德育文件中从原来一两句话到单独指示,充分显示了家庭教育在德育中的独特作用。

(四)初步建立家庭教育工作体系和网络

2002年,《全国家庭教育工作"十五"计划》(以下简称家庭教育"十五"计划)发布。家庭教育"十五"计划沿着进一步"推进家庭教育工作的科学化、社会化、法制化"的目标,有几个鲜明特点:第一,明确了家庭教育指导对象,

---

① 《公民道德建设实施纲要(全文)》,载央视网,http://www.cctv.com/special/256/0/20916.html,2001年10月20日访问。

② 《中共中央 国务院关于进一步加强和改进未成年人思想道德建设的若干意见》,载中国政府网,http://www.gov.cn/gongbao/content/2004/content_62719.htm,2021年7月23日访问。

主要为0—18岁儿童的家长。第二，提出："构建家庭教育指导工作体系和家庭教育网络"，并根据不同地区的经济发展情况，为家庭教育提出了具体的量化目标。第三，针对家庭教育的蓬勃发展，提出："积极拓宽办学渠道，鼓励支持社会力量兴办家庭教育培训指导机构，逐步建立多元化的家长学校办学体制。"①家庭教育"十五"计划并没有对社会各类组织参与家庭教育指导的准入门槛、行业规范以及指导内容进行严格限定，如何正确引导社会力量参与家庭教育工作已逐渐成为家庭教育政策的一个重要议题。

2006年，修订后的《未成年人保护法》在家庭保护一章强调："父母或者其他监护人应当学习家庭教育知识，正确履行监护职责，抚养教育未成年人。有关国家机关和社会组织应当为未成年人的父母或者其他监护人提供家庭教育指导"，强调了国家和社会对父母或者其他监护人提供家庭教育指导的必要性，充分体现了政府对于家庭教育的重视。

2007年，《全国家庭教育工作"十一五"规划》（以下简称家庭教育"十一五"规划）颁布。从"计划"到"规划"，家庭教育"十一五"规划对全国家庭教育工作做出了更为全面的部署，具体体现在：第一，对家庭教育的阵地和指导活动提出了更为明确的目标，如提出："80%的城市社区和60%的行政村建立家长学校或家庭教育指导服务点""幼儿园家长学校每学期至少开展1次家庭教育指导、2次亲子实践活动；中小学家长学校每学期至少组织1次家长指导、1次家庭教育实践活动；中等职业学校家长学校每学期至少组织1次家长指导或家庭教育实践活动"，为家庭教育"十一五"规划评估提供了准确依据。第二，提出推动构建学校、家庭、社会"三结合"的教育网络，将家庭教育纳入大教育视野下，重视和学校、社会教育相结合，合作育人。相应地，在推动部门上，由原来的妇联和教育两个部门扩展到"文明办、民政、卫生、计生、统计、关工委"八个部门，充分显示了党和国家对于家庭教育工作的高度重视，加速了全社会协同育人的进程。第三，在管理机制上更加具有针对性，如提到："将家庭教育工作经费和事业发展经费纳入地方财政预算，设立家庭教育工作专项基金"，增加家庭教育的经费投入。家庭教育的评估工作开始独立进行，专门"成立全国家庭教育工作评估领导小组""对部分省区市的家庭教育工

---

① 《全国家庭教育工作"十五"计划》，载中华全国妇女联合会官网，http://www.women.org.cn/art/2016/7/3/art_211_147579.html，2022年1月13日访问。

作进行抽查评估"。① 相比上一个五年计划，此次规划的编制更为系统、科学，家庭教育工作不断走向规范化。

2010年，全国妇联、教育部等相关部门联合颁布《全国家庭教育指导大纲》（以下简称《大纲》），《大纲》总结了多年来家庭教育理论与实践经验取得的创新成果，是全国各级各类家庭教育指导服务机构和家庭教育工作人员实施家庭教育指导的基本依据。《大纲》适用于各级各类家庭教育指导机构和相关职能部门等组织对新婚夫妇、孕妇等家长开展的家庭教育指导行为，按不同年龄段划分家庭教育的指导内容，还对特殊儿童、特殊家庭及灾害背景下的家庭教育提供了科学指导方法，指出应引导家长积极寻求早期干预，鼓励儿童提升缺陷补偿，增强交往能力等。《大纲》体现了科学的家庭教育理念，对于进一步加强家庭教育理论体系建设，规范家庭教育指导内容和要求，提高家庭教育的科学性、针对性、实效性具有重要意义。

2011年，国务院颁布《中国儿童发展纲要（2011—2020年）》，在儿童与社会环境部分，与家庭教育相关的目标包括"适应城乡发展的家庭教育指导服务体系基本建成""儿童家长素质提升，家庭教育水平提高"。具体到策略措施，提出："将家庭教育指导服务纳入城乡公共服务体系"，强调了家庭教育指导服务的公共性质；"建立家庭教育从业人员培训和指导服务机构准入等制度，培养合格的专兼职家庭教育工作队伍"，对家庭教育指导队伍提出了规范化要求；"为儿童成长提供良好的家庭环境。倡导平等、文明、和睦、稳定的家庭关系，提倡父母与子女加强交流与沟通。预防和制止家庭虐待、忽视和暴力等事件的发生"，② 从和谐家庭建设的层面提出对儿童的关怀和保护。《中国儿童发展纲要（2011—2020年）》提出了针对家庭教育指导的困难提出了解决措施，为下一个阶段的家庭教育工作布局提出了前瞻性要求。

四、家庭教育的纵深发展阶段（2012年至今）

在这一阶段，家庭教育确立了根本任务和核心内容，在协同育人的大教育观下，家庭教育与学校教育的关系不再是简单的配合或独立，而是全方位全过

---

① 《全国家庭教育工作"十一五"规划》，载中国文明网，http://www.wenming.cn/ziliao/wenjian/jigou/qita/201205/t20120504_642046.shtml，2022年2月17日访问。

② 《中国儿童发展纲要（2011—2020年）》，载国务院新闻办公室网站，http://www.scio.gov.cn/ztk/xwfb/46/11/Document/976030/976030.htm，2021年11月20日访问。

程的协作育人。在党和国家高度重视家庭建设的背景下，家庭教育被赋予新的使命，成为社会建设的有效手段。

（一）家庭教育的根本任务是立德树人

2012 年，党的十八大报告对教育提出了一系列新要求、新论断，把立德树人作为教育的根本任务，坚强而有力地回答了这一事关党和国家前途命运的问题，具有里程碑意义。以习近平同志为核心的党中央，要求全面贯彻党的教育方针，坚持教育为社会主义现代化服务、为人民服务，把立德树人作为教育的根本任务，培养德智体美全面发展的社会主义建设者和接班人。立德树人是全面发展素质教育的根本途径，突出德育实效、提升智育水平、强化体育锻炼、增强美育熏陶、加强劳动教育，努力培养德智体美劳全面发展的社会主义建设者和接班人。立德树人论点的提出对家庭教育发展产生了重大影响，明确了家庭教育的核心任务就是立德树人，为家庭教育提出了方向性指引。

立德树人的核心是践行社会主义核心价值观，培育和践行社会主义核心价值观需要学校家庭社会形成育人合力。2013 年，中共中央办公厅颁布《关于培育和践行社会主义核心价值观的意见》提出完善学校、家庭、社会三结合的教育网络，引导广大家庭和社会各方面主动配合学校教育，以良好的家庭氛围和社会风气巩固学校教育成果，形成家庭、社会与学校携手育人的强大合力，突出了家校社共同育人的合力。2014 年，教育部颁布《关于培育和践行社会主义核心价值观进一步加强中小学德育工作的意见》，提出大力推动家庭教育，普及中小学家长委员会和家长学校，改进家访制度，鼓励家长参与学校管理，树立科学观念，运用良好家风，促进子女成长成才，改变了家长配合学校德育的定位，强调了家长参与学校管理，家庭与学校的关系是平等合作。

为立德树人营造浓郁文化氛围。2014 年，教育部颁布《完善中华优秀传统文化教育指导纲要》，提出"充分发挥家庭在中华传统文化教育中的重要作用。要重视发挥中小学家长委员会以及各级各类家长学校、家庭教育指导机构、校外活动场所的作用，把学校教育与家庭教育紧密结合起来，积极组织开展学生和家长共同参与的传统文化体验、主题教育实践活动、志愿者服务和公益性活动，践行中华优秀传统美德，弘扬中华优秀传统文化。倡导家长通过言传身教，形成爱国守法、遵守公德、珍视亲情、勤俭持家、邻里和睦的良好家风，营造弘扬中华优秀传统文化的家庭教育氛围"①，提到了中华传统文化在家庭

---

① 《完善中华优秀传统文化教育指导纲要》，载中央政府门户网站，http：//www.gov.cn/xinwen/2014-04/01/content_2651154.htm，2021 年 11 月 21 日访问。

教育中的重要性。中华优秀传统美德中包含了家庭美德，是家庭教育的重要内容。充分发挥家庭在中华传统文化教育中的重要作用，对于形成良好家风、传承中华民族优秀的家庭美德都有促进作用。

2017年，《中国共产党第十九次全国代表大会上的报告》提出，"要全面贯彻党的教育方针，落实立德树人根本任务，发展素质教育，推进教育公平，培养德智体美全面发展的社会主义建设者和接班人"。在"培育和践行社会主义核心价值观"部分特别提出"坚持全民行动、干部带头，从家庭做起，从娃娃抓起"①，为新时代家庭教育工作作出了重要指示。全社会要全方面全过程培育和践行社会主义核心价值，家庭作为儿童出生和成长的重要场所，在落实立德树人根本任务上必须发挥重要作用，家庭教育工作要从这个根本任务出发，将社会主义核心价值观在家庭中落地生根。

2018年，习近平总书记在全国教育大会上指出，"培养什么人，是教育的首要问题"。并强调，"我国是中国共产党领导的社会主义国家，这就决定了我们的教育必须把培养社会主义建设者和接班人作为根本任务，培养一代又一代拥护中国共产党领导和我国社会主义制度、立志为中国特色社会主义奋斗终身的有用人才。这是教育工作的根本任务，也是教育现代化的方向目标"。习近平总书记明确要求，培养德智体美劳全面发展的社会主义建设者和接班人，努力构建德智体美劳全面培养的教育体系，从而对新时代我国教育的培养目标、途径作出新的定位，体现了马克思主义中国化的理论创新在教育方针领域的最新成果。在家庭教育方面，习近平总书记指出："办好教育事业，家庭、学校、政府、社会都有责任。家庭是人生的第一所学校，家长是孩子的第一任老师，要给孩子讲好'人生第一课'，②帮助扣好人生第一粒扣子。教育、妇联等部门要统筹协调社会资源支持服务家庭教育。全社会要担负起青少年成长成才的责任。各级党委和政府要为学校办学安全托底，解决学校后顾之忧，维护老师和学校应有的尊严，保护学生生命安全"。习近平总书记的重要讲话，再一次强调了教育的根本和核心问题，即把培养社会主义建设者和接班人作为根本任务。在家庭教育方面，习近平总书记提出了家庭教育的"四个一"，强调

---

① 习近平：《决胜全面建成小康社会 夺取新时代中国特色社会主义伟大胜利——在中国共产党第十九次全国代表大会上的报告》，载央广网，http://news.cnr.cn/native/gd/20171027/t20171027_524003098.shtml，2021年11月17日访问。

② 《习近平在全国教育大会上发表重要讲话》，载新华网，http://www.xinhuanet.com/politics/leaders/2018-09/10/c_1123406247.htm，2021年10月12日访问。

了家庭在儿童成长中的启蒙性、奠基性作用。"四个一"是新时代家庭教育的生动阐释，体现了党和国家对家庭教育的高度重视，更说明了家庭教育对国家和社会发展的重要作用。

通过教育教学改革落实立德树人，引导家庭树立正确教育观和成才观。2019年，中共中央、国务院颁布《关于深化教育教学改革全面提高义务教育质量的意见》，指出深入开展法治教育、诚信教育、文明礼仪教育等，明确提出加强品德修养教育，强化学生良好行为习惯和法治意识养成。重视家庭教育，充分发挥学校主导作用，密切家校联系，指导家长理性帮助孩子确定成长目标，克服盲目攀比，防止增加孩子过重课外负担。2020年，教育部印发《深化新时代教育评价改革总体方案》，提到完善立德树人体制机制，扭转不科学的教育评价导向，坚决克服唯分数、唯升学、唯文凭、唯论文、唯帽子的顽瘴痼疾，提高教育治理能力和水平，加快推进教育现代化、建设教育强国、办好人民满意的教育，特别提出构建覆盖城乡的家庭教育指导服务体系，引导广大家长树立正确的教育观和成才观，为家庭教育领域出现的重智轻德等现象做出了重要的评价导向。

(二) 家庭家风家教一体化推进

2015年，习近平在春节团拜会上的讲话提出，不论时代发生多大变化，不论生活格局发生多大变化，我们都要重视家庭建设，注重家庭、注重家教、注重家风，紧密结合培育和弘扬社会主义核心价值观，发扬光大中华民族传统家庭美德，促进家庭和睦，促进亲人相亲相爱，促进下一代健康成长，促进老年人老有所养，使千千万万个家庭成为国家发展、民族进步、社会和谐的重要基点。① 习近平总书记高度重视家庭家教家风在国家和社会发展的基础作用，将家庭教育放到更高的站位，家庭教育逐渐从学校德育进入广阔的家庭建设领域，成为影响国家和社会发展的重要影响因素。

2016年12月12日，习近平在接见第一届全国文明家庭代表时的讲话提出，家庭教育涉及很多方面，但最重要的是品德教育，是如何做人的教育。② 在这个讲话中，习总书记对家庭教育的根本和核心作出了明确的指示，明确了家庭教育的核心是品德教育，特别突出了家庭教育的独特性如"帮助孩子扣好

---

① 《习近平在2015年春节团拜会上的讲话》，载新华网，http://www.xinhuanet.com/politics/2015-02/17/c_1114401712.htm，2021年10月28日访问。

② 《习近平在会见第一届全国文明家庭代表时的讲话》，载新华网，http://www.xinhuanet.com/politics/2016-12/15/c_1120127183.htm，2021年10月11日访问。

人生的第一粒扣子，迈好人生的第一个台阶"，强调了父母作为孩子第一任启蒙教师对儿童成长影响的深远性和奠基性。在家庭教育中，通过践行社会主义核心价值观和中华民族传统美德来教孩子如何做人。习近平总书记对于家庭教育重要论述成为家庭教育政策制定的指导思想。

2019年，中共中央、国务院颁布《新时代公民道德建设实施纲要》，针对新时期道德领域出现的新问题，特别提道："要把社会公德、职业道德、家庭美德、个人品德建设作为着力点""推动践行以尊老爱幼、男女平等、夫妻和睦、勤俭持家、邻里互助为主要内容的家庭美德，鼓励人们在家庭里做一个好成员"，强调"用良好家教家风涵育道德品行""推动形成爱国爱家、相亲相爱、向上向善、共建共享的社会主义家庭文明新风尚"，还提到家庭教育的方法"通过多种方式，引导广大家庭重言传、重身教，教知识、育品德，以身作则、耳濡目染，用正确道德观念塑造孩子美好心灵"。① 这份文件特别突出了家庭家教家风建设对于公民道德形成的重要影响。家庭建设、家教实施以及家风涵养是密切联系的，家庭教育不仅仅是父母教育儿童，更需要人们共同努力做一个好家庭成员，在家庭美德、家庭文明新风尚的培育下帮助儿童健康成长。

2019年，党的十九届四中全会《中共中央关于坚持和完善中国特色社会主义制度　推进国家治理体系和治理能力现代化若干重大问题的决定》（以下简称《决定》）提出："注重发挥家庭家教家风在基层社会治理中的重要作用。"② 家庭是社会的细胞，是基层社会治理的重要基础。加强和创新基层社会治理，可以把家庭家教家风作为重要抓手，充分发挥其涵养道德、厚植文化、润泽心灵的德治作用，从而推动营造良好社会风尚、维护社会和谐安定。家庭教育在此前多出现在教育尤其是德育政策文件中，《决定》将家教作为基层社会治理的重要手段，将家庭家教家风对国家和社会发展作用的认识提到了新的高度。基层社会治理，主要是指"以乡镇街道和城乡社区为地域范围和载体"的社会治理。参与基层社会治理的主体主要包括基层党组织、基层政府、基层民间组织以及涵盖广大群众的基层社会，这些主体在社会治理过程中，通过不断地互

---

① 《中共中央　国务院印发〈新时代公民道德建设实施纲要〉》，载中国政府网，http：//www.gov.cn/zhengce/2019-10/27/content_5445556.htm，2021年12月3日访问。
② 《中共中央关于坚持和完善中国特色社会主义制度推进国家治理体系和治理能力现代化若干重大问题的决定》，载新华网，http：//www.xinhuanet.com/politics/2019-11/05/c_1125195786.htm，2021年12月7日访问。

动沟通，达到协调利益关系、化解社会矛盾、解决民生问题、维护公平正义、保持社会稳定的目的。① 从这个定义可以看到，家庭也是基层社会治理的主体，通过家庭教育指导工作，引导广大民众在家庭中正确立德树人，培育良好家风，加强人民群众的自治，促进其自我管理、监督、教育和服务，有效化解矛盾纠纷，促进基层社会的和谐稳定。从这个意义上讲，家庭教育被赋予广为丰富的内涵，与家庭建设、家风涵养有效结合在一起，贯彻到家庭发展的全部生命周期，指向于人民对美好生活需要的满足。

2021 年 7 月，中宣部、中央文明办、中央纪委、中组部、国家监委、教育部、全国妇联联合印发《关于进一步加强家庭家教家风建设的实施意见》（以下简称《意见》），这是首个以家庭家教家风建设为主题的政策文件，《意见》以建设文明家庭、实施科学家教、传承优良家风为重点，倡扬新时代家庭观，从党员和领导干部家风建设和少年儿童品德教育两个关键点出发，推动家庭家教家风建设高质量发展。《意见》制度保障和领导责任两个方面为家庭家教家风建设保驾护航，推动家庭家教家风建设工作制度化、规范化、常态化开展。《意见》汇总了以往的各类家庭家教家风政策并突出了家庭在社会建设中的重要作用，并明确了领导责任，但对于考核评价、经费投入、队伍建设等核心问题并没有给出具体的保障措施。

(三)学校家庭社会协同育人机制

2016 年，习近平主席在北京八一学校考察时强调：基础教育是全社会的事业，需要学校、家庭、社会密切配合。学校要担负主体责任，对学生负责，对学生家庭负责。家长要尊重学校的教育安排，尊重老师的创造发挥，配合学校搞好孩子的学习教育，同时要培育良好家风，给孩子以示范引导。各相关单位特别是宣传、文化、科技、体育机构要积极为学生了解社会、参与实践、锻炼提高提供条件。② 习近平从学校和家庭的不同定位指出各自的育人职责，并特别提到了学校家庭社会的密切配合是基础教育工作做好的重要保证。

建立家校社协同育人机制。2017 年，教育部印发《中小学德育工作指南》（以下简称《指南》），《指南》多次提到家庭，专门设立"协同育人"内容，提到"要积极争取家庭、社会共同参与和支持学校德育工作，引导家长注重家庭、

---

① 刘佳：《我国基层社会治理模式创新研究》，东北师范大学 2015 年博士学位论文。
② 《习近平：全面贯彻落实党的教育方针　努力把我国基础教育越办越好》，载央广网，http://news.cnr.cn/native/gd/20160909/t20160909_523126256.shtml，2021 年 12 月 9 日访问。

注重家教、注重家风，营造积极向上的良好社会氛围。加强家庭教育指导。要建立健全家庭教育工作机制，统筹家长委员会、家长学校、家长会、家访、家长开放日、家长接待日等各种家校沟通渠道，丰富学校指导服务内容，及时了解、沟通和反馈学生思想状况和行为表现，认真听取家长对学校的意见和建议，促进家长了解学校办学理念、教育教学改进措施，帮助家长提高家教水平。构建社会共育机制。要主动联系本地宣传、综治、公安、司法、民政、文化、共青团、妇联、关工委、卫计委等部门、组织，注重发挥党政机关和企事业单位领导干部、专家学者以及老干部、老战士、老专家、老教师、老模范的作用，建立多方联动机制，搭建社会育人平台，实现社会资源共享共建，净化学生成长环境，助力广大中小学生健康成长"。①《指南》从学校德育工作出发，有大量的篇幅谈到家庭教育，体现了学校家庭社会育人密不可分的特点。其中特别提到了习近平总书记关于家庭家教家风的重要论述，并提出家庭教育工作机制和社会共育机制，从职责分工、沟通渠道、工作方法等方面促进各类教育资源共享共建，促进儿童健康成长。

2018年，习近平总书记在全国教育大会上发表重要讲话："办好教育事业，家庭、学校、政府、社会都有责任""全社会要担负起青少年成长成才的责任。"②总书记从教育改革发展的重大问题和群众关心的热点问题出发，对家校社协同育人高度重视，再次对新时代育人理念和机制的改革指明了方向。教育是一个牵一发而动全身的系统工程，家庭教育、学校教育、社会教育各自扮演着不同角色，发挥着不同功效，但同时又彼此影响，共同组成了完整的教育体系。然而，当前三者之间的关系出现了新的失调：学校教育功能被扩大化，承载的职责过多；家庭教育的功能被简单化，一定程度上成为学校教育的附属；社会教育缺乏系统性。这不仅制约教育自身的发展，也影响整个社会的和谐与进步。2018年之后，教育部先后出台《关于规范校外培训机构发展的意见》《关于印发中小学生减负措施的通知》《义务教育六科超标超前培训负面清单(试行)》《关于加强义务教育学校作业管理的通知》《中小学教育惩戒规则(试行)》等，将家庭履行教育监护责任与规范学校办学行为、严格校外培训机构管理等共同推进，体现了国家和有关部门构建家庭学校社会协同育人机制的

---

① 《教育部关于印发〈中小学德育工作指南〉的通知》，载教育部官网，http://www.moe.gov.cn/srcsite/A06/s3325/201709/t20170904_313128.html，2020年12月18日访问。

② 《习近平在全国教育大会上发表重要讲话》，载新华网，http://www.xinhuanet.com/politics/leaders/2018-09/10/c_1123406247.htm，2020年7月19日访问。

积极探索。协同育人的环境下，家庭教育的一些问题如重智轻德等，在学校家庭社会共同的努力下，也能够得到根本的解决。

2020年，党的十九届五中全会提出："健全学校家庭社会协同育人机制"要求，① 这是首次将家校社协同育人机制上升为党和国家的重大问题，也是对"坚守为党育人、为国育才，努力办好人民满意的教育，在加快推进教育现代化的新征程中培养担当民族复兴大任的时代新人"提出重要的要求。落实立德树人根本任务，急需构建学校家庭社会协同育人机制。坚持"五育并举"，走出"重智育、轻德育""重分数、轻素质"的人才培养误区，推动德育、智育、体育、美育、劳育全方位融合，促进教育质量全面提升，迫切需要以学校家庭社会协同育人体系构建为抓手，凝聚共识，综合施策。学校家庭社会协同育人上升到制度机制层面，体现了党和国家整体提升教育质量的决心。家庭教育既不是从配合学学校德育角度来谈，也不是作为一个独立的系统，而是作为与学校社会密切联系的教育系统，共同育人。

2021年3月，十三届全国人大第四次会议通过《中华人民共和国国民经济和社会发展第十四个五年规划和2035年远景目标纲要》，明确提出："构建覆盖城乡的家庭教育指导服务体系，健全学校家庭社会协同育人机制。"②家校社协同育人机制的提出，是从实现人民对美好生活的向往与事关党和国家前途命运的大局出发，在"培养什么人、怎样培养人、为谁培养人"这一根本问题上凝聚更大共识，在完善立德树人体制机制上探索更好方式，在学校、家庭、社区和社会各方面汇集更大合力，共同营造健康成长环境和良好文明风尚。家庭教育在新时代被赋予新的使命，家庭作为儿童成长中的第一所学校，家长需要不断接受科学的指导，与学校和社会同步共同育人。

2021年9月，国务院颁布《中国儿童发展纲要（2021—2030年）》，其中增加了"儿童与家庭"领域的目标，全文十一处提到学校、家庭、社会在儿童保护与发展方面的合作，三者协同育人进一步制度化、常态化，家校社合作将成为未来教育发展的新格局，如何形成完善的保障机制和措施，将成为家庭教育

---

① 《中国共产党第十九届中央委员会第五次全体会议公报（2020年10月29日中国共产党第十九届中央委员会第五次全体会议通过）》，载新华网，http：//www.xinhuanet.com/politics/2020-10/29/c_1126674147.htm，2020年12月17日访问。

② 《中华人民共和国国民经济和社会发展第十四个五年规划和2035年远景目标纲要》，载新华网，http：//www.xinhuanet.com/2021-03/13/c_1127205564.htm，2021年5月22日访问。

政策的新方向。

（四）发挥妇女在家庭生活中的独特作用

2018年，习近平总书记同全国妇联新一届领导班子成员集体谈话时发表重要讲话："做好家庭工作，发挥妇女在社会生活和家庭生活中的独特作用，是妇联组织服务大局、服务妇女的重要着力点。要注重家庭、注重家教、注重家风，认真研究家庭领域出现的新情况新问题，把推进家庭工作作为一项长期任务抓实抓好。要坚持以社会主义核心价值观为统领，引导妇女既要爱小家，也要爱国家，带领家庭成员共同升华爱国爱家的家国情怀、建设相亲相爱的家庭关系、弘扬向上向善的家庭美德、体现共建共享的家庭追求，在促进家庭和睦、亲人相爱、下一代健康成长、老年人老有所养等方面发挥优势、担起责任。要引导妇女带动家庭成员，发扬尊老爱幼、男女平等、夫妻和睦、勤俭持家、邻里团结等中华民族传统美德，抵制歪风邪气，弘扬清风正气，以好的家风支撑起好的社会风气。要帮助妇女处理好家庭和工作的关系，做对社会有责任、对家庭有贡献的新时代女性。要引导妇女发扬爱国奉献精神，自尊自信自立自强，以行动建功新时代，以奋斗创造美好生活，在祖国改革发展的伟大事业中实现自身发展，在人民创造历史的伟大奋斗中赢得出彩人生。"①发挥妇女独特作用，做好家庭工作，是党中央交给妇联组织的重要任务，是妇联组织服务大局、服务妇女的重要着力点。这肯定了妇女在家庭生活中的独特作用，充分重视妇女在家庭文明建设、家庭文化构建、家庭功能完善等家庭生活领域的重要意义。家庭教育自20世纪80年代以后就由妇联组织和教育部门牵头来做，经历了六个五年规划（计划）的实施，我国初步建立了覆盖城乡的家庭教育指导体系，广泛传播家庭教育科学知识，为民众提供家庭教育指导服务，为我国教育事业的发展贡献了重要力量。总书记在新时代强调妇联组织在家庭工作中的独特作用，并不是将妇女定位为相夫教子，而是从妇女在家庭生活中发挥的独特影响角度出发，通过妇女带动家庭成员发扬尊老爱幼、男女平等、夫妻和睦、勤俭持家、邻里团结等中华民族传统美德，抵制歪风邪气，弘扬清风正气，以好的家风支撑起好的社会风气。

面对新形势、新任务、新要求，妇联家庭工作度加大，需要从组织制度、机构设置、人员保障、具体工作部署等各个方面都把家庭工作提升到一个前所

---

① 《习近平同全国妇联新一届领导班子成员集体谈话并发表重要讲话》，载中国政府网，http://www.gov.cn/xinwen/2018-11/02/content_5336958.htm，2022年3月18日访问。

未有的高度，进一步从源头上明确参与工作的目标方向，为发挥家庭家教家风在基层社会治理中的重要作用，提供了前所未有的制度环境和工作条件。在组织章程上，全国妇联新增了重视开展家庭家教家风工作的制度性规定。中国妇女"十二大"以前的妇联章程，虽历经多次修改，但家庭工作着墨甚少。与新时代党中央赋予妇联组织做好家庭工作的重要任务相比，原有妇联章程不能涵盖这一新要求。为此，2018年11月，中国妇女"十二大"通过《中华全国妇女联合会章程(修正案)》，其中，把"组织开展家庭文明创建，支持服务家庭教育，传承中华民族家庭美德，树立良好家风，推动形成家庭文明新风尚"作为妇联组织的一项重要工作任务①，明确地写进了第一章"任务"中，从制度层面进一步确认了家庭家教家风工作在妇联整体工作中的重要地位，标志着新时代妇联组织任务发生了重大变化。

2019年，全国妇联进一步统筹和创新推进妇联家庭工作，创造性地启动实施"家家幸福安康工程"。该工程以培养担当民族复兴大任时代新人、推动社会主义核心价值观在家庭落地生根为根本任务，确立了四项行动计划：一是家庭文明创建行动，传承家庭美德，弘扬良好家风；二是家庭教育支持行动，引导家长言传身教，帮助孩子树立好思想、好品行、好习惯；三是家庭服务提升行动，配合有关部门做好巾帼家政服务、巾帼健康服务、婚姻家庭服务、困境家庭帮扶等工作；四是家庭研究深化行动。② 用系统工程方式来推进家庭工作，"既要巩固深化妇联组织多年来常态化开展并取得良好实效的家庭工作特色品牌，又要进一步改革拓展，创新推出体现时代特点、满足家庭需求的工作举措，使妇联家庭工作在继承中创新，在创新中发展"。在家庭教育方面，"家家幸福安康工程"规定，家庭教育支持行动包括推动完善家庭教育法律政策、启动实施"父母成长计划"、做实做强各类家长学校、发展壮大家庭教育指导服务队伍，明确了妇联组织在推进家庭教育工作中的范围、领域、体系、机制、项目、内容等，并以系统工程方式来推进。不同于家庭教育的五年规划，"家家幸福安康工程"中的家庭教育是嵌入整体家庭建设中的，既突出了妇女在家庭生活中的独特作用，又将家庭家教家风一体化推进，使家庭教育工

---

① 《中华全国妇女联合会章程(中国妇女第十二次全国代表大会部分修改)》，载新华网，http://www.xinhuanet.com/politics/2018-11/08/c_1123683661.htm，2020年12月25日访问。

② 马焱：《家庭家教家风：创新基层社会治理体系的新视角——兼论新时代妇联组织的家庭工作》，载《中华女子学院学报》2020年第6期。

作有了更为丰富的资源链接。

2021年9月，国务院颁布《中国妇女发展纲要（2021—2030年）》，针对更好发挥妇女在社会生活和家庭生活中的独特作用，发挥家庭家教家风在促进儿童健康成长和基层社会治理中的重要作用，新的妇女发展纲要增加了"妇女与家庭建设"领域，从性别平等的视角提出"增强父母共同承担家庭教育责任的意识和能力。推进家庭教育立法及实施，促进父母共同落实家庭教育主体责任，创造有利于未成年子女健康成长和发展的家庭环境"，对于改变当前父亲缺失的家庭教育现状有重要意义。

(五)家庭教育法制化取得重大进展

2010年7月，国家中长期教育改革和发展规划纲要工作小组办公室发布《国家中长期教育改革和发展规划纲要(2010—2020)》，其中明确提出制定有关考试、学校、终身学习、学前教育、家庭教育等法律之后，家庭教育立法推进工作开始进入官方日程。经过几年的理论探索和实践努力，我国第一步家庭教育地方法规出台。2016年5月，《重庆市家庭教育促进条例》出台，填补了大陆范围内家庭教育没有法律法规的空白。该《条例》对家庭教育的内容和政府的相应职责进行了规定，同时明确父母应当与未成年子女共同生活，如果不履行相关职责，将由所在单位、居委会等出面进行劝诫、批评教育。该《条例》还规定：父母或者其他监护人应当对未成年子女进行社会公德、家庭美德、生活技能、行为习惯和身心健康等教育，促进未成年人全面发展。此后，贵州、山西、江西、江苏、浙江、内蒙古、福建、安徽8个省份又陆续出台了家庭教育地方促进条例。多地家庭教育促进条例的出台，为深入贯彻家庭教育立德树人根本任务提供了坚实的法制保障。

2016年3月1日，《中华人民共和国反家庭暴力法》正式施行，其中，第二条界定："家庭暴力是指家庭成员之间以殴打、捆绑、残害、限制人身自由以及经常性谩骂、恐吓等方式实施的身体、精神等侵害行为。"第五条提出："未成年人遭受家庭暴力的，应当给予特殊保护。"第十二条规定："未成年人的监护人应当以文明的方式进行家庭教育，依法履行监护和教育职责，不得实施家庭暴力。"第二十三条规定："当事人受到家庭暴力或者面临家庭暴力的状况时，可以向人民法院申请人身安全保护令，人民法院应该受理。"[1]《中华人民共和国反家庭暴力法》的颁布，对长期处于家庭暴力的儿童提供了有效庇

---

[1] 《中华人民共和国反家庭暴力法（主席令第三十七号）》，载中国政府网，http://www.gov.cn/zhengce/2015-12/28/content_5029898.htm，2021年5月19日访问。

护，并从预防角度让父母及其他监护人认识到家庭暴力对儿童成长的不利影响，从法律层面厘清了"打是亲骂是爱""棍棒之下出孝子"等错误家庭教育观念。

2021年1月1日，《中华人民共和国民法典》（以下简称《民法典》）正式施行，特别值得提出的是《民法典》将家庭教育也纳入其中。第一编《总则》第二十六条规定："父母对未成年子女负有抚养、教育和保护的义务"，明确父母是履行家庭教育义务的第一责任人。第三十六条规定："对于损害被监护人身心健康的人员撤销其监护人资格，对不称职的父母设定了法律底线。"第五编《婚姻家庭编》第一章第一千零四十三条规定："家庭应当树立优良家风，弘扬家庭美德，重视家庭文明建设。"第三章第一千零五十八条规定："夫妻双方平等享有对未成年子女抚养、教育和保护的权利，共同承担对未成年子女抚养、教育和保护的义务"，明确了父母平等合作育人的权利和义务。《民法典》将家庭教育相关内容融入民法体系，明确了父母对未成年子女负有抚养教育的义务，确立了父母双方的职责和义务，强调了父母进行家庭教育时应当尊重子女，并提出如何保障子女在父母分居或者离婚、父母死亡或被人民法院撤销监护人资格等情况下健康成长，为家庭教育法制化作出了重要贡献。

2021年6月1日，新修订的《未成年人保护法》于6月1日起实施，在第二章"家庭保护"里，第十五条规定："未成年人的父母或者其他监护人应当学习家庭教育知识，接受家庭教育指导，创造良好、和睦、文明的家庭环境。共同生活的其他成年家庭成员应当协助未成年人的父母或者其他监护人抚养、教育和保护未成年人"，重点提到家长应该学习家庭教育知识，接受教育教育指导；第十六条规定："未成年人的父母或者其他监护人应当履行的监护职责，让父母或者其他监护人肩负起保护孩子的责任"；第十七条规定："家长未认真履行《未成年人保护法》所应承担的法律后果"；第十八条规定："父母或者其他监护人安全保护未成年人的具体措施"；第十九条规定："父母或者其他监护人在家庭中如何保护孩子的参与权。"[①]6月9日，国务院未成年人保护工作领导小组办公室印发了《关于加强未成年人保护工作的意见》（以下简称《意见》），《意见》在家庭保护方面，从加强指导帮助、完善支持政策、推进监督和依法处置监护人侵害未成年人权益行为4个方面，强化家庭监护责任。推动

---

① 《中华人民共和国未成年人保护法》，载中国政府网，http：//www.gov.cn/xinwen/2020-10/18/content_5552113.htm，2020年12月11日访问。

构建家庭教育指导服务体系，加强社区家长学校、家庭教育指导服务站点建设，为未成年人的父母或其他监护人、被委托人每年提供不少于一次公益性家庭教育指导服务。全面落实产假等生育类假期制度和哺乳时间相关规定，鼓励有条件的地区探索开展育儿假试点。有条件的地区，探索对依法收养孤儿和残疾儿童、非生父母履行监护权的家庭在水电气等公共服务方面给予优惠。《未成年人保护法》及《意见》的发布，发展完善了家庭监护制度，对父母或其他监护人更好履行监护职责提供了法律支撑，突出了国家对家庭教育的支持和服务，明确了父母作为监护者的养育职责。

2021年10月23日，十三届全国人大常委会第三十一次会议通过了《中华人民共和国家庭教育促进法》（以下简称《家庭教育促进法》），于2022年1月1日起实施。①《家庭教育促进法》是家庭教育事业发展迈上新台阶的重要标志，为促进未成年人健康成长和全面发展提供更加充足、有力的法治保障。第一，明确了父母或者其他监护人负责实施家庭教育，承担对未成年人实施家庭教育的主体责任，并规定了父母或者其他监护人的责任、家庭教育的内容和方式。第二，规定全社会要共同搭建起覆盖城乡的家庭教育指导服务体系，如教育行政部门、妇女联合会统筹协调社会资源，协同推进覆盖城乡的家庭教育指导服务体系建设，并按照职责分工承担家庭教育的日常事务；教育、民政、卫生健康、市场监督管理等有关部门应当在各自职责范围内，依法对家庭教育服务机构及从业人员进行指导和监督；具备条件的中小学校、幼儿园应当在教育行政部门的指导下，为家庭教育指导服务站点开展公益性家庭教育指导服务活动提供支持。第三，规定了父母或者其他监护人不履行、不正确履行家庭教育责任的法律后果外，还规定公检法机关办理案件过程中，发现未成年人存在严重不良行为或者实施犯罪行为的，要根据情况对监护人予以训诫，并可以责令其接受家庭教育指导。《家庭教育促进法》将家事上升为国事，标志着我国家庭教育法制化进程进一步加快，家庭教育将被正式纳入国家教育事业发展规划和法治化管理轨道。

（六）初步建立覆盖城乡的家庭教育指导体系

2012年，全国妇联、教育部等九部门颁布《关于指导推进家庭教育的五年规划（2010—2015年）》（以下简称家庭教育"十二五"规划）。家庭教育"十二

---

① 《中华人民共和国家庭教育促进法》，载中国人大网，http://www.npc.gov.cn/npc/c30834/202110/8d266f0320b74e17b02cd43722eeb413.shtml，2021年5月20日访问。

五"规划体现了几个亮点,第一,提出"构建基本覆盖城乡的家庭教育指导服务体系"的目标,标志着家庭教育工作进入了扩大覆盖范围、建立指导体系、明确公益性质、提高专业水平为主要任务的新阶段。第二,明确了家庭教育立德树人的根本任务。第三,推动了家庭教育立法,提出"组织开展家庭教育立法调研,形成较为成熟的研究成果,积极参与、努力推进家庭教育立法进程;有条件的地方先行尝试,制定出台家庭教育法规条例,为家庭教育事业发展提供制度保障"。第四,重视指导队伍建设,提出"推进家庭教育职业岗位培训试点,探索建立家庭教育从业人员职业资格认证制度,提高家庭教育工作队伍职业化水平"。① 长期以来,我国家庭教育从业人员的职业化建设较为薄弱,与我国家庭教育理论研究薄弱、缺乏学科专业支撑、相关机构缺乏对于家庭教育专职人员的岗位设置等因素相关,加强指导队伍职业化建设势在必行。

2015年,教育部发布《教育部关于加强家庭教育工作的指导意见》(以下简称《意见》),这是教育部首次面向教育系统颁布关于家庭教育的专门政策,积极发挥家庭教育在少年儿童成长过程中的重要作用,坚持以学校为主导,充分发挥中小学幼儿园开展家庭教育指导的天然优势和重要作用,促进家庭教育、学校教育、社会教育有机融合。《意见》指出加强家庭教育工作,要进一步明确家长在家庭教育中的主体责任,充分发挥学校在家庭教育中的重要作用,提出了推动形成政府主导、部门协作、家长参与、学校组织、社会支持的战略性家庭教育工作格局。《意见》注重教育部门和中小学幼儿园与社会教育资源的紧密结合,赋予了教育部门和中小学幼儿园在家庭教育社会支持网络中的实际作用。《意见》站位于全面统筹、协调、鼓励、倡导各类社会和市场资源对家庭教育的广泛支持的高度,强调发挥教育的基础性、先导性、全局性作用。《意见》为家庭教育事业,尤其是学校家庭教育进行了科学定位和有利部署,战略意义重大,为学校家庭社会合作育人,构建家庭教育工作体系提出了重要战略构想。

2016年,全国妇联、教育部等九部门等联合颁布《关于指导推进家庭教育的五年规划(2016—2020年)》(以下简称家庭教育"十三五"规划)。家庭教育"十三五"家庭教育规划呈现出几个亮点:第一,提出"基本建成适应城乡发

---

① 《关于指导推进家庭教育的五年规划(2011—2015年)》,载教育部官网,http://www.moe.gov.cn/jyb_xxgk/moe_1777/moe_1779/201206/t20120625_138245.html,2019年12月28日访问。

展、满足家长和儿童需求的家庭教育指导服务体系",为建立健全家庭教育公共服务网络提出了具体的量化指标。第二,进一步突出家庭教育的核心和根本,提出"坚持立德树人。要始终把培育和践行社会主义核心价值观作为家庭教育的核心和根本,突出思想道德教育,引导儿童树立正确的世界观、人生观、价值观,养成好思想、好品格、好习惯,努力成长为有知识、有品德、有作为的新一代社会主义合格建设者"。第三,强化了政府在推进家庭教育中的主导作用,提出家庭教育是"普惠性、常态化的家庭教育公共服务",对家庭教育的公共性进行了明确的界定。第四,充分考虑到互联网对于家庭教育的影响,提出"积极搭建新媒体服务平台""不断增强网络服务功能"。第五,针对落后地区的家庭教育问题,提出"促进家庭教育均衡协调发展"。① 第六,规划特别提到重视家庭教育理论研究,提出"有条件的高校设置家庭教育相关专业",支持和鼓励家庭教育专业人才培养。第七,在组织保障中进一步细化了家庭教育工作中各部门的分工。规划的颁布充分体现了党和国家对于家庭教育的高度重视,也将家庭教育公共服务属性做了明确界定,家庭教育指导服务体系在全方位、全过程育人的过程中发挥了不可替代的独特作用。

2019年,为了适应新时代家庭教育指导的需要,全国妇联、教育部、中央文明办、民政部、文化和旅游部、国家卫生健康委员会、国家广播电视总局、中国科协、中国关工委联合对《家庭教育指导大纲》进行修订。增加了家庭道德教育相关内容,根据时代特征增加了父辈、祖辈联合教养指导,多子女养育及互联网时代的家庭媒介教育等内容。修订后的《家庭教育指导大纲》适用于各级各类家庭教育指导机构、相关职能部门、社会团体、宣传媒体和家庭教育指导者,对新婚夫妇、孕妇、18岁以下儿童家长(父母或其他监护人)开展的家庭教育指导服务行为。2020年,全国妇联、教育部联合印发《家长教育行为规范》(以下简称《规范》),《规范》贯穿立德树人主线,强化家庭教育的教育引导和思想引领功能。突出问题导向,对家长在家庭教育观念和行为方面存在的突出问题进行有针对性的指导。《规范》内容贴近生活,贴近家庭需求,从家庭教育主体责任、重点任务、核心理念、家庭德育、智育、体育、美育、劳动教育、家长言传身教、家校社协同育人10个方面,对家长进行规范指导,

---

① 《关于指导推进家庭教育的五年规划(2016—2020年)》,载国务院妇女儿童工作委员会官网,http://www.nwccw.gov.cn/2017-05/23/content_157752.htm,2020年10月3日访问。

帮助家长树立正确的家庭教育理念，掌握科学的家庭教育知识方法，用正确行动、正确思想、正确方法教育引导孩子，是家长实施家庭教育的基本行为准则。

2021年9月，国务院颁布《中国妇女发展纲要（2021—2030年）》，提出："覆盖城乡的家庭教育指导服务体系基本建成，指导服务能力进一步提升。95%的城市社区和85%的农村社区（村）建立家长学校或家庭教育指导服务站点"[1]，为下一个十年家庭教育指导体系的发展提出了明确目标。

2022年4月，全国妇联、教育部等11个部门近日印发《关于指导推进家庭教育的五年规划(2021—2025年)》(以下简称家庭教育"十四五"规划)。家庭教育"十四五"规划把构建覆盖城乡的家庭教育指导服务体系、健全学校家庭社会协同育人机制、促进儿童健康成长确立为今后一个时期家庭教育发展的根本目标，推动"十四五"时期家庭教育高质量发展。规划体现了以下创新点，第一，"高质量发展"将成为"十四五"时期家庭教育发展的关键词，也标志着我国家庭教育指导工作将进入新的发展时期。第二，规划明确了家庭教育指导机构的设立："推动县级以上人民政府因地制宜设立家庭教育指导机构，及时向有需求的家庭提供服务，形成有地方特色、有群体适应性的家庭教育指导服务模式"。第三，在社会力量参与家庭教育指导方面，规划也明确了"推动将家庭教育指导服务纳入政府购买服务目录，培育和扶持家庭教育社会组织为家庭提供专业化、规范化家庭教育指导服务，满足个性化的家庭教育指导服务需求""加强家庭教育志愿服务队伍建设，进一步发挥社会工作者、志愿者等社会力量在开展家庭教育指导中的积极作用"。家庭教育"十四五"规划为进一步落实《家庭教育促进法》、因地制宜探索完善协同育人工作协调机制，加强了统筹规划和资源整合，旨在形成学校、家庭、社会协同育人合力。

（七）支持家庭生育养育教育

2021年6月，中共中央、国务院颁发《关于优化生育政策促进人口长期均衡发展的决定》，提出：实施三孩生育政策及配套支持措施，促进生育政策与相关经济社会政策同向发力，有利于满足更多家庭的生育意愿，有利于提升生育水平。[2] 双职工家庭无人照料孩子、育儿压力大、成本高等突出问题，为家

---

[1]《中国妇女发展纲要（2021—2030年）》，载国务院妇女儿童工作委员会官网，https：//www.nwccw.gov.cn/2021-09/27/content_295246.htm，2020年12月29日访问。

[2]《中共中央 国务院关于优化生育政策促进人口长期均衡发展的决定》，载中国政府网，http：//www.gov.cn/zhengce/2021-07/20/content_5626190.htm，2021年10月17日访问。

庭教育提出严峻挑战，在新时期如何优化生育政策，为家庭育儿提供有利支持，成为家庭教育指导的重要内容。

2021年8月，中共中央办公厅、国务院办公厅颁发《关于进一步减轻义务教育阶段学生作业负担和校外培训负担的意见》（以下简称双减政策），实施"双减政策"，不仅是对我国教育格局的重大调整，更是教育观念的大变革。"双减政策"强调了构建教育良好生态，有效缓解家长焦虑情绪，促进学生全面发展、健康成长。实施"双减政策"为家庭教育指导工作指明了方向，同时也从学校和社会教育层面提出了有效的策略措施，着力降低家庭教育支出，是落实立德树人根本任务、发展素质教育、促进教育公平的重大举措。

2021年9月，国务院颁布《中国妇女发展纲要（2021—2030年）》《中国儿童发展纲要（2021—2030年）》，为了落实党中央、国务院关于优化生育政策的重大决策，均提出在下一个十年"支持家庭生育养育教育的法律法规政策体系基本形成"的目标，为家庭教育法律法规政策的完善提供了坚实保证。

第三节　我国家庭教育政策的成果、问题和未来展望

自1949年中华人民共和国成立后至今，在家庭教育相关政策的推动下，我国家庭教育经历了从民间重视走向政府主导、从学校德育到社会治理、从配合工作走向协同育人、从业余学习走向专业规范的艰难历程，为我国家庭教育事业发展积累了大量的宝贵经验。

一、家庭教育政策的成果

（一）从民间重视走向政府主导

中华人民共和国成立初期，我国虽然颁布了部分与家庭教育相关的教育教学政策，但受历史因素影响，执行并不到位。广大民众对于家庭教育的重视程度不高，并无太多关于家庭教育指导的需求。改革开放后，随着独生子女政策的实施，家庭子女数量减少的同时，民众对于家庭教育的质量开始日渐重视，对于家庭指导的需求与日剧增。在这种情况下，家庭教育政策在各类教育政策法规的出现，是对家庭教育需求的及时反映。20世纪80年代后，党和政府将家庭教育任务交予妇联组织负责。90年代，随着家庭教育事业发展日渐壮大，家庭教育由妇联和教育部门联合负责，制定了专门政策来推动"五年计划"，

家庭教育在政策推动下开始由民间重视走向政府主导。时至今日，家庭教育经过40多年的发展，在各类政策的推动下，家庭教育工作的管理体制逐步建立，队伍阵地和指导服务蓬勃发展，科学研究和实践创新成果不断涌现，全社会家庭教育水平明显提高，家长教育素质能力有效提升。

(二) 从学校德育到社会治理

家庭教育在我国教育类文件中最多见于德育类政策，教育部门一直将家庭教育工作归类为德育。20世纪80年代，我国教育政策就明确了家庭教育的德育属性，在多个教育法案中，都强调了家长在儿童教育中的配合作用，从学校教育的需要层面提出对家长提供家庭教育指导的必要。在很长一段时间内，我国家庭教育与学校教育合作中都体现了主导与配合的关系。进入21世纪后，随着育人理念的重大改革以及现代学校制度的建立，家庭教育在育人工作中的重要性及独特性在各类教育政策中得以确认。家庭教育逐渐脱离了配合学校的格局，成为相对独立的、具有一定发展特点和规律的系统。党的十八大之后，习近平总书记高度重视家庭建设问题，家庭家教家风工作得到一体化推进，家庭教育作为基层社会治理的重要手段，在民众社会规范、道德规范以及法治观念的形成上发挥独特优势。党的十九届四中全会、"十四五"规划均明确提出："要发挥家庭家教家风在基层社会治理中的重要作用"，在构建"法治、德治、自治"基层社会治理模式中，家庭教育除了最初的育德作用，更扩展到立德树人、涵养优良家风、培育良好乡风，成为社会建设的有效途径。家庭教育的内涵得到了扩展和深化，在育人的基础上，还成为建设美好生活、建设和谐社会的手段。

(三) 从配合工作走向协同育人

由于家庭教育的长期性、私人性、个别差异性等特点，一直以来被认为是配合学校教育的一种非正规教育类型。改革开放后，家庭教育的相关政策主要出现在中小学德育文件中，属于德育工作范畴。家庭教育的"配合"定位对我国家庭教育事业发展影响深远。虽然自20世纪80年代后，我国教育政策法规一直将家庭教育与学校教育、社会教育并列，并强调三者相互联系，但家庭教育难以和学校教育形成一种合作关系。2016年，习近平总书记考察八一学校讲话发表之后，在社会各界引起较大反响。学校家庭社会密切配合并不是一个新的提法，但长期以来并没有真正做到三大类教育系统的协作，导致学校教育在育人方面不堪重负。家庭和社会中不正确的教育观念影响了学校教育的效果。如今在新时代背景下，要真正转变教育观念，育人模式上要做深刻的变革,做好制度机制设计,沟通学校家庭社会,提供三者密切联系合作的机会。因此,各类教育类政策都开始关注学校家庭社会的协同育人问题。家庭作为儿童成长中的第一所学校,更需要不断接受科学的指导,与学校和社会同步共同育人。

(四)从业余学习走向专业规范

家庭教育在我国有着悠久的历史,在长期的家庭教育实践中,人们总结、积累了十分丰富的教育子女的经验,成为祖国文化宝库的重要组成部分,但长期以来,我国家庭教育一种未能得到深入的研究和广泛的传播,民众对家庭教育的认识还停留在自发自为的状态,将之视为一种生活经验。中华人民共和国成立后,家庭教育因与学校教育联系密切,开始出现在各类政策中。但家庭教育在我国真正得到重视是在改革开放之后,随着民众对家庭教育问题的关心和需求而得到广泛的关注。在各类政策的推动下,家庭教育有了专门的责任部门,专门的工作阵地,专兼职结合的工作队伍以及覆盖城乡的家庭教育指导体系。伴随而来的,还有一直逐渐发展壮大的家庭教育理论工作队伍,家庭教育学科研究也不断深入,家庭教育指导课程和教材越来越科学、正规。通过几十年的发展,家庭教育需要科学知识和技能的观念不断深入人心,家庭教育指导工作的合理性和必要性已经得到广泛的认可,现正朝着专业化方向不断迈进。

二、我国家庭教育政策存在的问题

我国家庭教育政策通过几十年的努力,对家庭教育实践起到了巨大的推动作用,并作出巨大的贡献。但同时应该看到,当前我国家庭教育实践还存在一些亟待解决的问题。例如,家长对孩子过度担心、过度保护、娇惯溺爱的现象很是普遍;家庭教育内容片面,重智轻德、重知识轻能力、重读书轻实践、重书本知识学习轻生活常识学习、重智力因素轻非智力因素、重特长发展轻全面发展、重身体健康轻心理健康、重营养保健轻体育锻炼等现象比比皆是;家长对教育孩子的具体的方式方法比较关注,而对家庭教育的指导思想观念关注得很少,对于注重家风建设,给孩子创造良好的家庭生态环境的重视程度远远不够等。这些问题如果不能有效解决,将无法形成学校家庭社会协同育人的良好环境,更无法发挥对基层社会治理的重要作用。

家庭教育中以上问题的存在,一方面与整个社会发展的大背景有关,在国际国内形势深刻变化、我国经济社会深刻变革的大背景下,由于市场经济规则、政策法规、社会治理还不够健全,受不良思想文化侵蚀和网络有害信息影响,道德领域依然存在不少问题,如拜金主义、享乐主义、极端个人主义也反映在家庭教育中,影响了家长的育儿观;另一方面受不科学的教育评价导向影响,社会上存在唯分数、唯升学的顽瘴痼疾,也对家庭教育产生了重要冲击。家庭教育政策要直面这些问题并通过制度机制设计,推出有效的解决方案。当前,我国家庭教育政策受各方面条件限制,面临一系列挑战和问题,主要包括以下几方面:

(一)家庭教育指导尚未作为专门职业

(1)缺乏专门岗位和专职人员。家庭教育自20世纪80年代由妇联组织负责推进开始,就肩负起协调社会各方力量、在缺乏人力财力物力的情况下仍然要办下去的重任。妇联作为群团组织,在社会上有较强的号召力和协调力,但由于不是国家行政机关,在开展家庭教育工作时受到各种限制,家庭教育的人财物资源一直都处于较为匮乏的状态,这也影响了家庭教育工作的效果。

20世纪90年代,妇联和国家教育部门开始推出家庭教育"九五"计划,并没有要求都配备专职干部,事实上各地开展家庭教育工作的妇联和教育部门干部多为兼职,这一工作状况一直延续至今,导致家庭教育工作意义重大,但在基层却无专门科室和专职人员负责。家庭教育阵地如学校家长学校、社区家长学校或指导站都是在现有场地设备的基础上建设的,很多情况下是一个机构多挂了一个家庭教育的牌子。基层在汇报工作时,凡是与儿童少年成长、家庭相关的工作都可以归类到家庭教育中,导致家庭教育与其他相关工作边界混淆不清。

(2)社会从业人员良莠不齐。针对家庭教育工作缺乏专业人员问题,家庭教育"十五"计划特别提出"积极拓宽办学渠道,鼓励支持社会力量兴办家庭教育培训指导机构,逐步建立多元化的家长学校办学体制"。由于计划并没有明确界定社会组织开展家庭教育指导服务的准入门槛,部分机构提供的服务鱼龙混杂,对家庭教育指导体系造成了一定的负面影响。家庭教育"十二五"规划提出:"推进家庭教育职业岗位培训试点,探索建立家庭教育从业人员职业资格认证制度,提高家庭教育工作队伍职业化水平。"遗憾的是家庭教育从业人员的职业化建设并没有取得预想效果,与我国家庭教育理论研究薄弱、缺乏学科专业支撑、相关机构缺乏对于家庭教育专职人员的岗位设置等因素相关。当前家庭教育指导人员的培训市场较为混乱。"家庭教育指导师"这个职业尚未进入国家职业大典。由于缺乏统一的组织、管理、指导,没有统一的培训标准、培训教材和培训师资,对参与培训学员的学历、教育经历均无要求,总之，家庭教育培训教学内容、水平、效果参差不齐，这点令人堪忧。

（二）家庭教育科学研究落后于政策制定

我国大陆地区的家庭教育理论研究真正开始是改革开放之后，在家庭教育理论工作者的努力下，初步建立了家庭教育理论体系，并组建了各类家庭教育学会和研究会，开展了很多有意义的研究工作。近年来，家庭教育的相关政策也不断加大家庭教育理论的支持呼声，但相较于其他教育类型，研究成果的数量和质量仍难以满足实践需要。时至今日，家庭教育仍然没有进入高校学科专业目录，研究家庭教育的理论学者也仍然处于小众、边缘的地位，与庞大的学校教育理论研究队伍无法相比。长期以来，我国家庭教育政策发布缺乏家庭教育理论研究的支持，影响了家庭教育工作开展的科学性。家庭教育政策制定的背后需要持续而深入的学理研究，还需要家庭教育政策给予高校在家庭教育学科发展、专业建设、科研经费上的大力支持，以便更好地促进家庭教育的专业化发展。

（三）家庭教育工作实施缺乏强有力的评估监测

在基层，由于家庭教育大多是兼职工作，缺乏强有力的评估指标，导致家庭教育工作的实施力度不够。家庭教育"五年规划"在"十二五"之后，有了专门独立的评估，但从"五年规划"的评估指标来看，并没有对基层家庭工作产生强有力的约束力。

为了增强家庭教育推进的动力，家庭教育"十三五"规划中提到将家庭教育纳入相关测评指标，如"纳入群众性精神文明创建活动和未成年人思想道德建设工作测评体系，作为评选文明城市、文明村镇、文明单位、文明家庭、文明校园和未成年人思想道德建设工作先进城市、先进单位"等，但实际上很多地区在执行时仅仅是考察家长学校建成率、一年开展的家庭教育指导活动次数等较为单一的量化指标。在家庭教育与其他基层工作边界不清的情况下，家庭教育活动指导质量很难真实测评。即使有个别地方未完成家庭教育规划中的指标，规划中也没有规定具体的问责机制，使得家庭教育工作推动过程中缺乏强有力的执行力。

（四）家庭教育未能与其他基层社会治理工作联动

党的十九届四中全会之后，家庭教育作为基层社会治理的重要手段，与家庭家风建设共同推进。目前的家庭教育政策尚未与其他社会治理类政策进行整合。此前，家庭教育主要出现在各类教育类政策中，更多的是配合学校教育的德育手段。这种对家庭教育的狭义界定窄化了家庭教育的内涵，也影响了家庭教育发挥作用的范围。家庭作为社会最基本的细胞，家庭生活作为对人类成长影响最持久的环境，家庭教育作为人生的第一所学校，可以在培养时代新人、建设和谐社会中发挥更大的作用。

三、我国家庭教育工作的未来展望

面向未来，家庭教育政策要认真汲取家庭教育理论研究的最新成果，立足于我国国情，科学地做好制度机制设计，健全职责分工，形成与科学研究的良性互动，促进家庭中立德树人，发挥在社会治理中的更大作用。

(一)提高家庭教育工作专业化水平

(1)设立家庭教育专门机构和专门岗位。确立家庭教育的法律地位，明确父母的职责和有关部门的责任，规范家长的家庭教育行为和家庭教育指导行为。在社会组织机构中设立家庭教育相关部门和相关人员配置，通过专人专岗促进家庭教育工作规范化发展。坚持将家庭教育指导作为普惠性公共服务来发展，确保家庭教育指导的科学性和广泛性。《家庭教育促进法》第六条规定，"县级以上人民政府负责妇女儿童工作的机构，组织、协调、指导、督促有关部门做好家庭教育工作"①，明确了负责推动家庭教育的机构即妇儿工委，但很多地区的妇儿工委与妇联由于人员编制不足，存在"一套队伍，两块牌子"的情况，也会在一定程度上影响家庭教育指导机构的协调管理能力。如何实现负责家庭教育指导机构的责权统一，如何确保基层专业人员来推进工作，是家庭教育指导服务体系建设的关键。

(2)推动家庭教育工作职业化和专业化。家庭教育职业化指的是确认家庭教育指导人员的职业地位，规范职业从业知识和技能要求，发布职业标准，开展各类教育培训，促进职业发展的规范性。家庭教育专业化是在职业化基础上进行的、使家庭教育职业符合专业标准、成为专门职业并获得相应专业地位的过程。家庭教育作为一种具有特定发展规律的学问，其工作的复杂程度要求人员必须接受正规而系统的高等教育。通过家庭教育职业化和专业化，精心打造家庭教育专业指导从业队伍，提升家庭教育科学研究和指导服务水平。值得关注的是，2022年6月20日，人社部将"家庭教育指导师"纳入刚刚发布的18个新职业中，在经公示征求意见、修改完善后，"家庭教育指导师"将被纳入

---

① 《中华人民共和国家庭教育促进法》，载中国人大网，http://www.npc.gov.cn/npc/c30834/202110/8d266f0320b74e17b02cd43722eeb413.shtml，2022年2月4日访问。

新版职业分类大典。① 接下来，人社部将会同有关部门组织制定新职业标准，并指导培训机构依据国家职业标准开展培训。这一举措将大大推动家庭教育指导的职业化和专业化，改变行业发展的乱象。

(二)健全家庭教育工作的职责分工

目前，各级妇联和教育部门共同作为家庭教育指导的牵头单位来组织、协调工作。各级妇联组织作为第一牵头单位，自20世纪80年代开始就在各方面条件都极其匮乏的情况下，积极调动全社会资源，为我国家庭教育事业发展作出了巨大贡献。在阵地建设方面，妇联主要负责社区家庭学校的家庭教育指导，教育部门主要负责学校家庭教育指导。在家校社协同共育的背景下，学校家庭教育与社区家庭教育之间关系密切，学校作为社区内的教育组织，也是社区家长学校的主要教育资源。社区作为自治组织，可以在辖区范围内协调各方可以利用的教育资源，与学校教育形成共育。

(1)妇联通过家庭教育工作推进基层社会治理。家庭教育是妇联组织的传统工作领域。妇联拥有良好的家庭教育工作网络和社区家庭教育指导经验，家庭教育工作是提升妇联组织参与基层社会治理的能力的重要抓手。妇联作为群团组织，与权力机关不同，缺乏行政制约力，这是开展家庭教育工作的劣势。但从群团组织的特点来看，可以充分发挥其"联"字优势，协调国家、社会、市场各种力量，满足家庭建设的多方面需求，并以系统工程方式来推进家庭工作。以"家家幸福安康工程"为例，借助妇联强大的社会资源网络，调动社会多元主体参与家庭家教家风的建设工作。可以说，妇联所开展的家庭教育工作有以下三个特点：一是协调能力强、协作范围广；二是家庭家教家风一体化推进，拓展了家庭教育的内涵和外延；三是充分发挥了广大妇女在家庭教育中的优势。与国家权利机关推动家庭教育模式相比具有一定的"柔性"，其广泛的群众性可以有效带动广大民众经营好家庭生活、建设好家庭关系、涵养好家风、传承家庭美德，重视和学习家庭教育知识，建设社会主义家庭文明新风尚。

(2)教育部门应在家庭教育指导工作中发挥更大作用。家庭教育在本质上是对人产生积极正面影响的活动，开展工作需要专业队伍，也需要一定的场地设施和活动经费。与学校教育不同，家庭教育具有非正规性，缺乏学校教育的

---

① 《人社部公示"民宿管家"等18个新职业》，载中国政府网，http://www.gov.cn/xinwen/2022-06/15/content_5695714.htm，2022年7月3日访问。

系统性、组织性和计划性。为了提高家庭教育效果，学校可以利用专业师资和场地，为家长提供指导。教育部门作为政府权力机关，对学校和幼儿园具有行政制约力，拥有接受过专业训练的指导队伍，在推进家校合作方面具有优势，应通过家庭教育政策转化为有效的制度机制，与学校教育进行无缝衔接，通过共育实现少年儿童的健康成长。

(三)支持家庭教育学科和专业发展

改革开放后，家庭教育研究开始恢复。家庭教育理论系统建构的同时，出现了大批优秀的家庭教育研究成果。国家以及省级家庭教育学会或研究会每年都会发布课题基金通知，支持和鼓励理论研究者开展家庭教育理论与实践亟待解决的重大问题。此外，全国妇联、教育部、关工委等部门也组织开展了诸多家庭教育的重要研究工作，为推进家庭教育工作提供了理论支持和决策参考。但家庭教育的相关成果与其他主流学科相比，其数量和质量都还存在着较大差距。政府应对家庭教育研究增加项目经费的支持力度，引导学术界重视家庭教育问题，推进跨学科研究。

家庭教育专业发展是影响家庭教育工作职业化和专业化的关键因素。当前，部分关于家庭教育的政策提到在人才培养、学科设置、继续教育等方面积极鼓励和支持家庭教育专业化发展；支持有关学位授予单位综合考虑本单位学科基础、人才培养条件和社会需求等因素，在"教育学"一级学科下，自主设置"家庭教育学"二级学科，开展研究生人才培养工作；支持和鼓励有条件的高校积极申报"家庭教育"本科专业，开设家庭教育相关课程等。总体看，家庭教育的人才培养工作远远落后于实践需要。家庭教育至今仍没有进入本科专业目录，从事家庭教育工作的人员缺乏系统化的专业指导。能够培养家庭教育方向的研究生也凤毛麟角，导致家庭教育研究的高端人才匮乏。未来的家庭教育政策应加大对于学科和专业支持的力度。

(四)家庭教育与基层其他工作相结合

目前，家庭教育已经突破了狭义的亲职教育范畴，成为社会治理的重要抓手，要从弘扬中华民族传统美德、传承红色基因、加强社会主义精神文明建设的高度认识家庭教育。相应地，家庭教育政策也要与其他社会治理政策相结合，与基层各类治理主体相结合，将家庭教育作为社会规范、道德规范及法制观念建设的有力手段。

家庭教育促进基层德治。家庭教育的根本任务是立德树人。通过家庭美德和个人品德教育，在家庭中引导未成年人践行助人为乐、见义勇为、诚实守信、敬业奉献、孝老爱亲等美德善行，倡导科学健康文明的生活方式，将社会主义核心价值观在家庭中落地生根，通过每一个小家庭的道德建设推动形成良好的社会风尚和社会秩序。

家庭教育促进基层自治。家庭教育的核心是品德教育，推动家庭成员自我约束、自我管理、自我规范。如今，很多居民公约、村规民约顺利实施的基础在于居民家庭生活的良好自治。广大家庭都能传承尊老爱幼，男女平等，夫妻和睦，勤俭持家，邻里互助的家庭美德，形成爱国爱家、相亲相爱、向上向善、共建共享的社会主义家庭文明新风尚，基层社会治理中的一些矛盾纠纷也能随之化解。

第三章 我国家庭教育指导工作发展的现状、问题与发展对策

2021年10月23日中华人民共和国主席习近平签署中华人民共和国主席令第九十八号，公布《中华人民共和国家庭教育促进法》（以下简称《家庭教育促进法》），自2022年1月1日起施行，彰显了家庭教育的重要地位和作用。[①] 本章总结了2016—2020年我国家庭教育指导工作的基本情况，分析我国家庭教育指导工作中存在的主要问题，并结合《家庭教育促进法》进一步提出新时代家庭教育指导工作的发展建议。

第一节 "十三五"时期我国家庭教育指导工作的基本情况

2016年，全国妇联、教育部等九部门等联合发布《关于指导推进家庭教育的五年规划（2016—2020年）》，提出建立"基本建成适应城乡发展、满足家长和儿童需求的家庭教育指导服务体系"[②]，通过对2016—2020年的家庭教育指导状况进行调查分析发现[③]，我国家庭教育指导工作在指导阵地、服务平台、指导人员、理论研究、制度机制等方面都取得了巨大的进步，为落实立德树人根本任务、健全学校家庭社会协同育人机制、培育中国特色社会主义合格建设

[①]《中华人民共和国家庭教育促进法》，载中国人大网，http://www.npc.gov.cn/npc/c30834/202110/8d266f0320b74e17b02cd43722eeb413.shtml，2021年11月18日访问。

[②]《关于指导推进家庭教育的五年规划（2016—2020年）》，载国务院妇女儿童工作委员会官网，http://www.nwccw.gov.cn/2017-05/23/content_157752.htm，2021年11月25日访问。

[③] 本章数据为课题调研时收集，由于各地统计标准存在一定差异，数据统计结果会存在一定误差。

者和可靠接班人作出了重要贡献。

一、基本形成覆盖城乡的家庭教育指导阵地

家庭教育服务阵地包括学校家长学校和社区家长学校。截至2020年，我国除各地家长学校或家庭教育指导服务站点，除个别欠发达地区外，均达到《规划》的指标要求，即依托城乡社区公共服务设施、城乡社区教育机构、儿童之家、青少年宫、儿童活动中心等活动阵地，普遍建立家长学校或家庭教育指导服务站点，城市社区达到90%，农村社区(村)达到80%，基本建成覆盖城乡的家庭教育公共服务网络。其中，学校家庭教育指导阵地的建设情况好于社区，城市家庭教育指导阵地的建设情况好于农村地区。我国幼儿园和小学阶段的家长学校约占全国家长学校的84%，是学校家庭教育指导的主阵地(见图3-1)。①

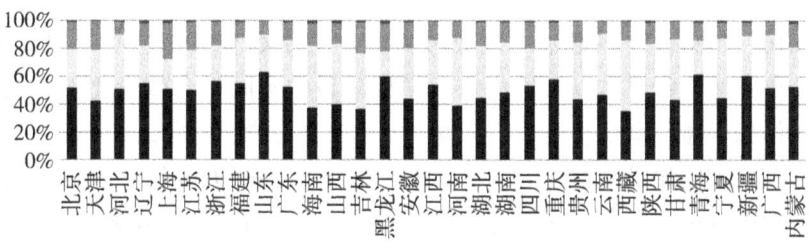

图3-1 各地各级学校家长学校数量比例

学校中的家长学校主要通过家长培训讲座、咨询服务、家长委员会、家长学校、家长会、家访、家长开放日、家长接待日等途径，开展科学育人知识、社会公益、安全知识等教育活动，营造良好家校关系和共同育人氛围。社区家长学校则侧重于整合服务资源，利用妇女之家、儿童之家、心理咨询室等现有场地，将家庭教育纳入社区教育、宣传、文化等社区工作中，发挥五老经验优势和队伍优势，注重提供多元化、有针对性、个性化的家庭教育指导和支持服务。我国农村社区(村)是城市社区数量的4倍之多，是家庭教育阵地建设的

---

① 不同地区家长学校建设标准不同，不同部门统计会有数量误差，本书只呈现不同类型家长学校的大致比例。

重点(见图 3-2)。

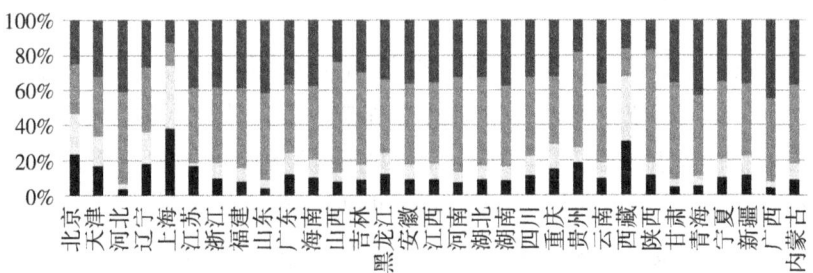

图 3-2 各地城乡社区家长学校或指导服务站数量比例

二、基本建成家庭教育信息共享服务平台

2016—2020 年,各地基本建成覆盖城乡的家庭教育信息共享服务平台,包括传统媒体、新媒体以及网络家长学校建设,不同平台数量比例见图 3-3。传统媒体如广播、电视、报刊等,设立家庭教育专栏、专题,开展家庭教育公益宣传。新媒体如微博、微信、手机客户端等,发挥"互联网+"优势,打造家庭教育空中宣传阵地。网络家长学校则是借助互联网,融合传统媒体和新媒体平台,整合家庭、学校、社区资源,提供线上家庭教育服务。"互联网+"时代下的家庭教育新格局逐步形成。在 2020 年新冠肺炎疫情时期,网上家长学校在普及家教知识、开展心理疏导等方面发挥了积极作用。

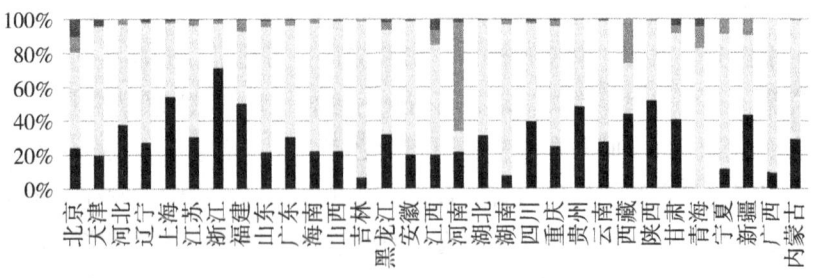

图 3-3 各地家庭教育指导平台建设情况

三、初步建立社会协同育人的系统

从各地家庭教育指导活动开展情况来看，各地充分利用各类社会资源，打造全周期、全方位的育人格局是家庭教育指导的重要特点。全周期指的是从时间上将家庭教育指导服务纳入家庭发展和儿童成长的各阶段，全方位指的是从空间上将与家庭发展和儿童成长相关的各类机构都纳入家庭教育指导资源系统。各类公共文化机构如图书馆、博物馆、文化馆、科技馆、纪念馆、剧院、体育场、妇女儿童活动中心、青少年宫、家风家教馆等，提供家庭教育相关的咨询、指导、培训、参观、亲子活动等。婚姻登记处建立新婚夫妇学校或提供婚姻家庭辅导、婚育保健及育儿知识宣传服务。妇幼保健机构建立孕妇学校和儿童早期发展基地，为孕妇和0—3岁儿童提供全面、系统、连续的健康管理服务。2016—2020年，除少数欠发达地区，各地妇幼保健机构建立孕妇学校和儿童早期发展基地、婚姻登记处建立新婚夫妇学校的比例均达到《规划》要求。

四、初步建立家庭教育专业指导专兼职队伍

目前我国从事家庭教育指导工作的人员主要有四类，分别是家庭教育专职工作者、兼职工作者、专家和志愿者。专职工作者主要是官方成立的家庭教育指导中心或社工组织中专门负责家庭教育的人员，兼职工作者是负责推进家庭教育指导的相关部门工作人员，专家队伍指的是从事家庭教育研究的高校或研究机构的学者，志愿者则是自愿参与公益性家庭教育指导活动的民众。

五年来，各地依托省级家庭教育指导者培训阵地或平台，充分吸纳当地具有专业知识、热心社会公益的家庭教育骨干，打造家庭教育指导队伍。2016—2020年，全国31个省、直辖市和自治区共有家庭教育讲师团约10699个，培养出省级家庭教育讲师约194065人，志愿者人数约2320768人，为讲师的12倍，见图3-4。[①] 民众积极参与各类家庭教育指导活动，极大地缓解了家庭教育经费和人员相对不足的困境，形成家庭教育共建共享的工作格局。

[①] 由于家庭教育指导师在2022年刚被纳入国家职业大典，此前各地对于家庭教育讲师、指导师的统计标准不尽相同，为全面呈现准确的人员数量以及地区间比较带来了困难。

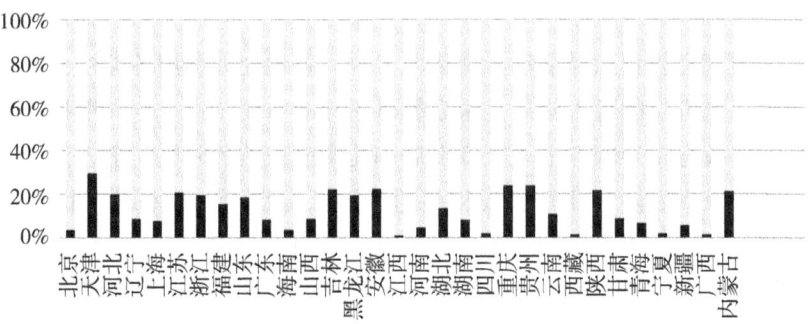

图 3-4　各地家庭教育讲师和志愿者人数比例

此外，2016—2020年，全国各地积极培育提供家庭教育指导的社会组织服务平台，以政府购买方式调动更多的社会资源，提高家庭教育工作的覆盖面和受益度。值得关注的是，农村社区(村)是城市社区数量的4倍之多，但社工组织和社工人员却相对不足，尤其是偏远地区的农村缺乏专业的家庭教育指导服务，如图3-5所示。

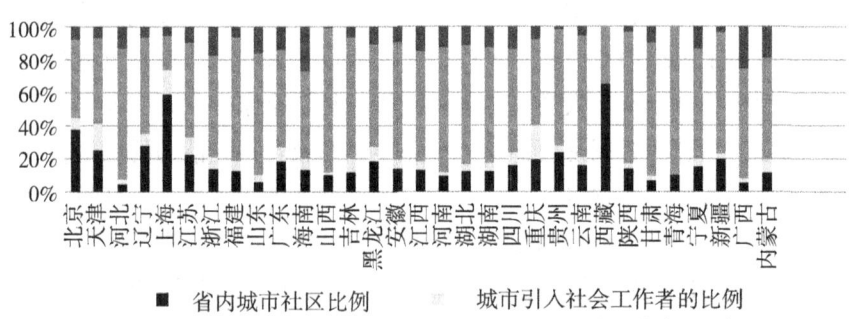

图 3-5　各地城乡社区引入专业社会工作者开展家庭教育指导的比例

五、初步形成家庭教育指导制度保障体系

完善政策法律。2016—2020年，全国妇联、教育部等相关部门印发《关于指导推进家庭教育的五年规划(2016—2020年)》《全国家庭教育指导大纲(修订)》《家长家庭教育基本行为规范》等政策文件，构建了具有中国特色的家庭

教育制度规范。九地区出台《家庭教育促进条例》，分别是重庆、贵州、山西、江西、江苏、浙江、内蒙古、福建、安徽，初步建构家庭教育法规框架。

健全规划实施机制。2016—2020年，各地均设立家庭教育工作领导协调机构或规划实施领导协调机构，初步形成党委领导、政府负责、妇联和教育部门牵头、九大部门协同合作、全社会共同支持的工作机制。各地区将家庭教育工作与精神文明建设、未成年人思想道德建设、生态文明建设等工作结合，落实相关部门职责。积极拓展家庭教育经费来源渠道，形成政府主导、社会力量支持补充的家庭教育财政保障机制。

第二节 我国家庭教育指导工作存在的问题

"十三五"期间，我国家庭教育指导事业在取得巨大进步的同时，也存在发展的深层次问题，如家庭教育资源配置不均衡、家庭教育工作体制机制尚不完善、家庭教育指导专业化水平不高及家庭教育理论研究薄弱等，制约了家庭教育指导工作的规范化发展。

一、经费不足问题

当前我国家庭教育经费投入的总量仍然偏少，远不能满足发展家庭教育指导服务工作发展的需要。调研中发现，省、市、区县等不同层级的工作人员都普遍反映家庭教育专项工作经费问题。政府购买家庭教育服务的经费总额相对偏少，家庭教育工作经费没有纳入财政专项预算的情况比较普遍，导致"家庭教育很重要，工作开展很困难"，落后地区的家庭教育经费更显得捉襟见肘。开展家庭教育工作没有专项经费是基层反映最突出的问题。在调研中，很多社区(村)的家长学校负责人反映，家庭教育工作没有经费，只能和其他工作如计生、禁毒等结合去做。有的为了完成任务指标，甚至自掏腰包填补经费以完成工作任务，使得家庭教育工作随机性较大，难以形成高质量、可持续的发展模式。

2016—2020年，有9个地区颁布家庭教育促进条例，其中有部分地区的条例对经费问题进行了规定，如2016年《重庆市家庭教育促进条例》提到"市、区县(自治县)人民政府应当将家庭教育事业发展列入国民经济和社会发展规划,将家庭教育工作经费纳入本级财政预算"①,但通过调查发现,在地方政府财政负担较重的情况下,也难以保证家庭教育经费稳定投入。究其原因,与家庭教育工作重视程度不够、地方财政负担较重都存在密切关系。地方财政首先要优先保障重点民生领域及各项重大决策落地落实,尤其对于负债率较高的地区,② 即使要求家庭教育经费列入财政预算,在实际执行中也难以保证支出,成为制约家庭教育工作的瓶颈。

二、发展不均衡问题

当前我国家庭教育指导存在城乡不均、地域不均、群体不均三种情况。首先是城乡不均。城镇的各种教育资源相对集中,家长的综合素质相对较高,家庭教育知识普及率较高,而农村生活条件、教育资源较城市有很大差距,家长的文化水平、知识结构和经济能力有限,非常需要家庭教育指导。但相比城市,农村地区家庭教育公共资源相对较少,社会组织发育不充分,专业人才相对欠缺,家庭教育指导、管理、服务等政策支持有待健全,家庭教育知识的传播、传授渠道相对狭窄,成为家庭教育工作的薄弱环节。

其次是区域不均。经济发达地区教育资源丰富,家长受教育程度较高,家庭教育指导服务体系较为丰富,家长获取家庭教育指导的机会较多,而经济欠发达地区家庭教育指导服务体系还刚起步。如不能对落后地区家庭教育工作进行资源倾斜,将进一步加剧"强者越强、弱者越弱"的现象。

最后是群体不均。当前大多数家庭教育指导服务机构为家长提供的多为普适性的指导,缺乏针对不同地区、不同年龄、不同类别、个别问题和特殊要求的分类指导。尤其是农村留守、城市流动等困境儿童家庭教育问题比较特殊,一般性的指导服务难以根本解决深层次的问题。

三、指导专业性问题

家庭教育指导的专业性主要体现在指导人员、内容、形式三个方面。在指

---

① 《重庆市人民代表大会常务委员会公告〔2016〕第 19 号·重庆市家庭教育促进条例》,载重庆人大网站,https://www.cqrd.gov.cn/article?id=249633,2021 年 12 月 10 日访问。

② 2019 年,财政部曾公布 36 个省(自治区、直辖市、计划单列市)的财政困难系数,其中 27 个地方的财政困难指数超过 50%(财政部:《上半年地方财政收支情况解读:收入质量不断提高 重点支出保障有力》,载《中国财经报》2021 年 8 月 18 日)。

导人员上，受过专业培训的讲师数量较少，社区家庭教育指导人员以志愿者为主，工作时间难以保证。在指导内容上，通过调查发现，很多地区家长学校管理人员对《全国家庭教育指导大纲》和《家长教育行为规范》宣传贯彻不到位。地区范围内缺乏权威统一的家长学校教材，且缺少高质量、有分量的家庭教育理论成果，导致家庭教育指导内容针对性、科学性、时效性不强。在指导形式上，各种家庭教育指导阵地提供的服务多以专家讲座、亲子互动等集体性活动为主，有些家长学校甚至存在着"以会代教"的现象，无法满足家庭多层次、个性化的需求。

四、市场监管问题

由于家庭教育指导服务缺乏国家职业标准，导致家庭教育指导队伍水平参差不齐。除了学校、社区以及社工组织开展的公益性家庭教育指导服务，社会上也存在公司化运营的家庭教育指导服务机构。这类组织多以营利为主要目的，在缺乏职业规范的情况下，部分机构打着举办家庭教育公益讲座的旗号走入学校，以推销学科培训、兜售书籍盈利为主要目的，甚至出现"专家遍地、无证上岗、无师自通，张嘴就讲"的乱象，导致部分家长对家庭教育工作的信任度下降，对家庭教育指导的公益性产生了不良冲击。

五、工作机制问题

部门牵头单位作用难以充分发挥。家庭教育指导工作具有联合发文、多部门协作的特点，如《规划》由九个部门共同推进，其中妇联组织和教育部门负责牵头。妇联作为群团组织，没有足够的行政资源、有效的行政管理手段，难以通过联动机制集结资源，政策权威被弱化，普遍存在"小马拉大车，心有余力不足"的问题，家庭教育工作机制中的协调、督促、指导、推进作用发挥有限。

缺乏长效性的联动机制。在家庭教育政策执行过程中，由于成员单位职责划分不够清晰，任务分工不够明确，单位之间协调沟通等问题，导致部门之间的整合力度不足，造成具体工作碎片化，家庭教育的工作合力没有实现最大化。有些成员单位的工作难以形成量化、刚性指标，导致其履职的自觉性、主动性还不够高。

监测评估科学性有待提高。《规划》制定了实施测评指标和数据采集表，测评指标对标《规划》的重点任务，以"是"或"否"来回答完成情况，数据采集表则要求上报家庭教育工作机制、工作队伍、工作阵地、科学研究、网络化建设等方面的数据信息。在《规划》评估过程中，由于评估资料的收集主要由各地妇联部门牵头，缺乏统计部门的参与，评估测评指标缺乏详尽的解释，导致各地在收集数据时标准不统一，削弱了测评数据的信度和效度。如各地对于家庭教育讲师的统计口径存在差异，有的地方参加过省级正规培训拿到证书就认定为家庭教育讲师，有的地方则要求培训后参加实习、试讲或答辩等环节，通过后才能认定为讲师。因此，统计监测方案若不能进一步完善，难以有效了解掌握《规划》实施进展和家庭教育发展状况。

第三节　我国家庭教育指导依法治理的对策

《家庭教育促进法》的出台，为家庭教育事业发展提供了重要的发展方向和法制保障。"十四五"时期，如何从经费保障、部门分工、协调机制、资源配置、人才培养、依法追责等方面制定更为详细的策略措施，全面贯彻落实《家庭教育促进法》，提升家庭教育依法治理能力和水平，是推进我国家庭教育指导事业高质量发展的关键。

一、家校社协同育人，创新服务形式

确立家庭教育家长主责。《家庭教育促进法》第四条规定："未成年人的父母或者其他监护人负责实施家庭教育。国家和社会为家庭教育提供指导、支持和服务。"家庭教育促进法的核心是为家长赋能，树立家庭是第一个课堂、家长是第一任老师的责任意识，用正确的思想、方法和行为教育儿童养成良好思想、品行和习惯。家长能否正确履行教育职责取决于其教育观念和能力方法等，需要国家、社会等相关主体提供教育指导服务，帮助家长规范教育行为。

明确家校育人边界。学校家庭教育指导要改变让家长配合学校工作的单向沟通，强调家校之间的相互尊重和理解。建立健全家校有效沟通和问题调处机制，向家长提供针对性的家庭教育指导服务，提升家长自觉履责的主体责任意识，提升家长参与儿童教育的能力。重点引导家长与学校在育人理念上达成一致，明确立德树人的根本任务，在家庭教育中更多关注未成年子女品德、科学探索精神和创新意识的培养，以及良好学习习惯、行为习惯、生活习惯的培养。

建立社区支持体系。社区家庭教育指导，整合社区各方面的丰富教育资源为居民提供指导服务。引导家长将正确的家教观念内化于心、外化于行，是家庭教育指导能否取得成效的关键。通过社区家庭教育指导，可以在辖区内搭建一个社区(村)儿童家长分享交流的平台，促进社群互动，增进家长之间的经验交流，进而形成社区支持系统，缓解家长在家庭教育中的焦虑，构建更加和谐的儿童成长环境。

形成正确舆论导向。通过新闻媒体宣传正确的家庭教育知识，传播科学的家庭教育理念和方法，营造重视家庭教育的良好社会氛围。做好家庭教育舆情监测，及时对家庭教育热点问题进行舆情分析，建立正向的家庭教育舆论导向。建立由专家、指导服务者、专业社会工作者等组成的家庭教育媒体舆情监测团队，组织开展舆情分析，回应热点难点问题，为家庭教育营造良好的社会环境和舆论氛围。此外，通过部门联动，打造覆盖整个家庭生命周期的家庭教育产品，为家庭教育有效实施提供丰富的资源。

二、优化资源配置，促进家庭教育指导均衡发展

坚持政府主导，促进公共资源均衡配置。家庭教育指导对于改善家庭困境儿童的成长环境具有重要的意义。形成引导优质家庭教育指导服务资源向农村地区、少数民族地区、偏远山区倾斜的机制，如探索家庭教育指导服务的东西部协作和对口支援，引导社会力量参与帮扶，可以有效改善落后地区家庭教育指导状况。此外，在调研中，我们发现部分落后地区的基层存在着入不敷出的财政运行风险，用于各类公共服务的财力有限。在这种情况下，增加中央财政对地方教育的转移支付，可以确保这些地区的家庭教育指导服务获得必要的工作经费，促进家庭教育指导服务均等化。

细分不同家庭，做到精准指导。困境家庭包括离异或重组家庭、收养家庭、农村留守儿童家庭、流动人口家庭、强制戒毒人员家庭、服刑人员家庭、残疾人家庭、曾遭受违法犯罪侵害儿童的家庭以及其他父母长期分离家庭的情况。这些家庭的儿童受到父母离婚、在外打工、违法犯罪等因素影响，比普通儿童更需要家庭教育指导来弥补不利的成长环境。为这些孩子开展有针对性的家庭教育指导，对促进儿童健康成长、家庭和谐和社会公平有重要意义。家庭教育指导阵地要及时掌握所在地区这类儿童的家庭监护情况和成长发展状况，为这些家庭建档立卡，指导父母切实履行监护主体责任，营造有利于儿童全面健康成长的家庭环境。对于父母或者其他监护人履行家庭教育责任存在一定困

难的家庭，依托村居委会工作人员、专业社会工作者、"五老"队伍、儿童福利督导员等，为家庭发展提供各类社会支持，创造有利于实施家庭教育的条件。

三、推动学科专业建设，建立准入资格标准

推动家庭教育学科和专业发展。家庭教育专业性发展不足，是制约家庭教育指导工作的核心问题。家庭教育专业性提升首先要从学科建设这一核心环节入手，研究确立家庭教育学科的内部建制，包括家庭教育学科逻辑范畴和知识体系以及学科精神和学科制度、规范，发展建立家庭教育学科的外部建制，包括学科的具体社会组织，如学院、学系、研究所等以及更广泛意义上的学科的社会分工、管理、内部交流机制等。通过学科建设来提升家庭教育专业性，让家庭教育成为在学术界立住脚、发出声的领域，同时也成为向社会推广家庭教育知识的专业支持。在学科发展基础上，建立家庭教育本、硕、博人才培养系统，为家庭教育储备专业人才。

建立家庭教育从业人员准入资格。制定相应的家庭教育指导服务工作规范和评估规范，对家庭教育指导从业人员的培训要求、课程规范、考核规范进行科学论证，建立职业资格认证体系，使家庭教育工作走上职业化、规范化发展道路。

四、凸显政府主导，加强部门联动

《家庭教育促进法》第六条规定，"县级以上人民政府负责妇女儿童工作的机构，组织、协调、指导、督促有关部门做好家庭教育工作"，对于政府如何主导家庭教育工作做出了明确的解释。针对调研中发现的家庭教育管理制度中缺乏联动部门、资源无法有效整合的问题，县级以上人民政府负责妇女儿童工作的机构即妇儿工委，要健全目标管理责任制，将《规划》实施纳入政府议事日程和考核内容，将《规划》目标分解到责任单位并纳入目标管理和考核内容。确立责任单位的职责边界、工作衔接和合作方式等，提高责任单位对家庭教育指导工作的专业理解程度，建立健全促进家庭教育发展的长效机制。

设立科学的评估监测机制，督导各责任成员单位正确履行家庭教育职责。提升监测评估工作能力和水平，规范监测数据收集渠道、报送方式，提高数据质量。具体来说，一方面完善家庭教育指导的统计监测方案，对指标体系进行科学详尽的解释，确保各地以统一口径上报数据。另一方面，各地进行评估监

测时，将统计数据先汇总到统计部门，由统计部门认定后再上报，提高监测评估工作科学化、标准化、专业化程度。

五、加强经费保障，确保基层有经费做事

《家庭教育促进法》第七条规定，"县级以上人民政府应当制定家庭教育工作专项规划，将家庭教育指导服务纳入城乡公共服务体系和政府购买服务目录，将相关经费列入财政预算，鼓励和支持以政府购买服务的方式提供家庭教育指导。"《家庭教育促进法》对于家庭教育经费筹措和使用的规定，为家庭教育事业的经费保障提出了法律依据。

家庭教育经费，要根据不同地区情况因地制宜。经济发达地区，要将家庭教育财政经费纳入政府落实《家庭教育教育法》履责范畴，负有家庭教育工作职责的政府部门、机构根据家庭教育指导工作目标确立经费额度，列入财政预算，并监督经费投入到位。对于经济不发达地区，要优化家庭教育财政经费预算编制，将家庭教育与其他相关的重点民生保障及各项重大决策落实项目相结合。负有家庭教育工作职责的政府部门、机构要将家庭教育纳入政府重点议事日程，如创建文明城市（家庭教育指导阵地建设）、农村留守儿童教育（家校社协同育人）、双减（落实立德树人核心任务）、未成年人保护（明确家庭责任）等，从这些项目中列出家庭教育财政经费比例，确保家庭教育经费下沉到各类基层家庭教育指导阵地，用于阵地建设、活动开展、培训科研、购买服务等，让工作任务与经费保障、人员安排、业务考核等相匹配，改变基层人员"仅凭热情"来工作的窘境。

六、明确底线，依法对不履责行为进行追责

以"儿童权利"为核心，构筑法律保护之网。对于不正确履行家庭教育责任的家长及其监护人，除了教育指导之外，如发现未成年人存在严重不良行为或者实施犯罪行为的，要根据情况对监护人予以训诫，并可以责令其接受家庭教育指导。更有严重者，如发现家长及其他监护人虐待儿童、遗弃儿童，甚至教唆、胁迫、引诱未成年人实施严重不良行为等情况，按照《中华人民共和国民法典（婚姻家庭编）》《中华人民共和国未成年人保护法》《中华人民共和国预防未成年人犯罪法》《中华人民共和国反家庭暴力法》等法律的规定追究家长的法律责任。

强化家庭教育指导机构的履责意识。《家庭教育促进法》规定：家庭教育

指导机构、中小学校、幼儿园、婴幼儿照护服务机构、早期教育服务机构要履行家庭教育指导服务职责，对于不履责的情况，视情节严重情况责令改正甚至给予处分。这一规定可以有效强化家庭教育指导机构的责任意识，让相关机构认识到家庭教育是重要的本职工作，要从思想上重视、从业务上把关，确保家庭教育指导执行到位。

加大对家庭教育服务机构的监管力度。针对家庭教育培训市场乱象，政府相关部门如教育、民政、卫健、市场监管等有关部门协同调查研判，确定各自监管职责，依法对家庭教育服务机构及从业人员进行指导和监督。一方面，根据相关政策法规，对正在营业的家庭教育指导机构进行审查，对存在违法违规行为的机构如虚假宣传、乱收费等情况，依法依规处理；另一方面，严格审批家庭教育指导机构，制定机构准入条件、服务标准、业务范围、人员资质、设立程序等，确保家庭教育指导的公益性和非营利性。

第四章　家庭教育指导内容与策略

家庭发展指的是从家庭建立到终止的变化过程。基于家庭生命周期理论，每一个家庭的发展都遵循着固定的、可预测的阶段行进。每一个发展的阶段，家庭都有其任务要完成，使家庭能顺利进入下一个阶段。同时，在每一个家庭发展阶段，家庭教育指导的内容和方法需根据家庭的改变来调适。本章主要选取与家庭教育指导关系最密切的五个阶段，即恋爱与结婚、生育与养育、婴儿与幼儿、学龄期和青春期来介绍家庭建设的主要任务和家庭教育指导内容。

第一节　不同家庭发展阶段与家庭教育内容

家庭发展过程主要是以孩子为关键人物，依孩子的出生、就学、离家等事件的发生来观察一个家庭的改变。每一个发展的阶段，家庭都有其任务要完成，使家庭能顺利进入下一个阶段。不同家庭发展阶段的主要任务是家庭教育指导的重要依据。

一、恋爱与结婚阶段与家庭教育

恋爱与结婚阶段，家庭建设的主要任务是年轻人通过恋爱为自己选择合适的配偶并缔结婚姻，组建新的家庭，并做好各种适应性调整。在此阶段，两个人建立一种亲密关系，需要相互调整、适应、妥协和努力付出。伴侣们需要适应对方的行为、感受、习惯和价值观。要让自己的亲密关系顺利发展，双方都需要认真解决这些压力和冲突。与任何一个生命过渡事件相比，婚姻都会被当成生活难题的解决方法。婚姻缔结后夫妻需要学习和适应各种新的角色并完成多种任务。此阶段尚无孩子出生，主要是夫妻及其亲属关系的建立和调适，并学习经营家庭的方法。家庭关系维护和家庭资源管理都是影响家庭教育的重要因素，此阶段的调整和适应可以为未来家庭教育顺利实施奠定良好的基础。

在恋爱阶段，青年人会对未来的家庭进行憧憬与规划：(1)讨论彼此对于婚姻的期待和未来家庭的设想(住所、工作与家庭的平衡、孩子的教育等)。(2)学习具体的家庭经营方法(如家庭关系的沟通技巧、家庭资源使用、家务劳动分配等)。这些规划和设想都是支持儿童成长的必要资源，恋爱阶段的经历会帮助青年人成熟成长，如在此阶段树立正确的择偶观、婚姻观和家庭责任观，可以为儿童成长营造良好的家庭环境。

在结婚阶段，新结合的夫妻有四大主要任务需要完成，具体包括：(1)建立彼此满意的夫妻关系。(2)重新界定与扩大家庭的关系。(3)协调各自的角色。(4)就生儿育女做出决定。通过完成这几项任务，夫妻学习理解彼此的观念，明确各自的角色，并与对方亲属建立良好的相处模式，可以为接下来的生育和养育阶段做好充足的准备。

二、生育与养育阶段与家庭教育

生育和养育阶段的主要任务就是夫妻共同努力适应孩子到来之后的多种生活改变。儿童的到来会让家庭发生以下改变：为了满足儿童的需要，夫妻需要花费很多时间来照顾儿童，导致两人相处的时间减少；儿童出生后家务劳动工作量增加，对夫妻的职业发展和休闲生活安排产生一定影响；家庭其他成员或外来人员(如保姆)也参与到儿童的照顾中，使得家庭关系变得更加复杂等。原来的家庭生活被打乱，夫妻双方在家务的分配、教育教养观念、与家庭关系相处等方面都需要经历一个新的调整过程，形成新的家庭互动方式并逐步建立平衡。

儿童的到来会加速或稳固家庭生活中的性别差异和性别不平等关系。女性十月怀胎并且在产后还需要为儿童哺乳，通常比男性花费更多的时间来照顾儿童。很多传统观点认为女性的责任就是照顾儿童和操持家务，而忽略了父亲参与儿童照顾和教育对家庭幸福产生的积极作用。因此，此阶段的家庭建设还需要考虑性别因素。如果将家务及子女的照顾视为女性的职责，夫妻无法建立良好的分工模式，会使家庭的气氛陷入不满、争吵、冷漠的危机。让夫妻合理分配承担育儿和家务工作，才能建立平衡、和谐的家庭关系。

三、婴儿与幼儿阶段与家庭教育

婴儿与幼儿阶段的主要任务是为儿童成长提供良好的环境。在此阶段，家长需要在育儿过程中处理好夫妻关系、代际关系，并学会利用各种资源。对于夫妻来说，儿童成长需要占用大量的精力和时间，家务及子女教养工作更加繁杂，夫妻需要合理的分配时间，在养育儿童之外需要留出单独相处的时间以维持良好的亲密关系并调适来自生活的各种压力。

很多双职工家庭由于时间和精力问题无法照顾幼儿，请父母来代为照看孩子，老人的到来使家庭结构发生改变，由于两代人的生活经历、受教育水平有差异，一些家庭会产生代际之间的育儿理念矛盾，并引发家庭冲突。此阶段的青年夫妻要努力与长辈在儿童教养问题上达成共识，以互相尊重的方式化解分歧。

四、学龄期阶段与家庭教育

此阶段家庭的主要任务是协助子女适应一个正规学习机构的生活。在儿童入学前，夫妻应充分沟通对于子女的学业期待、儿童上下学的接送安排、家庭内的学习环境布置、儿童的学业辅导等问题。家长要帮助儿童提前了解学校生活，让其认识到学校教育与个人发展的关系，建立积极的学习态度。

家长要帮助儿童建立规律的日程安排，尤其是放学后按时做家庭作业，消除各种干扰，帮助儿童集中精力学习。如果儿童在此阶段，无法适应就学生活，建立良好的学习习惯、与同学关系不佳、家长与老师的关系紧张等，都将造成儿童进入下一阶段发展的障碍。

五、青春期阶段与家庭教育

对于青少年来说，他们希望获得独立性和自主性，但他们的心理发展尚未完全成熟，如何帮助他们渡过这一重要的转型时期，是此阶段家庭的主要任务。青春期的孩子被贴上迷茫反叛的标签，很多家长会发现儿童在这段时间经常向家长和其他权威提出质疑，变得难以管教。家长需要与子女建立良好的沟通，以化解此阶段的亲子冲突。

在这一阶段，夫妻的工作已较稳定，家庭经济状况有一定改善，但彼此的家长可能进入老年的阶段，开始需要有人来照顾。赡养彼此家长是家庭成员的义务及责任。谁来照顾、如何照顾，需要全体家庭成员共同协商解决。家庭任务增加，夫妻需要在工作与家庭间取得适当的平衡。在此阶段，一老一小的问题同时出现，夫妻在解决家庭问题时需要相互理解和体谅，要对时间的规划、体力负担等事项做充分的沟通与协调。

第二节　不同家庭发展阶段的家庭教育指导

美国心理学家弗吉尼亚·萨提亚(Virginia Satir)指出:"建立一个家庭可能是世界上最艰难的工作。它好像两个商业公司将自己的相关资源进行合并,产生一个新的产品。当一个成年男子与一个成年女子联合把一个牙牙学语的孩童培养为成年人时,在这个运作过程中,各种潜在的棘手的问题都会出现在其中。"①这段话深刻地道出为人父母是每个家庭都面临的重要任务和挑战。随着子女的到来,家庭成员的角色发生变化,家庭成员要学习并适应这种转变。然而,并不是所有家庭都能顺利地完成这种转变,有的家庭因缺乏科学的家庭教育方法导致儿童身心发展问题、儿童学业不佳,甚至引发严重的亲子冲突,进而影响了家庭幸福。因此,在家庭发展的不同阶段,为家长提供科学正确的家庭教育指导,帮助家庭成员营造良好的家庭生活环境,才能促进儿童健康成长。

一、恋爱与结婚阶段的家庭教育指导

恋爱与结婚阶段,尚无子女出生,需要为青年人提供关于家庭的基础辅导,这也是当前我国家庭教育指导比较薄弱的方面。青年人要理解建立家庭的目的和意义,掌握必要的家庭建设知识和技能,学习如何营造良好的家庭环境,为下一个阶段——生育和养育做好准备。

(一)树立正确的家庭责任观

2016年12月12日习主席在会见第一届全国文明家庭代表时指出:无论时代如何变化,无论经济社会如何发展,对一个社会来说,家庭的生活依托都不可替代,家庭的社会功能都不可替代,家庭的文明作用都不可替代。无论过去、现在还是将来,绝大多数人都生活在家庭之中。我们要重视家庭文明建设,努力使千千万万个家庭成为国家发展、民族进步、社会和谐的重要基点,成为人们梦想启航的地方。② 在结婚和恋爱阶段,要帮助青年人树立正确的家

---

① [美]维吉尼亚·萨提亚:《新家庭如何塑造人(第二版)》,易春丽、叶冬梅译,世界图书出版公司2018年版,第78页。
② 《习近平:推动形成社会主义家庭文明新风尚》,载央广网,http://china.cnr.cn/news/20161213/t20161213_523329924.shtml,2021年9月18日访问。

庭责任观。家庭教育指导者要帮助青年人了解家庭建设关系到国家和社会的安定和谐，正确认识家庭对于国家、社会和个人的重要性；了解家庭的功能，如互尊互爱的情感功能、繁衍后代的生育功能、彼此照顾的保护功能、共同学习的教育功能、互助互赖的经济功能以及生活休闲的娱乐功能等。青年人只有树立了正确的家庭责任观，才能在建立家庭后，积极地承担家庭责任，建设美好生活。

(二)学习处理好家庭关系

家庭和睦离不开全体家庭成员践行尊老爱幼、男女平等、夫妻和睦的家庭美德。对于在恋爱和结婚阶段的青年人来说，家庭教育指导者要帮助青年人掌握处理好家庭关系的知识和技能。具体包括：了解自己的家庭，明确家庭成员各自应扮演什么角色以及相应的权利和义务；学习积极的表达方式，建立亲密的关系，为家人提供情感支持，分享爱和生活经验；学会尊重家庭成员，建立彼此平等的关系；学会主动关怀家庭成员，尤其是需要特殊照顾的老幼病残等；学习与彼此的原生家庭建立良好的互动关系，如婆媳关系、翁婿关系等。处理好各种家庭关系，家庭成员相亲相爱，才能促进下一代健康成长。

(三)学习管理家庭资源

在恋爱和结婚阶段，青年人需要学习家庭生活管理的知识和技能。部分青年人错误地将家庭生活管理理解为家务活，认为家庭生活管理的知识不值得学习，市场提供的家政服务就可以替代。家政服务是家务劳动社会化的产物，可以减轻家庭成员的家务负担，但并不能替代家庭生活管理。家庭生活管理的主体是全体家庭成员，通过对家庭中各种资源的充分利用，目的是建立良好的家庭生活方式，提高家庭的生活质量。家庭教育指导要帮助青年人学习如何充分运用各种资源，合理制定生活目标，将家庭中的作息、家务、休闲等活动安排好，将家庭与工作平衡好，充分使用社区和公共政策、法规资源，建立科学健康的家庭生活方式，为儿童发展营造良好的生活环境。

(四)为生儿育女做好准备

新成家的夫妻需要学习养育子女的知识和技能，为科学育儿做好准备。具体来说，家庭教育指导者要帮助家庭成员了解生命的孕育过程；了解儿童的到来对家庭带来的改变；了解家长对未成年子女抚养、教育和保护的权利和义务。只有对未来孩子的养育和教育问题进行充分的沟通和学习，树立正确的家庭教育观，才能成为一名合格的家长。

二、生育与养育阶段的家庭教育指导

此阶段的家庭教育指导重点是做好准备迎接孩子的到来,并努力适应孩子出生后对家庭生活带来的改变。

(一)优生优育,合理胎教

在此阶段,家庭教育指导者要为家庭成员提供优生优育的指导,包括重视孕前检查、怀孕后定期到医院进行孕检以及妊娠期间的各种生活指导等。指导家庭成员正确认识胎教。现代胎教是以调节孕期母体的内外环境,促进胚胎发育,改善胎儿素质为目的的一种科学方法。当前关于胎教的研究并不成熟,部分年轻夫妇通过网络渠道学习胎教,存在一定风险。心理学研究表明,幼小有机体的一个主要特征便是睡眠。如果选择的胎教方式和时机不当,反而会对胎儿产生负面作用。因此,家庭教育指导者要特别注意让家庭成员正确认识胎教的作用和局限性,妊娠期妇女要在医生指导下谨慎选择胎教方式。

(二)为迎接新生命做好准备

孩子即将到来前,准父母们既激动又忙乱。期待孩子到来的同时又因为缺乏足够的应对而紧张不安。部分家庭由于在此阶段没有做好充分的准备而导致家庭关系紧张、产妇抑郁、孩子照顾不周等问题,从而影响了家庭和谐幸福。因此,这个阶段的家庭教育指导非常重要。家庭教育指导者要帮助夫妻了解并学习分娩前后的相关知识。指导孕妇认识到自然分娩的益处,科学选择分娩方式。同时要让丈夫和其他家庭成员认识到分娩并非只是产妇一个人的事,需要全家成员共同完成准备工作,包括分娩前的安排和分娩后对产妇和新生儿的照顾。如果丈夫和其他家庭成员能在这个特殊阶段扮演积极角色,将会让准妈妈身心愉悦和放松,以更好的状态迎接分娩,减少产后抑郁的发生率。

(三)引导父亲主动参与育儿过程

很多研究显示,由父母共同带大的孩子智商高,他们在学校里的成绩往往更好,将来走向社会也更容易成功。父亲在儿童的成长过程中有了不可替代的作用,如对儿童的性格、社交、创造力和智力都有明显的促进作用。当前我国父亲参与育儿的情况不容乐观。《中国0—6岁儿童家庭教养中父母角色的调查研究报告》显示,仅有21.6%的父母能做到"共育"的角色认知和表现完全一致,将近80%的父母在不同程度上存在认知与行为偏离。现实中,母亲对孩子进行生活照料和教育指导的比例明显更高。① 家庭教育指导者要让夫妻认识到共同育儿对儿童发展的重要性，并指导两性如何协作育儿。夫妻在育儿过程中要合理分工，引导父亲主动参与育儿过程，才能更好地促进儿童健康成长。

(四)为儿童选择合适的照护者

职业女性在休完产假后就要重返职场，照护孩子成为家庭面临的首要问题。请谁来照护，在什么时间、以什么方式照护，每个家庭都会依据自身情况做出选择。家庭教育指导者要帮助家长全面分析自己的家庭情况，为孩子选择合适的照护者。当前我国双职工家庭中有很大一部分是请父辈即孩子的祖父母或外祖父母来照护孩子，这种育儿模式又被称为隔代抚养。隔代抚养可以弥补双职工家庭中父母在教育孩子上时间和精力的不足，年轻父母得以解除后顾之忧，专心致力于事业、工作。不足之处是由于两代人的生活经历、受教育水平有差异，一些家庭会产生代际之间的育儿理念矛盾，并可能引发家庭冲突。如果选择父辈来照护孩子，要学会与长辈的沟通模式，努力与长辈在儿童教养问题上达成共识，以互相尊重的方式化解分歧。

有的家庭选择市场提供的有偿服务来照护孩子，家庭教育指导者要教给家长合理选择看护者。雇佣保姆在家照护孩子，需要选择正规的家政服务机构，详细了解保姆的职业资质和看护经验，查看如健康证和以往雇佣家庭的评价等相关资料，确保保姆身心健康。在正式的雇佣之前，要与保姆沟通好工作责任和范围，并体现在雇佣合同中。合同内容规定得越详细越好，要对保姆具体工作内容、要求、遵守的规范、工资等方面进行明确规定，以免后续出现问题无法维权。在正式的雇佣之前，可以对保姆进行试用，充分观察其照看孩子的情况，以判断是否符合自己的需要。有的家庭将孩子送到托幼机构代为照顾，要指导家长对托育机构的人员素质、设备设施、管理和服务水平等方面进行全面的考核，以保障儿童安全和健康。

三、婴儿与幼儿阶段的家庭教育指导

婴儿期指从出生到满3周岁以前的一段时期，是人出生后生长发育最迅速的时期。幼儿期是儿童3—6岁的时期，是一个生理、智力和社会性高速发展

---

① 《〈中国0—6岁儿童家庭教养中父母角色的调查研究报告〉发布》，载中国网，http://www.china.com.cn/news/txt/2017-11/24/content_41939571.htm，2022年3月12日访问。

并变化的阶段。婴儿和幼儿阶段是儿童成长的重要阶段，在此时期要指导家长培养儿童养成良好的生活习惯，建立和谐的亲子关系，促进其身心健康发展。

(一) 婴儿身心发展特点

1. 新生儿发展特点

新生儿出生标志着迈出走向独立生活的第一步。新生儿是指从脐带结扎到生后28天内的婴儿。刚出生时，足月男婴体重是3.3—3.4千克，足月女婴为3.2—3.3千克。身高为50厘米左右，男婴比女婴略高一些。新生儿外观主要表现为：胎毛少，哭声响亮，皮肤红润。新生儿在第一次吸气后，出现啼哭，肺泡张开。

新生儿表现出若干原始反射形式，包括吸吮反射、抓握反射、巴宾斯基反射、摩罗反射、游泳反射和强直性颈反射等。吸吮反射是最强的反射之一，指接触新生儿的嘴唇，就引起吸吮动作。当新生儿开始吸吮时，其他活动都会被抑制。抓握反射，指物体接触新生儿手掌时就握住不放，甚至可以把身体悬挂起来。大约到第二个月时，这个反射就消失了。巴宾斯基反射是指轻轻地抓或刺激新生儿的脚心时，就引起脚趾向上张开的动作，约在婴儿8、9个月时逐渐消失。摩罗反射指当新生儿突然失去支持或受到大声刺激时常常表现为惊恐状态，如双臂伸开，又迅速收回胸前，紧握拳头等，这个反射约在出生后4个月消失。游泳反射指托住新生儿的腹部，他就会做出像游泳样的动作，这种反射约在生后6个月以后消失。强直性颈反射指当新生儿躺着时，把他的头转向左侧或右侧，就会伸出与头转向一致的那个手，而把相反方向的手臂和腿蜷曲起来，仿佛摆出击剑者的姿势。实际上，这是婴儿吃奶最好的姿势。这个反射约在生后2至3个月消失。

2. 婴儿生理发展特点

婴儿期是身体和神经系统发展的高峰期。婴儿期是人生长周期中的第一个高峰。在正常喂养的情况下，到了第5个月的时候，婴儿的体重就增加了1倍，12个月时就增加了2倍，以后增长的速度减慢，30个月时达到出生时体重的4倍。婴儿的身高不如体重增长的速度快。身高在第一年里增长大约20—25厘米，第二年里增长10厘米左右。婴儿由于脑细胞的体积和神经纤维的增长，使脑的重量不断增加。婴儿期是大脑重量增加最快的时期。2岁半至3岁时，婴儿的脑重量发展到900克至1011克，相当于成人脑重的75%。

婴儿牙齿和骨骼发育遵循一定的规律。婴儿的乳牙通常在出生后4—7个月之间开始生长，3岁时，全部的20颗乳牙都会长出来。骨骼的发育也很有规律：12个月腕骨已经发育出头状骨和钩状骨；36个月时长出三角骨；大概在13岁时才能完成全部的腕骨骨化过程。婴儿期脊柱的增长很快，以后则慢于身长增长的速度。脊柱在发育中形成的弯曲，有助于保持身体的平衡。婴儿期的脊柱有弹性，在卧位时这些弯曲则会变直。幼儿到6—7岁以后脊柱弹性逐渐减少，脊柱的弯曲会逐渐固定。孩子出生后3个月能抬头，颈部的脊柱向前凸出，形成第一个弯曲。6个月时婴儿会坐起时，胸部脊柱向后凸出，形成第二个弯曲。到1岁婴儿会行走时，腰部脊柱向前凸出，形成第三个弯曲。婴儿的生长发展遵循头尾律和近远率。头尾律指的是人类个体从胚胎开始从头到尾的发展趋势。胎儿期以头部发育为主，出生时头部占全身长度的1/4，腿占1/3。2岁时头占1/5，腿占到将近一半。近远律指的是人类个体发育是从近到远地进行，最初头部、胸部和躯干先发育，然后是胳膊、腿，最后是手脚。在婴幼儿期，胳膊和腿的发育仍快于手脚的发育。运动能力的发展与身体发育相似。

3. 婴儿动作发展特点

婴儿动作的发展主要表现在手的抓握动作和躯体移动动作两个方面。婴儿动作发展遵循以下规律：(1)动作的发展相对落后于感觉的发展。(2)从带有未分化、不随意的性质向分化随意的发展。(3)动作发展的顺序和身体发展的顺序相一致。动作发展的顺序是从头到脚，从中心到外周，从大肌肉到小肌肉。婴儿在动作发展上所取得的成果，对其心理发展有重要的意义。从种系发展来看，直立行走和手分化出来成为劳动器官，是使人区别于动物的关键。婴儿手的抓握动作和躯体移动动作的发展，表明个体发展在第一年内，就基本上完成了种系发展中关键的一步，由于动作的发展，婴儿开始从原来无能为力的状况，变为能从事各种动作，并为他今后活动的发展准备了条件。婴儿开始通过自己的行走和手的动作，主动地与周围的人和事物发生初步的关系，从而认识周围现实。通过行走，儿童就扩大了认识的范围；通过用手摆弄物体，认识事物各个方面的属性及属性之间的关系。

4. 婴儿心理发展特点

(1)认知。婴儿体验周围世界的能力开始发展。刚出生时的婴儿只有成人视觉的3%～5%。2个月以内的婴儿视力范围在20—30厘米。3个月时，婴儿可以很认真地观察人脸，跟踪移动的物体，可以辨别出一定距离内熟悉的物体和人。5个月左右，婴儿色觉发育成熟，远视能力成熟，跟踪物体的能力提高。1岁左右婴儿视觉接近成人。婴儿喜欢看对比强烈的事物，最喜欢看的是人脸。婴儿刚刚出生两三天就可以分辨不同的声音,并且更加喜欢母亲的声音。1—3个月,听到妈妈的声音会笑,开始模仿一些声音,听到声音会将头转向发出声音的方向。

婴儿期是语言学习的关键时期。婴儿在能够使用词语之前,已经能够通过声音表达他们的需要和感受——从哭到咕咕作声,再到牙牙学语,从无意模仿到有意模仿,这段时期被称为前言语阶段,即从出生到说出第一个有意义的词汇之前这一阶段。婴儿在2—5个月牙牙学语;6—7个月,模仿说话的声音;7个月时,对自己的名字有反应,开始对"不"有反应,可以通过声调分辨情绪;听到声音时会发出声音来回应,会用声音来表达快乐和不开心,会发出一连串的辅音。婴儿1岁时,对讲话的注意力提高,对简单的语言命令有反应,对"不"有反应,能用简单的动作,比如摇头来表示"不"。儿语有音调变化,试着模仿词语,说"爸爸"和"妈妈",运用感叹语,比如"噢"。婴儿最早说出第一个有意义的词汇大概是9个月,最晚说出第一个有意义的词汇大概为16个月。儿童从2岁开始进入电报句阶段,形式是断续的、简略的、结构不完整的,类似于成人的电报文本,因此称为电报句。20—30个月是婴儿掌握基本语法最重要的时期。24个月的婴儿能够说名字,会用手指指出相应的物体或图片,会说熟悉的人、物体和身体部分的名称,可以说一些单个的字词(15—18个月),会使用短句(18个月到2岁),会用2—4个词的句子,听懂简单的命令,重复对话中听到的词。36个月的婴儿,能听懂包含2—3个要求的指令,几乎认识并且可以识别出所有常见物体和图片,能理解大部分词句,能理解物体关系(上面、里面、下面),能用4—5个词语组句,能说出自己的名字、年龄和性别,会使用代词(我、你、我们、他们)。

婴儿的思维处于从感知运动向前运算发展的阶段。根据心理学家皮亚杰的研究,他认为婴儿认知发展处于从感知运动向前运算发展的阶段。在0—2岁,婴儿通过外显的行为影响世界,以此来认识世界。婴儿所表现出来的是某种完全实用的、边想边做的能力,随年龄的增长而变得越来越清楚和明确。大约在18个月到2岁期间,婴儿在诸如延迟模仿和符号游戏等现象中表现出越来越多突出的心理表征迹象,习得了能够思考不在当前情景中的客体和事件的能力。

(2)社会性。婴儿情感表达日渐丰富。新生儿即已经有兴趣、痛苦、厌恶和微笑四种表情,随着成长,最初的情绪开始分化、发展。婴儿5周之前,能引起婴儿微笑,但此时是简单的反射性的,不是无社会性微笑。一般研究认为，婴儿在5—6周时出现对人特别的兴趣和微笑，即社会性微笑。婴儿5周到3个半月，对人的社会性微笑是不加以区分的，不管是对主要抚养人或者陌生人，表现的微笑是一样的，这是一种无差别的社会性微笑。婴儿3个半月之后，随着处理刺激内容能力的增加，能够分辨熟悉的脸和其他人的脸，开始对不同的人，有选择有差别性的社会性微笑，这就是有差别的社会性微笑。7个月的婴儿，喜欢跟人一起玩，对镜子里的形象感兴趣，对其他人的情感表现有反应，经常显得很快乐。12个月的婴儿，对陌生人害羞或不安，母亲或父亲离开时会哭，喜欢在游戏中模仿他人，对特定的玩具显示出偏爱；在进食的时候试探父母对他动作的反应（当他拒绝吃某个东西的时候你会怎么做），试探父母对他行为的反应（如果你离开房间他哭了你会怎么做）；某些情况下可能感到害怕，更喜欢母亲和经常照顾他的人，重复一些声音和动作来吸引人。24个月的婴儿，可以模仿其他人的行为，特别是成人和年长的孩子，自我的独立意识提高，更加喜欢跟其他孩子在一起；独立性增强，出现反抗性行为，特别是在一些他比较熟悉的成年人面前，分离焦虑症有所加强，然后又逐渐消失。36个月的婴儿，能模仿成年人和玩伴，显示出对熟悉的小伙伴的自发式感情，可轮流参加游戏；明白"我的"和"他的/她的"的概念；可以公开表达感情，有丰富的情感表达，抗拒日常生活规律中的重要变化。

婴儿期出现儿童自我意识发展的第一个飞跃。在1岁以内，婴儿尚无自我意识。17—24个月，婴儿开始把自己与周围环境区分开来，这是自我意识的萌芽。2岁开始，儿童开始以自我为中心，突出的表现是从称呼自己的名字（如"宝宝吃苹果"）变为用"我"这一代名词来称呼自己（如"我吃苹果"）。这一变化是儿童自我意识发展过程中的一个重要转折，也可以说是自我意识发展的第一个飞跃。

（二）婴儿期家庭教育指导策略

第一，学习儿童的养育知识和技能。指导家长认识到母乳喂养的重要性和科学方法，哺乳期注意科学的饮食调配；正确应对婴儿的哭闹；帮助婴儿建立良好的睡眠习惯；做好婴儿身体清洁；按时为儿童预防接种，完成相关疾病筛查；了解儿童常见疾病的发病征兆和应对方法，掌握病后护理常识等。

第二，带领儿童开展适当的运动和游戏，增强体质。指导家长为婴儿提供种类多样的玩具和游戏活动，如抓握、把玩、涂鸦、拆卸等活动的机会、工具和材料，用多种形式发展儿童的小肌肉精细工作和大肌肉活动能力。此阶段要特别注意孩子的安全问题，家长要做好安全教育，既要鼓励他们勇敢地探索环境,又要小心监管他们的活动,确保不出安全问题。

第三,为儿童制定良好的作息规律和家庭规则。指导家长帮助儿童保持一定的生活常规,在固定的时间散步、吃饭、洗澡和睡眠。家长要为儿童设定规则,指导他们如何去做。规则一旦制定,家庭成员应当共同遵守。儿童表现出良好的行为,家长应及时表扬和奖励,奖励应以精神性为主。如儿童违反规则,家长可以进行理性处罚,如威严的声音和警告,应避免使用体罚。处罚的目的是让儿童认识到自己的错误并努力改正。家长还要以身作则,教育儿童时要注意言行一致,控制自己的情绪,为儿童制定合理的规矩,严格且始终如一,为儿童树立良好的榜样。

第四,指导家长与儿童建立亲密的关系。婴儿期最主要的心理社会发展任务就是建立最基本的信任感,而婴儿的信任感主要来自他与母亲的关系,尤其是在母亲哺乳的时候,婴儿能够获得视觉和触觉上的满足。随着对周围环境的探索增多,婴儿逐渐将自己与其他物力或人开分,并能够理解人或物消失后可以再回来,逐渐发展出信任感。这种信任感让孩子与家长、兄弟姐妹、家人以及其他个人之间逐渐行为联结,是孩子未来一生社会关系的基础。指导家长与儿童建立亲密的关系,对儿童的愿望和需求保持敏感性,为儿童提供温暖和支持性的养育环境,对儿童的心理发展具有积极的促进作用。

第五,为儿童创设良好的教育环境。指导家长给儿童提供一个多姿多彩的教育环境,让儿童接受各种正面引导,如语言、游戏、探索、书籍、音乐和合适的玩具,丰富儿童的感知经验,关注儿童需求,刺激儿童大脑活动,鼓励儿童探索周边环境并从中学习。指导家长陪伴儿童成长,分享儿童的快乐,满足儿童好奇、好玩的认知需要,激发儿童想象力和好奇心。

第六,培养孩子的独立性,做好入园准备。指导家长培养儿童的独立性,包括生活能力(如就餐、如厕和穿衣等)和人际交往能力(不粘家人、跟别人一起玩等),教会儿童关怀他人,为幼儿园生活做好准备。在上幼儿园之前,要向儿童解释上幼儿园之后的生活将如何改变,提前让儿童熟悉幼儿园的环境,以减少儿童的紧张。入园后,家长与幼儿园建立良好的沟通,帮助儿童顺利适应幼儿园环境,平稳渡过入园分离焦虑期。

(三)幼儿身心发展特点

儿童3—6岁时期是一个生理、智力和社会性高速发展并变化的阶段。

1. 生理发展特点

幼儿身体继续迅速发展,增长速度较婴儿期放缓。3—6岁的幼儿发育迅速，但略逊于婴儿期，身高每年增加5—7厘米，体重每年增加约1.7—2.8千克。幼儿的大肌肉已有较大发展，大小肌肉发展不平衡。肌肉弹性较好，但力量差，容易疲劳。

幼儿神经系统功能不断增强。幼儿大脑功能的成熟主要表现在兴奋和抑制的神经过程不断增强和条件反射的形成。兴奋过程的增强表现在儿童的睡眠减少，从出生的每天22小时左右减少到平均14小时左右，而到6岁左右一般只需11—12小时就够了。抑制过程在婴儿期就开始发展。一般在3岁前，儿童的内抑制过程发展很慢，大约从4岁起，由于神经系统结构的完善、语言的掌握和周围环境的作用，使得儿童的内部抑制有了较快的发展，突出表现在个体可以逐渐学会控制、调节自己的行为而减少冲动性。

2. 幼儿的心理特点

（1）认识。幼儿感知外部世界能力增强，仍不够准确和稳定。4岁的儿童已经能够感知各种色调和饱和度的细微区别。整个幼儿期，儿童对颜色的正确命名和再认能力都随着年龄增长而不断增强。空间知觉方面，幼儿对于形状辨别能力不断增强；对物体的方位、场所、距离能有所区分，但不够精细。幼儿的时间知觉发展与具体生活活动密切相关，但其发展水平仍然较低，也不够准确和稳定。

幼儿注意力稳定性明显提高。幼儿注意的发展主要表现在注意的广度、注意的稳定性以及注意的转移和分配等方面。3—4岁幼儿容易受外界刺激的干扰，难以保持注意力，注意的分配和转移能力很差。4—5岁幼儿注意分配能力有所发展。5—6岁幼儿的注意力稳定性明显提高，注意分配和转移能力增强。

幼儿语言表达能力不断丰富。幼儿期是词汇量增长最迅速的时期，是从外部语言向内部语言转化的过渡阶段，是掌握口头语言发展的关键时期。幼儿语言的发展首先表现为词汇量的增加，儿童还逐步掌握了一些抽象性、概括性比较高的词，如：玩具、家具、水果。幼儿期儿童已掌握了许多积极词汇，但有时也仍会有许多消极词汇，因此常会发生乱用词的现象。积极词汇指的是儿童既能正确理解又能正确使用的词，消极词汇指的是有时儿童虽能说出一些词，但并不理解，或者虽有些理解却不能正确使用。如幼儿认为猴子身上的毛是"羽毛"，"水果"就是"苹果"。

幼儿记忆以所熟悉、理解和感兴趣的事物为主。在整个幼儿期，形象识记占主要地位。凡是直观的、形象的、具体的，并为儿童所熟悉、理解和感兴趣的事物，容易引起儿童的无意识记忆，易为儿童记住；而抽象的、难以理解的词语、符号材料，儿童则难以记住。

幼儿期的认识发展处于前运算阶段，其特点是符号思维和表征能力。在这一阶段儿童的思维和语言常常是以自我为中心，也就是儿童并没有认识到他人具有不同的视角，或具有某种不同的观点。

（2）社会性。幼儿情绪存在易冲动、不稳定等特点，高级情绪有所发展。幼儿常处于激动状态，而且来势强烈，不能自制，年龄越小，这种冲动越明显。幼儿情绪完全表露在外，丝毫不加掩饰和控制，想哭就哭想笑就笑。随着幼儿年龄的增长，控制能力有所增强。在这一时期幼儿的高级情绪也有了发展，如道德感、理智感和美感等。

幼儿对行为的调节、控制能力逐渐增强。自我意识是衡量个性成熟水平的标志，是整合、统一个性各个部分的核心力量，也是推动个性发展的内部动因，主要体现为自我体验、自我评价和自我控制等方面。自我评价方面，幼儿从轻信成人的评价到自己独立的评价，从对外部行为的评价到对内心品质的评价，从比较笼统的评价到比较细致的评价。自我体验方面，幼儿表现出从产生自我体验到具备基本自我体验的发展变化。自我控制方面，随着自我意识的发展，幼儿大脑皮质的成熟，其自控能力也逐渐发展起来，对行为的调节、控制能力逐渐增强，进而逐步控制自己的思维活动，表现出一定的意志力。

幼儿同伴交往活动日渐增多，在交往中有时会出现攻击性行为。幼儿之间的交往多数建立在地理位置接近喜爱共同的活动，或拥有有趣玩具的基础上。同伴关系可以促进儿童社会认知和社会交往能力的发展，有利于儿童自我概念的形成，同伴可以满足儿童归属和爱的需要，可以培养儿童良好的人格。幼儿攻击行为常表现为打人、骂人、推人、踢人、抢别人的东西（或玩具）等。攻击行为一般在3—6岁出现第一个高峰，10—11岁出现第二个高峰。总体来说，攻击方式可分为暴力攻击和语言攻击两大类，男孩以暴力攻击居多，女孩以语言攻击居多。男孩的攻击性强于女孩。

（四）幼儿家庭教育指导策略

第一，培养儿童爱国爱家情怀，提高道德品质。指导家长培养儿童对家乡和祖国的朴素情感。带儿童接触不同的人际环境，学会与不同人群相处，尊重长辈、体谅家长、与兄弟姐妹团结友爱、友善对待他人。

第二，为儿童科学搭配饮食，加强体育锻炼。指导家长为儿童选择健康的食物。多开展接触大自然的户外活动。多抽出时间带儿童进行户外活动，让儿童宣泄过剩的精力，增强体质。

第三，培养儿童的社会适应性。指导家长为儿童制定日常生活规范、游戏规范、交往规范，遵守家庭基本规则。鼓励儿童参与家庭生活，为他们提供力所能及的小任务，学习必要的生活技能，增强责任感和自信心。当儿童违反家庭基本规则时，要适时提醒、理性处罚和解释清楚的方式让儿童理解遵守规则的重要性。引导儿童在社交中表达自己的想法和情绪，学会理解他人感受和期望，让他们明白只有表现出合理的行为才能被别人接纳。如儿童出现攻击性行为，严肃对待并及时矫正儿童的攻击性行为。

第四，为儿童提供丰富的教育环境，消除安全隐患。指导家长充分挖掘各类教育资源，带孩子参观科技馆、博物馆、美术馆，开阔儿童的眼界；带儿童外出旅行，参观风景名胜、著名建筑、独特物产等，丰富孩子的见识。尊重和保护儿童的好奇心和学习兴趣。对儿童进行安全教育，消除居室和周边环境中的危险性因素。

第五，培养儿童生活自理能力。指导家长鼓励儿童完成力所能及的事情，学习和掌握基本的生活自理方法，参与简单的家务劳动，保护儿童的劳动兴趣。让儿童参与家务劳动，学习家务劳动技巧，提高家庭责任感，并了解对家庭作出贡献的重要性，培养儿童协助、分享和关怀他人的能力。

第六，建立正向的二孩家庭的手足关系。有两个孩子的家庭，指导家长帮助儿童建立正向的手足互动关系。大孩子要学习如何面对手足出现可能对自己造成的影响。具体来说，家长可以每天留出特定的时间给大孩子——一起阅读、玩游戏、听音乐，或仅仅是一起散散步，保护好大孩子的感情，让他感觉自己是特别的。二孩到来之前，家长还可以提前鼓励大孩子参与到小婴儿的准备工作当中，教导他们如何成为大哥哥（或大姐姐）。

第七，科学做好入学准备。指导家长帮助儿童形成良好的任务意识、规则意识、时间观念，学会控制情绪，能正确表达自己的主张，逐步培养儿童通过沟通解决同伴问题的意识和能力；摒弃让儿童提前学习小学课程和教育内容的错误倾向。

四、学龄阶段的家庭教育指导

学龄期的儿童，开始系统接受全面的学校教育。此时家庭生活需要重新调适，家庭教育指导的重点是教给家长为儿童提供良好的学习环境，协助子女适应一个正规学习机构的生活。

(一)学龄初期儿童的身心发展特点

1. 学龄期儿童的生理特点

学龄期的儿童身体发育较婴幼儿时期缓慢,平均每年长高5—7厘米,在此段时期儿童体重也增长将近一倍。学龄初期儿童大部分恒牙替换了幼儿期的乳牙。儿童在这段时间的运动机能持续提升,大运动能力提高,可以骑车、滑冰、游泳和跳绳。精细运动也进步很大,孩子可以在电脑键盘打字,用钢笔和铅笔写字、细致的画画。到11—12岁左右,儿童操作物体的能力几乎达到了成人的水平。

2. 学龄期儿童的心理特点

(1)认知。学龄期儿童的思维进入具体运算阶段。此时,儿童能通过心理操作来解决具体(实际)问题,但他们的思维仍局限于当前的具体情景。具体运算阶段的儿童能够更好地理解空间概念、因果关系、分类、归纳与演绎推理、守恒以及数概念,并且能够对实物加以排序和分类,但是他们不能就抽象、假设的命题和虚构的事件进行推理。

儿童对记忆的理解稳步提高发展出更好的记忆策略。当掌握一种策略后,年长的儿童更容易将其迁移到不同的情景中,并选择不同的策略解决不同的问题。这一阶段的儿童比年幼儿集中注意的时间更长,并且更能关注他们需要的信息,从而不受无关信息的干扰。

儿童语言能力在学龄前期持续发展,能更好地理解和解释口头和书面用语,并更好地表达自己,让别人易于理解。学会阅读和写作将儿童从面对面交流的束缚中解放出来,并赋予他们理解和想象远古时代以及千里之外的人的人类思想能力。一旦儿童能将一张纸上的符号转变为一种声音和意义模式时,他们就能发展出更为复杂的策略来理解他们所读的东西,他们也能用书面词汇表达自己的意见、思想和感受。

(2)社会性。儿童能够更清楚地理解自己和他人的感受,更好地调节自己的情绪,并对他人的情绪困扰做出更好的反应。儿童可以区分拥有某种情绪表达和表达该情绪之间的差别。他们能够意识到愤怒、害怕或悲伤的原因以及别人会对这些情绪做出怎样的反应,从而对自己的行为进行相应的调整。

儿童能够比较现实自我和理想自我,并通过和他人的比较来判断自己是否符合社会标准。整体自我认识包括:学业自我、社会自我、情绪自我、身体自我。儿童通过社会比较来评价自己的行为、能力、专长和看法。自尊是儿童对整体自我价值的评价。影响自尊的主要决定因素是儿童对自己是否有能力产生有价值的成果的看法。这一阶段的儿童为应对由父母、同伴、学校以及复杂的现代社会提出的挑战而付出努力。如果不能顺利度过，将导致孩子产生失败感和自卑感，儿童可能会在学业追求和同伴交往中退缩，表现出较低的兴趣和取胜动机。

儿童能从与同伴相处的过程中获益。他们能学会社会交往和建立友谊所需的技巧，增进彼此的关系，并获得归属感。他们学会了领导和沟通关系，学会了合作，知道自己的角色和游戏规则。这一时期的儿童开始对朋友的重要性更为敏感，建立和维持友谊成为儿童社会生活中的一个重要部分。友谊以多种方式影响儿童的发展：为儿童提供有关世界、他人和自己的信息；朋友为儿童提供了情感支持，从而使他们更有效地应对压力；拥有朋友可以使儿童不太可能成为攻击对象，并能够教会儿童如何管理和控制情绪，以及帮助他们解释自身的情绪体验。学龄期的儿童判断事物对与错的准则来源于与他亲近并高于他的人，通常是家长。正如小学生描述别人时通常描述外部特征，他们心中的事物对与错的标准也是外部的而非内部。

(二)学龄期儿童的家庭教育指导策略

1. 培养儿童良好的思想品质和健康的生活习惯

让儿童初步了解中华民族传统文化和传统美德的内涵，开展爱国情怀教育，培养儿童作为中华民族一员的归属感和自豪感。指导家长在家庭中践行尊老爱幼、夫妻和睦、勤俭持家、亲子平等、邻里团结的家庭美德，营造民主、文明、和睦、稳定的家庭关系，为儿童成长营造良好的成长环境，培养儿童明礼诚信、勤奋自立、友善助人、孝亲敬老等良好思想品德，增强儿童社会责任感，使儿童养成好思想、好品德、好习惯、好人格。

良好的生活习惯是帮助儿童适应学校教育生活的重要保障。学龄期阶段儿童的生活习惯包括作息习惯、饮食习惯、卫生习惯、劳动习惯和体育锻炼等，要指导家长培养儿童良好的作息习惯，保证儿童睡眠充足；根据儿童年龄特点安排营养丰富的饮食，引导儿童养成健康的饮食习惯；培养儿童关注个人卫生和环境卫生，养成良好的卫生习惯；教育儿童正确用眼和用耳，定期检测视力和听力；让儿童认识到劳动的价值，从日常生活中培养儿童的劳动习惯和热情，教授劳动技能，根据儿童年龄、性别和身体状况适度安排劳动内容。小学低年级，家长要注重围绕劳动意识的启蒙，让儿童学习日常生活自理，感知劳动乐趣，知道人人都要劳动。小学中高年级，家长要注重围绕卫生、劳动习惯养成，让儿童做好个人清洁卫生，主动分担家务，适当参加校内外公益劳动，学会与他人合作劳动，体会到劳动光荣。① 引导儿童坚持开展体育锻炼，定期做好儿童健康检测。

2. 培养儿童良好的学习习惯

儿童入学后，家庭生活日程表会发生一定的改变。儿童上下学的接送安排、家庭内的学习环境布置、课后的学业辅导都成为家庭面临的新问题。家庭教育者要针对这些问题，指导家长合理安排儿童入学后的生活，帮助儿童顺利适应新的阶段。

家庭教育指导者可以在家庭环境布置、正确理解学习成绩、课后作业辅导、创设学习氛围等方面为家长提供有力的指导。首先在环境布置上，要为儿童提供一个安静、舒适的学习环境。家长要专门为孩子提供一个学习区域，有条件的家庭应配备专门的学习桌椅和适合儿童使用的书柜等，鼓励孩子自己清洁整理学习区域。其次，要指导家长明确学习成绩并不是学习的唯一目的。家长要正确对待儿童的学习成绩，让儿童理解考试是一种工具，其意义在于检测学习效果，目的是帮助儿童了解学习过程中的不足并更好地学习。如果家长将考试结果看得太重，容易对儿童产生误导，反而让他们忽视对学习过程的关注。再次，培养儿童认真专注做作业的习惯，鼓励孩子独立思考。儿童学习遇到困难时，家长及时给予引导和帮助。最后，家长要在家庭中为儿童创造良好的学习氛围，具体来说，家长要以身作则，多陪孩子阅读，为儿童创设文学氛围；多与儿童交谈，鼓励儿童思考。如与儿童一起讨论新闻，谈论朋友的情况，或分享自己的兴趣爱好，这些都可以让儿童更好地为入学后的生活做好准备。

3. 为儿童合理安排课外生活

儿童放学回家后的生活安排也是很多家长关心的问题。如何合理安排课外生活，才能更好地促进儿童身心发展是家庭教育指导者的重要工作。儿童下午放学回家后，很多家长给儿童安排各类兴趣班、补习班，沉重的学习负担挤压了儿童有限的休息时间。家庭教育指导者要让家长认识到，儿童课外生活绝不仅仅是学校学习的延续，学习生活也不仅限于学校书本知识的学习。学龄期儿童的生活除了学校书本学习，还需要通过兴趣爱好、同伴社交、娱乐休闲等活动来丰富。要指导家长正确认识学校学习与课外生活的关系，二者并非冲突。

---

① 《中共中央　国务院关于全面加强新时代大中小学劳动教育的意见》，载新华网，http://www.gov.cn/zhengce/2020-03/26/content_5495977.htm，2021 年 4 月 19 日访问。

丰富的课外生活可以让儿童得到身心放松，同时也可以在智力及非智力因素方面获得提高。课外的学习辅导安排太多，一方面儿童得不到足够的休息而影响发育，另一方面也会减少儿童在其他方面的自主学习和探索的机会，甚至让儿童对学习产生抵触心理。

家庭教育者可以通过兴趣爱好、同伴社交、娱乐休闲等方面来指导家长科学安排儿童的课外生活。首先，在儿童完成学校布置的作业后，指导家庭为儿童创设发挥其兴趣爱好的条件。例如，家长可以根据儿童兴趣，带儿童欣赏并学习合唱、器乐、舞蹈、校园剧、戏曲、绘画、书法、篆刻、剪纸、工艺制作和民族民间艺术等，弘扬中华优秀传统文化，传播社会主义先进文化，引导儿童树立正确的审美观。其次，引导儿童适当参与同伴社交活动。当儿童与同伴建立了友谊关系，会从与同伴相处的过程中获益，同伴交流可以为儿童提供情感支持，更有效地应对压力。最后，让儿童适当参与适合身心特点的娱乐休闲活动。例如，通过游历祖国大好河山和参观艺术展览，培养儿童发现美、欣赏美、表现美的能力。家长要为儿童选择有益于身心发展且安全无害的游乐设施和场所。

4. 建立良好的家校合作关系

苏联著名教育家苏霍姆林斯基提出："只有学校教育而没有家庭教育，或只有家庭教育而没有学校教育，都不能完成培养人这个极为细致、复杂的任务。最完备的教育是学校教育和家庭教育的结合。"[1]家庭和学校作为儿童成长中的重要场所，只有形成教育合力，才能为儿童身心的健康发展营造一个良好的环境。部分家长错误地认为孩子学习主要是学校教师的责任，将孩子学习成绩不佳的原因全部归之于学校教育，而忽视了家校合作的重要性。家庭教育指导者要引导家长与学校建立良好的合作关系。首先，要让家长认识到家校合作的重要性，并明确家长在儿童教育过程中所承担的责任。其次，要教给家长与学校合作的方式。一方面，家长可以积极参与学校开展的家长活动，如家长会、家长学校、家庭教育咨询、参与课堂教学开放活动、帮助制作教具等。通过家校合作，学校得到家长对其孩子教育的支持，家长在活动中学习有关教育理论和方法。另一方面，家长也可以作为学校教育决策参与者。通过家委会等组织，家长可以结合孩子上学的情况，对学校的教育理念、规划、师资、教学

---

[1] [苏联]瓦·阿·苏霍姆林斯基：《给教师的建议（下）》，杜殿坤译，教育科学出版社1981年版，第131页。

方法等问题提出合理建议。

五、青春期阶段的家庭教育指导

青春期是处于儿童期和成人期之间的一个发展阶段，也是儿童身心发展的第二个高峰。青春期的孩子被贴上很多标签，如叛逆、冲动、危险、敏感等，被很多家长理解为最难以管教的阶段。家庭教育指导者需要帮助家长理解孩子，学会与孩子建立良好的沟通方式，并引导孩子朝着积极健康的方向发展。

（一）青春期儿童身心发展特点

青春期是处于儿童期和成人期之间的一个发展阶段。青少年的身体和心理都会出现明显的变化和成长。

1. 生理发展

处于青春期的青少年身高和体重快速增长。女孩的快速增长期大约在10—11岁左右，男孩在12—13岁左右。在这一段时间，青少年脑垂体释放信号并刺激体内的其他腺体分泌成人水平的性激素（包括雄性激素和雌性激素），垂体也会刺激身体分泌更多的生长激素，与性激素共同作用来促进青春期的快速发育。这一阶段的儿童出现第二性征，包括出现阴毛、声音变得低沉。随着生殖器官的成熟，女孩开始出现月经，男孩的精囊开始产生精子并出现遗精。

此阶段，青少年前额叶迅速发育，这是个体以人类特有的方式进行思考、评价和做出复杂决策的脑区。它的发育为青少年复杂智力的发展打下基础。前额叶也是负责冲动控制的脑区。在青春期尚未发育成熟，这使得该年龄段群体经常做出一些危险和冲动的行为。

2. 心理发展

（1）认知。青少年在此阶段进入形式运算阶段。青少年开始不受真实情景的束缚，将心理运算运用于可能性和假设性情景。他们既能考虑当前情景，也能够考虑过去和将来的情景。他们能够基于单纯的言语或逻辑陈述，进行假设——演绎推理及命题间的推理。15岁左右，青少年才算完全进入了形式运算阶段。

青少年语言表达逻辑性增强。随着抽象能力的发展，青少年能够定义和讨论如爱、公正和自由等一些抽象概念。他们也会更经常地使用像"然而""否则""无论如何""因此""缺失""可能"等词汇来表达短语或句子之间的逻辑关系。此外，他们还越来越清晰地意识到词汇作为一种符号可以有多种意思。他们喜欢运用反语、双关或隐喻等修辞手法。在这段时间，青少年可以根据他人所持的观点和所具有的知识水平来调整自己的谈话的能力，能够意识到自己所面对的听众不同，对同伴和成人使用不同的语言进行交谈。

（2）社会性。青少年情绪变化较大。在青春期，青少年由于独立感和成人感的驱使，往往易与父母和老师闹情绪，心理学上称为"第二反抗期"。青少年在这一阶段情绪变得高低起伏落差很大，并且表现出喜怒哀乐情绪无常。有研究表明，青少年的这种情绪变化可能与这个阶段的激素分泌有关。同时，身体发育的变化、升学的压力、社会活动范围的扩大都会增加青少年的情绪压力。

青少年变得更加独立。青少年在这一阶段自我意识有以下特点：①成人感和独立意识的发展。②自我的分化，青少年开始认识自己并试图按照自己的愿望塑造自己、统一自己。③自我中心。他们强烈地渴望了解自己、认识自己。④自我评价趋于成熟，评价的独立性、全面性和深刻性都大为提高。⑤逐步实现自我同一。解决了"我是谁""我要成为谁"的一系列问题，变得更加独立。

青少年花费更多的时间和同伴待在一起，同伴关系的重要性也随之增加。他们通过相互提供机会来比较和评价意见、能力，甚至生理变化。同伴作为参照群体，可以提供与最易被接受的角色和行为有关的信息。青少年倾向于归属的群体有两种：小圈子和团体。小圈子是由2—12人组成的群体，成员之间有着频繁的社会互动。相反，团体由共同特定特征的个体组成，但彼此之间可能并没有互动。当个体进入青春期时，先前平行发展、互不往来的不同性别的小圈子开始融合在一起。

(二) 青春期家庭教育指导策略

1. 引导青少年树立正确的价值观，加强劳动教育

青少年的思维和道德水平在此阶段发展到新的高度，他们能够抽象地思考问题，并开始更全面地认识自己和社会。部分家长在家庭教育过程中过分强调个人利益，不注重正确价值品质的塑造，忽视了社会责任，对儿童产生不良影响。青春期是一个人价值观形成的重要阶段，家庭教育指导者要教给家长正确引导青少年树立正确的价值观的方法，并培养其对社会和国家的责任感。

在青春期，青少年开始思考更广泛的道德问题和是非问题，要指导家长正确培养青少年正确的思想观念和价值取向。首先家长要以身作则，践行爱国、敬业、诚信、友善等价值准则；学习法律知识，成为儿童尊法、学法、守法、用法的榜样。其次，家长要让青少年认识到个人成长与社会和国家发展的关系。引导儿童树立国家意识，增强儿童的公民意识和社会责任感，关注社会发

展，将个人理想与国家需要相结合，认识国家前途、命运与个人价值实现的统一关系，学会将个人理想与国家发展、现实奋斗相结合。①

对于青少年价值观的引导不能采取简单说教的方式，家庭教育指导者要教给家长引导青少年的方法。一方面，可以观察儿童的同伴团体和崇拜偶像，鼓励儿童说出自己想成为什么样的人，帮助青少年将当前的努力与未来的个人、社会和国家的发展联系起来，让美好的愿景成为青少年学习的动力。另一方面，引导青少年认识到自己的优势与不足，确立近期和远期学习和生活目标，过有规划的生活，对自己的行为负责，做决定后要持之以恒，做错了要承担后果。

指导家长培养学生正确劳动价值观和良好劳动品质。在初中阶段，家长要注重围绕增加劳动知识、技能，加强家政学习，使儿童初步养成认真负责、吃苦耐劳的品质和职业意识。在高中阶段，家长要注重围绕丰富职业体验，引导儿童参与服务性劳动和生产劳动，培养儿童熟练掌握一定劳动技能，理解劳动创造价值，具有劳动自立意识和主动服务他人、服务社会的情怀。②通过劳动教育，引导学生树立正确的劳动观，崇尚劳动、尊重劳动，增强对劳动人民的感情，报效国家，奉献社会。

2. 与青少年建立良好的沟通模式

青春期的冲动和敏感让青少年变得爱质疑和争辩，部分家长由于不理解孩子在此阶段的身心变化，导致亲子沟通出现问题，从而影响了家庭和谐。家庭教育指导者要教给家长与青少年建立民主、平等关系的方法。

具体来说，首先，要帮助家长认识到青春期孩子的思维和情绪特点，主动调整与子女的互动，建立良好的沟通模式。其次，形成民主的家庭沟通氛围。沟通是双向的，家长应鼓励青少年主动说出自己的问题，耐心倾听子女表达自己的想法，不随意打断他们的说话，不把自己的意见强加于人，在沟通中增进了解并达成共识。最后，要学会与孩子平等相处。由于儿童的心理发展尚未成熟，家长在与青少年沟通时要表达明确的期望，给予一定的宽容和自由，但对于原则性问题则不能迁就。指导家长保护孩子隐私，让孩子感受到尊重，有利于建立良性的亲子关系。

---

① 参见《全国家庭教育指导大纲》（妇字〔2019〕27号）。
② 《中共中央 国务院关于全面加强新时代大中小学劳动教育的意见》，载新华网，http://www.gov.cn/zhengce/2020-03/26/content_5495977.htm，2021年4月19日访问。

3. 对青少年开展性教育

青少年在此阶段身心都将发生诸多变化，要指导家长科学地开展性教育。首先，指导家长选择适当的时机和方式，为孩子讲解青春期的相关知识，让其对自己身体变化有正确的认识，如身材比例的改变、身高体重增加、性器官的成熟等。由于外表变化较大，青少年对自己的身材和外貌比较敏感，家长要引导青少年悦纳自己的身体变化，认识到自己正在向成人转变。其次，要指导家长正确引导青少年与异性交往。要鼓励与支持孩子正常的社会交往。对于青少年的异性朋友不要过分紧张和干预，留意他们的交往同伴情况，了解他们的道德品质，发现问题及时引导孩子。在青少年与异性交往中，指导家长选择合适时机对孩子开展性心理和性道德教育，为孩子解释对异性有好感与爱情的区别，让他们了解学业与爱情、婚姻和家庭的关系。帮助青少年了解未婚性行为对身心造成的伤害，引导他们将精力转移到当前的学业上。

4. 指导青少年合理规划学习生活

在此阶段，青少年的学习生活比上一个阶段更为紧张，并感受到升学压力。家庭教育指导者要教给家长帮助青少年合理规划学习生活的方法。首先要指导家长帮助青少年树立正确的学习目标，培养他们勤奋学习、持续学习的意志力。重视青少年学习方法和学习习惯的养成，帮助他们形成制定合理的学习计划的能力。指导青少年正确应对升学压力，克服考试焦虑。[1] 其次，要指导家长丰富青少年的课外生活。在忙碌的学习生活之后，青少年需要适当的休息和放松。家长应多与孩子沟通，了解他们的内心需要，根据孩子的兴趣，充分利用周围的各类资源，让孩子适当参与各类丰富多彩的活动。例如，引导儿童参与学校和社区提供的艺术工作坊、合唱、集体舞、乐队和戏曲等美育实践活动，充实其生活并培养儿童的审美人文素养。指导家长正确认识媒介对青少年的影响，了解孩子使用媒介的情况，引导青少年正确使用媒介，预防网络依赖。

---

[1] 参见《全国家庭教育指导大纲》（妇字〔2019〕27号）。

第五章 学校家庭教育指导

本章界定了学校教育指导的内涵,分析了当前家校合作的分类以及我国家校合作的现状和存在的问题,从国际比较视野总结英国等西方发达国家家庭参与学校教育的经验,为我国学校家庭教育指导提供借鉴。提出建设高质量家长学校的主要对策,为学校从事家庭教育工作的人员提供实践指导。最后从最新的校家社协同育人机制构建出发,分析了政策演变特点以及未来的发展趋势。

第一节 学校家庭教育指导的内涵

苏联著名教育家苏霍姆林斯基提出:"只有学校教育而没有家庭教育,或只有家庭教育而没有学校教育,都不能完成培养人这个极为细致、复杂的任务。最完备的教育是学校教育和家庭教育的结合。"[1]他认为,学校教育要实现促进学生"和谐的全面的发展",离不开"两个教育者"——学校和家庭的密切联系和协调一致的配合。家庭和学校作为孩子成长中的重要场所,只有形成教育合力,才能为孩子身心的健康发展营造一个良好的环境。

一、学校家庭教育指导的定义

学校家庭教育指导是在学校根据教育行政部门的相关规定,结合本校实际情况制订家庭教育计划,成立的家庭教育委员会、家长学校等,开展丰富多样的家庭教育指导活动。具体来说,学校在指导家庭教育中发挥的作用包括:(1)根据教育行政部门发布的家校合作政策,结合本校实际情况制定家校合作制度,开展各项家校合作工作。(2)与政府或社会中成立的专业家庭教育指导

---

[1] [苏联]瓦·阿·苏霍姆林斯基:《给教师的建议(下)》,杜殿坤译,教育科学出版社1981年版,第134页。

中心、高校家庭教育研究中心或社区开展合作，为家庭和儿童提供多样化的家庭教育指导活动。(3)成立家长学校和家长委员会，开展家校交流，家长在活动中学习有关教育理论和方法；为家长提供家庭教育指导咨询和服务，引导家长参与学校教育活动，参与学校教育决策。(4)开发适合不同年龄阶段的家庭教育课程及活动。让学生从小正确认识家庭理论、家庭价值观、婚姻中的良性互动关系及子女角色扮演等重要家庭生活教育内容。

学校应在家校合作中起"主导"作用，学校应组织并吸引家长参与其孩子的教育活动给家长提供参与机会，对家庭教育进行指导。学校在指导家庭教育中具有显著的优势，是家庭教育指导的主渠道。学校开展家庭教育指导的优势体现在师资和场地两个方面。首先，学校是从事教育的专门机构，拥有大量的教育专业人员，能按教育规律科学地对儿童施以教育。这些教育专业人员懂得教育学、心理学的知识，懂得儿童的身心特点和发展规律，掌握科学的教育方法。在家长的教育素养普遍较低的情况下，教师应主动地指导家庭教育。[1] 此外，中小学幼儿园都建有家长委员会和家长学校，当前由中小学幼儿园组织的很多家庭教育指导活动嵌入了学生的日常学习管理中，更容易引起家长的重视，能够获得更高的参与率。其次，要具备专业的教育场地和设施。2012年教育部发布《教育部关于建立中小学幼儿园家长委员会的指导意见》规定，家长学校要按照阵地共用、资源共享、节俭办学、务求实效的原则，场地可利用现有的活动室、教室等。学校作为教育资源丰富、师资专业性强的专业组织，是家庭教育指导的主阵地。

二、家校合作的定义和分类

学校家庭教育指导的一个重要途径就是家校合作。家校合作指的是为了共同的目的——受教育者的健康成长而发生的相互配合的互动。美国著名心理学家尤里·布朗芬布伦纳(Urie Bronfenbrenner)在《人类发展生态学》一书中详细介绍了人类发展所涉及的几个关键性的环境因素，即学校、家庭和社会等因素，并对它们之间的关系进行了深入分析，提出了"四系统观"。[2] 在布朗芬布伦纳看来，个体在发展过程中并非是孤立的存在的，而是能动地与周围的各层

---

[1] 马忠虎：《家校合作》，教育科学出版社1999年版，第54页。
[2] Bronfenbrenner, U. *The Ecology of Human Development: Experiences by Nature and Design*. Boston: Harvard University Press, 1979, p.32.

环境相互依赖、相互依存、相互作用。正是在这种相互联系、相互作用中，个体才从中获得了发展。因此，家庭和学校这两个环境因素在人类发展中必然会存在相互联系和作用。家校合作指的是家庭和学校为了共同的目的——受教育者的健康成长而发生的相互配合的互动。在这一互动过程中，家庭教育和学校教育各具不同的优势，通过二者的相互联系和作用，以为受教育者提供一个更为系统、有效和具有针对性的教育环境。家校合作的目标是通过对家庭、学校教育的系统整合所形成的教育网络，对受教育者的知识技能、道德品质、价值观念、行为方式发生综合的教育作用，从而帮助他们全面健康的成长。

家校合作活动纷繁复杂、多种多样，以致人们在对其进行分类时因参照的角度不同而产生了不同的分类体系。

(一)按合作活动中家长担任的角色分类

美国学者大卫·威廉姆斯(David Williams)研究发现，家长在学校中渴望扮演不同的角色，其角色范围可从指导孩子或课堂辅助到参加校委会制定学校规章等。另外两位学者兰根布伦纳(M. R. Langenbrunner)和索恩伯格(K. R. Thornbury)则把参与学校教育过程中的家长角色分为以下三类：

(1)作为支持者和学习者。以这种角色身份参与孩子的教育是家长参与的传统模式，也最常见，往往受到教师、家长和学校管理人员的偏爱。家长也一般会在活动中感到轻松自在，其角色作用不会受到别人的威胁。这类参与的具体方式有家长会议、家长小报、家长学校、家庭教育咨询、家校书面联系、电话联系、个别家长约见等。家校双方的交流是这些活动的主要特色，参与目的主要是学校得到家长对其孩子教育的支持，家长在活动中学习有关教育理论和方法。

(2)作为学校活动自愿参与者，自愿为学校提供无偿服务。自愿参与的活动范围很广，自愿参与者也不仅仅限于在校学生的家长，可以是其他一些与学校没有家庭联系却具教育意义的典型人物。以这种角色身份参与的家长，关注的已不仅只是他自己孩子的教育，学校整体教育事务也已成了他关注的一个部分。但是，以这种身份进行的参与活动对家庭和学校都有较高的要求。家长须有较高的文化素质和修养，甚至是某方面的专家，要有更积极的参与欲望；教师或其他专职人员须有较强的组织才能和合作技能。

(3)作为学校教育决策参与者。家长应参与学校教育决策的全部环节，即决策形成、决策执行和决策监督。美国学者赫斯(K. D. Hess)认为，家长参与决策的理论基础首先是人们对没有参与制定的决策在执行过程中缺乏责任感。

其次，整理信息、决策、推行的过程本身就具有教育意义，家长、学校相互学习，有益于改进管理技能；再次，家长最了解其孩子所处的家庭环境，也一般最了解孩子的个人情况，因此，必须干预其孩子教育过程的规划。① 家长参与教育决策可以不仅限于某个学校，其范围可以扩大到地方、甚至国家的、教育行政机构，以影响整个教育体制的管理和运行。

（二）按家长参与的活动层次分类

由于家长的利益、兴趣、需要和动机各不相同，家长在家校合作过程中希望参与的活动形式也处于不同的层次。杭州大学刘力教授将家长参与的活动形式分为以下三个层次②：

（1）形式上的参与。这是最表面化的参与层次，通常由学校主宰着这类活动。家长在得到邀请时访问学校，参加家长——教师会议、开放日、学生作业展览等活动。另外，家长联系簿、家长小报、家庭教育通信等也属此类。这一层次的参与作用与"作为支持者、学习者"的家长所参与的活动作用相似。

（2）人际的参与。这是一种双向交流式参与，家长与教师在较亲切的气氛中相互交流信息、意见和建议。像经常性家访、家长参与课堂教学和课外活动、帮助制作教具、为学校募集资金等均可列入此类。这一层次的参与兼有"作为支持者、学习者"的家长和"作为学校活动自愿参与者"的家长所起的作用。

（3）管理式的参与。与"作为学校教育决策参与者"的家长所参与的活动及所起的作用相同。

（三）按家校合作活动的目的分类

美国学者戴维斯（D. Davies）主张，家校合作活动应该以其合作目的来划分。他坚持认为许多学校要求家长参与教育活动是为了实现下列某种目的：(1)解决目前教育中存在的问题（如约见家长、成立临时咨询委员会等）。(2)促使家长参与其子女的教育（如家庭教育指导、开放日等）。(3)利用社区教育资源来丰富学校教育（如参观博物馆、开辟校外教育基地等）。(4)吸收家长参与教育决策（如家长咨询委员会、家长—教师协会等）。③

---

① 马忠虎：《家长参与学校教育——美国家庭、学校合作的模式》，载《外国中小学教育》1996 年第 6 期。
② 刘力：《家长参与学校教育的功能及方式》，载《教育研究与实验》1992 年第 1 期。
③ 马忠虎：《对家校合作中几个问题的认识》，载《教育理论与实践》1999 年第 3 期。

三、家校合作的现状与问题

(一)家校合作的政策

1963年,中共中央颁布了《全日制小学暂行工作条例(草案)》和《全日制中学暂行工作条例(草案)》,要求中小学开展家长工作、推进家校合作。这是中华人民共和国成立后最早提出家庭合作问题的政策文件。

1992年国务院颁布了《90年代中国儿童发展规划纲要》,规定"在城市以社区为依托,举办新婚夫妇学校、孕妇学校和婴幼儿、小学生、中学生的家长学校,向不同年龄阶段儿童家长提供较全面的家庭教育知识和方法;在农村,通过广播父母学校与县、乡、村的家长学校、家庭教育辅导站、辅导员相结合的方式,推广正确的保育、教育方法",并通过"开展全国性家庭教育宣传、咨询、服务工作,层层培训家庭教育骨干"这个文件较为详细地提出各类机构开展家校合作的方法。

1994年8月31日《中共中央关于加强和改进学校德育工作的若干意见》第15条强调学校教育、家庭教育、社会教育紧密配合,"学校要主动同家长及社会各方面密切合作,使三方面的教育互为补充、形成合力。要通过家长委员会、家长学校、家长接待日等形式同学生家长建立经常联系,大力普及家庭教育知识,吸收家长参加德育过程"。这份文件强调了家校合作在德育中的重要作用,并提出了学校开展家庭教育工作的主要形式。

1996年9月16日全国妇联、国家教委发布的《全国家庭教育工作"九五"计划》规定,"全社会都要关心、支持家庭教育工作。省、自治区、直辖市妇联、教育部门要有家庭教育专职(或兼职)干部;地(市)、县(市)妇联、教育部门要有专人(或兼职)负责家庭教育工作";"各级教育行政部门负责指导中小学、幼儿园开展家庭教育工作,举办家长学校"。同时这份文件指出"家长学校是普及家庭教育知识的有效途径;是中学、小学、幼儿园开展家长工作的较好形式;是学校、家庭、社会教育相结合的重要途径"。这个文件对家校合作的重要形式——家长学校进行了重点强调。

2004年10月,全国妇联、教育部发布的《关于全国家长学校工作的指导意见》文件中,十分明确地规定了教育行政部门在家庭教育工作中的职能:"教育行政部门负责对中小学、幼儿园家长学校工作的具体指导,妇联组织负责协调推动社会各方面办学,参与指导社区及其他家长学校工作。"这份文件明确了家长学校的管理分工。

2011年1月，全国妇联、教育部、中央文明办发布《关于进一步加强家长学校工作的指导意见》，指出"教育行政部门对幼儿园、中小学校、中等职业学校家长学校工作进行具体指导"，各有关部门要相互配合，形成合力，共同推进家长学校建设和发展"。此政策明确了教育行政部门在组织、指导中小学校(幼儿园)开展家庭教育方面，肩负着不可推卸的重要责任。

2015年教育部发布的《关于建立中小学幼儿园家长委员会的指导意见》，进一步细化了对家长学校的要求："中小学幼儿园要把家长学校纳入学校工作的总体部署，帮助和支持家长学校组织专家团队，聘请专业人士和志愿者，设计较为具体的家庭教育纲目和课程，开发家庭教育教材和活动指导手册。"这是教育部首次单独发布的关于家校合作方面的文件，提出家委会工作的总体思路。

2017年，教育部印发《中小学德育工作指南》，提出"要建立健全家庭教育工作机制，统筹家长委员会、家长学校、家长会、家访、家长开放日、家长接待日等各种家校沟通渠道，丰富学校指导服务内容，及时了解、沟通和反馈学生思想状况和行为表现，认真听取家长对学校的意见和建议，促进家长了解学校办学理念、教育教学改进措施，帮助家长提高家教水平"。这份文件提出了学校开展家庭教育的工作机制。

2021年，《家庭教育促进法》第三十九条规定，中小学校、幼儿园应当将家庭教育指导服务纳入工作计划，作为教师业务培训的内容。第四十条规定，中小学校、幼儿园可以采取建立家长学校等方式，针对不同年龄段未成年人的特点，定期组织公益性家庭教育指导服务和实践活动，并及时联系、督促未成年人的父母或者其他监护人参加。第四十一条规定，中小学校、幼儿园应当根据家长的需求，邀请有关人员传授家庭教育理念、知识和方法，组织开展家庭教育指导服务和实践活动，促进家庭与学校共同教育。第四十二条规定，具备条件的中小学校、幼儿园应当在教育行政部门的指导下，为家庭教育指导服务站点开展公益性家庭教育指导服务活动提供支持。第四十三条规定，中小学校发现未成年学生严重违反校规校纪的，应当及时制止、管教，告知其父母或者其他监护人，并为其父母或者其他监护人提供有针对性的家庭教育指导服务；发现未成年学生有不良行为或者严重不良行为的，按照有关法律规定处理。《家庭教育促进法》的出台明确了学校开展家庭教育指导工作的内容和方式，为家校合作提供了法律准绳。

总体来看，家校合作的相关政策逐渐明确了教育行政部门的管理责任以及开展学校教育指导的制度机制，学校指导家长的形式不断增多，家长参与学校教育的程度也不断加深。

(二)家校合作模式和层次

1. 家校合作的模式

我国家校合作的模式主要包括以下两种：(1)"以校为本"的家校合作模式。这种合作模式要求在家校合作中，各种活动都围绕学校展开。此模式包括在校内建立家庭中心、学校家庭教育辅导、招募家长志愿者、家长参与学校事务管理、家庭学校研讨会等。此模式适应于从幼儿园到高中的家庭和孩子，其中孩子年龄越小家庭参与程度越高。(2)"以家为本"的家校合作模式。这种模式要求在家校合作中，各种活动是围绕家庭展开。此模式主要包括家庭和社区家长教育、建立社区家长与儿童发展中心、开展家庭学习活动、家访等。此模式适合年龄较小的孩子，帮助家长对孩子进行深入的教育和辅导，但需要较大的资源投入。

当前我国家校合作的层次较低，更多的家长是作为支持者和学习者参与家校合作活动，而缺乏对于学校活动的自愿参与甚至是参与学校教育决策。当前典型的家校合作主要围绕两个主题，即学生的学业成绩和品德纪律。通常的做法是：教师向家长通报学生的在校表现，要求家长给予配合与协助，甚至给家长布置具体的任务，要求家长做到。于是，家校合作被定格为具有主从关系的配合，即家长配合教师，目的就是促进学生的学业进步与问题学生的转化。受到家校合作低层次的影响，我国家校合作还表现为低共识。有学者指出，"一般说来，父母和教师对于如何去接触和看待孩子有不同的观点。这种差异是由他们的社会和文化角色的定义所发展出来的"[1]，"居于主流文化地位的教师，往往主导着与家长的联系与作用方式，家长则很难进入教师的话语系统，平等的交流往往让位于单向的输出"[2]，因此，很多家长在文化意识、价值取向上同学校的差异没有进入家校合作的视野。而恰恰是这些差异，成为学生成长的重要影响因素，既可能促进教育协作又可能引发教育冲突。这种冲突导致很多家长在家校活动仅表现为形式上的参与而缺乏与教师的双向交流。

2. 家校合作存在的问题

当前家校合作课程和活动的开展多基于家长教育观念落后的假设，因此在

---

[1] 彭茜、郭凯：《家校合作的障碍及其应对》，载《教育科学》2001年第4期。
[2] 杨晓、李松涛：《基于共生理念的家校合作改革构想》，载《教育科学》2013年第3期。

教育内容的选择上侧重于知识的传递，而忽视家长教育能力的提升。在家校合作中，课堂教学成为主导方式。教学方式主要是上课和交流，而缺乏实践指导、座谈会式的经验交流，以及对重点对象的个别指导等多样化的方式。

家校合作机构是家校合作得以有效实施的重要保障。目前我国家校合作实施机构的主体是各级各类家长学校。中小学仍是家长学校的主体，而社区、社会组织、企事业单位、商业机构等推动的家校合作活动不足。总体来看，我国家校合作的主体过于单一，需要进一步调动各种组织参与家校合作活动，如教育机构、社会团体、街道社区、大众传媒、社会群众团体和科研机构、民办教育服务机构等。

第二节 发达国家和地区家校合作的经验与启示

一、家校合作的内涵

（一）西方家长参与学校教育的社会背景

在西方国家，家长一直以来的基本角色是在家庭中帮助子女温习功课。学校需要协助家长帮助子女适应学校的学习规范。这种观念强调家庭是学生学习问题的根源。由于许多父母经济社会文化背景较低，学校认为他们没有能力参与到孩子的学习中来，在教师看来，很多父母缺乏教育能力极大地影响了孩子的学业发展。在这种情况下，父母与教师之间的关系往往很紧张，导致许多家长被学校排斥在教育活动之外，也被排斥在校务决策之外，家长参与教育主要划定在家庭范畴内，家庭与学校呈分离状态。

20世纪中期开始，世界范围内确立了家庭在参与儿童教育中的权利。1948年联合国通过《世界人权宣言》明确提出，"家长有为其子女选择教育形式的先决权"。[1]《欧洲人权公约》同样也提道，"不能剥夺任何人的教育权利。国家在行使任何它认为与教学有关的职能时，应尊重家长确保此类教育和教学与他们自己的宗教与哲学相符的权利"。[2]

---

[1] 《世界人权宣言》，载联合国网站，https://www.ohchr.org/zh/human-rights/universal-declaration/translations/chinese，2021年12月29日访问。

[2] 欧洲委员会、欧洲人权法院：《欧洲保障人权和根本自由公约》，载欧洲人权法院官网，https://www.echr.coe.int/Documents/Convention_ZHO.pdf.

20世纪60年代以来，教育民主化的思潮对各国的教育产生了深刻的影响。这种民主化思潮使人们迫切地要求改变集权教育的僵化思想，在教育管理方面转向参与式、自主式，并积极吸纳社会上的力量参与学校管理，鼓励家长参与学校教育。在这种思潮影响下，英美等国掀起了以教育机会平等为内容的民权运动，强调对处境不利的儿童的教育机会的关注，积极为他们提供补偿教育和特殊教育来提高他们的学业成绩。

1989年联合国大会通过的《儿童权利公约》也重申国家不得剥夺家长对其子女的教育权利。在各项政策法律影响下，父母逐渐认识到，他们对子女的教育权是一种"原生的天赋权利"，[1] 这种权利是重要的和不容忽视的，不可被随意剥夺。父母必须履行对孩子"保护"与"教养"的主要职责，兼顾依照孩子利益最大化原则来参与学校教育，同时在提高学生学业水平与个性完善的教育事务等方面扮演积极的教育者角色。从法律层面看，父母有权知道学校怎样教育他们的子女；父母必须知悉学校的政策并可能施以适当的影响或支援，采取合理步骤保护子女的教育权利不受任何人剥夺侵犯，甚至监察学校的运作和教学，以确定责任承担；成立合法的家长组织，参与学校决策。[2]

(二) 西方家庭参与学校教育的定义

在西方，家校合作又被称为"家长参与"。"家长参与"是指父母通过家庭或学校内各种参与途径，通过学校与家庭的双向互动，来促使孩子拥有其良好的学习环境，促进孩子的教育发展与学校改进的一个过程。根据家长对学校事务的不同参与程度，家长参与教育主要包括监督和辅导子女的家庭作业；向教师提供子女的背景资料，或是向教师询问、了解子女在校的学习情形；到学校和课堂上担任义工；参与学校管理、规章制度的协商和制定等方面。[3] 有研究者对家长参与的相关概念进行了辨析："involvement"是指家长或父母参加子女教育过程的多样化活动，包括在校内、校外和家中进行的活动，都作为家庭参

---

[1] 《儿童权利公约》，载联合国儿童基金会网站，https://www.unicef.org/zh/%E5%84%BF%E7%AB%A5%E6%9D%83%E5%88%A9%E5%85%AC%E7%BA%A6/%E5%84%BF%E7%AB%A5%E6%9D%83%E5%88%A9%E5%85%AC%E7%BA%A6%E6%96%87%E6%9C%AC，2022年4月5日访问。

[2] 郑燕祥、谭伟明、张永明：《整全性家庭与学校合作的理念》，载《亚洲辅导学报》1996年第4期。

[3] 杨启光：《发展型家庭补偿教育政策的构建——以学校变革中家庭参与的不平等为视角》，载《教育科学》2009年第10期。

与内容，更多着眼于家庭参与的内容与形式；"participation"则是家长影响或企图影响学校的主要决定，如学校人员、方案、预算等方面的决定，隐含"拥有做决定的权力"，需要分享对子女在学校受教育的责任与管理权力。拉辛斯基等(Rasinski & Fredericks)根据家长对学校事务的参与程度，将家长参与分为四个层级：监督和辅导子女的家庭作业；向教师提供子女的背景资料，或向教师询问、了解子女在校的学习情形；到学校和课堂上担任义工；参与学校管理、规章制度的协商和制订。① 有研究指出，在西方国家，家庭参与学校教育主要体现在以三种形式直接影响学校，即以市场的方式通过投票形式去资助好的学校；以政治控制方式让家长直接参与学校管理，出任校董；通过家长参与课程的制订和课堂教学进行实质性的干预。②

(三)关于家庭对学校教育影响的研究

20世纪下半叶的西方，学术界的一系列研究发现，由于社会阶层与家庭环境的差异，不同社会经济地位的家庭在参与子女学校教育所享有的程度上出现明显差异，家长参与问题与子女受教育的机会均等相联系起来。其中最著名的当属美国学者科尔曼在1966年开始研究美国公立学校不同族裔在教育机会均等的问题后发表的《教育机会均等报告》(Equality of Educational Opportunity)（一般通称《科尔曼报告》）。在研究探讨学校教育资源投入对学生学习成效的影响过程中，科尔曼发现无论是老师的教育程度、设备、图书、学生平均教育成本等投入项目，对儿童学业成绩影响都未达到统计上的显著水平；在原始投入项目中，同伴与学校的影响都不显著，只有家庭的影响显著。在该报告书中，科尔曼提出家庭社会经济条件是影响学生学习成就最重要的因素。家庭对学业成就的影响远超过学校因素所产生的影响。在众多的家庭因素中，"家庭资源"被认为是个人获取教育机会与教育成就的重要前置因素之一。他认为家庭背景提供的家庭资本包括物质资本、人力资本与社会资本，这些都将成为影响家庭参与学校教育程度的主要因素。其中，物质资本可由家庭的财富或收入测得；人力资本可由父母的教育程度测得，较高教育程度家庭后代在获得教育成功的机会上具有先天优势。教育程度较高的家长有能力对其孩子的学习进行辅导、答疑，并改进其学习方法和技巧，这些都有助于子女的学习表现。在

---

① 吴迅荣：《家庭与学校合作：理念与革新》，载港澳儿童教育国际协会：《教育发展与课程革新：两岸四地的视域和经验》，2003年，第192~201页。

② 吴迅荣：《家庭与学校合作：理念与革新》，载港澳儿童教育国际协会：《教育发展与课程革新：两岸四地的视域和经验》，2003年，第192~201页。

1988年的研究中,科尔曼在《美国社会学杂志》上发表题为《社会资本在人力资本创造中的作用》一文,初步阐述了社会资本理论及其与人力资本的关系。他认为,社会资本是个人拥有的、表现为社会结构资源的资本财产,它们由构成社会结构的要素组成,主要存在于人际关系和结构之中,并为结构内部的个人行动提供便利。科尔曼重点提出了作为家庭的社会资本的概念。家庭的社会资本是指家庭结构对学业成就的影响,双亲俱在的完整家庭的子女享有较多的资本。通过父母亲的激励作用提高学业成就,所以在学业成就上表现比单亲子女更佳。① 科尔曼和贺法(Hoffer)在对美国公立学校和私立学校效能的比较研究中发现,天主教学校比公立学校的辍学率低,学术水平也较高,他们认为天主教父母并非全部来自中上阶层,但他们均积极参与学校活动,这有助于增进孩子的学习积极性,而这些父母与其他家长在宗教活动上的联系,也影响了子女的行为规范。② 最后他们得出的结论认为这可以归功于社群归属感,将其视为存在于宗教学校内的一种社会资本。就科尔曼的理论而言,父母和孩子之间的亲密关系,由学校和家庭结构形成的社会制度的整合,可以视为有利孩子成长的社会资本。

二、美国家校合作的政策与经验

(一)美国家校合作的主要经验

20世纪60年代,美国国内掀起了以教育机会平等为基本内容的平权运动,强调对处境不利的儿童和家庭的教育机会的关注。此阶段,美国联邦政府在幼儿园和小学阶段实施"开端计划"(Headstart),开展对家长的教育,鼓励家长参与到孩子的教育中来。受到人力资本理论的影响,教育的社会流动分层功能凸显,教育的投资作用被许多家庭认识到,家庭的投资角色更加显得重要,强化了家庭对学校教育的期望。越来越多的女性由于接受了高等教育并就业,她们在子女学校教育方面变得非常积极,这样又为那些没有受过多少学校教育的家庭父母带来许多压力与机遇,促使他们积极参与到孩子的学校教育中去。

---

① Oleman. J. S., "Social capital in the creation of humancapital", *Supplement to American Journal of Sociology*, 1988, p. 94, pp. 95-120.

② Coleman. J. S," Family school and social capital", In Husen & T. N. Postlethwaite (Eds): *International Encyclopedia of Education* (2nd ed.), Oxford: Pergamon Press, 1994, pp. 2272-2274.

20世纪70年代，美国掀起了浩大的有效学校运动，改革运动提出了系列提升家长参与的策略，迫使学校改变过去与家庭相互隔离的方式。一些学校为了执行政府的教育计划和接受政府的财政专项拨款，也十分注重吸引家长参与学校教育，强调家长负有辅导学生学习的责任。20世纪80年代的西方，私有化与市场化政策引入教育领域，家庭被赋予参与子女学校教育的管理权利，父母的择校权成为家庭与学校关系的重要表现形式，父母成为学校教育的消费者，不同学校面临着新的竞争，家庭与学校之间的关系发生了重要转变，家庭与学校正在努力营建一种互生的伙伴关系模式，家长不再被视为附加物，而被看作学校教育改革不可或缺的部分，其目的在于促使学校与家庭共同合作，通过双向沟通与共同解决问题的方法来重塑学校环境，以达成所有学生的成功。这些改革给学校教育与家庭之间的关系带来了深远的影响，家庭与学校日益从既往的分离或相互抗拒的对立关系逐步转入相互联系继而互相倚重与合作的关系。① 20世纪末，美国家庭在构成模式方面发生了巨大的变迁。没有哪一种家庭模式能占到人口的大多数，典型的现代家庭模式占美国家庭总数的比重已不到15%，双收入家庭、单亲家庭、独身户等家庭模式总体上远远超过20世纪50年代占主导地位的体现白人中产阶级价值的核心家庭模式。② 20世纪80年代之后，美国出台了一系列教育政策法规，为家长赋权，拟定包括家庭参与学校教育等内容的新的教育改革方案。美国教育法律对家校合作的规定包括以下几点：

1. 尊重家长对儿童教育的知情权

《2000年目标：美国教育法》第二编第二百零三条规定，国家教育目标领导小组每年要起草并提交给总统、教育部、国会相关委员会及各州州长一份国家报告，内容包括美国实现国家教育目标的进展情况以及联邦、州和地方政府为促进该目标实现而应该采取的措施，同时这一报告要以通俗的形式呈现给公众，特别是每位儿童家长。

2000年《不让一个儿童落后法》第五编从多个方面规定并扩大了家长对其子女所接受的学前教育和中小学教育的知情权，家长依据该法有权获得关于子女学习状况、教师资质状况、子女所在学校教育质量状况等方面的信息。

---

① 杨启光：《学校变革中的家庭参与问题》，载《教育科学研究》2009年第8期。
② 陈璐：《走向后现代的美国家庭：理论分歧与经验研究》，载《社会》第2008年第4期。

2003年《入学准备法》第一百零六条即规定：健康与人类服务部要在每个财政年度发布一份总结报告，公布对提前开始部门执行情况和质量改进计划实施情况的审议结果。这份报告要通过适当的方式——通过公共部门发放或在互联网上发布——提供给参与该项目儿童的父母。

2. 保护家长对儿童教育的选择权

《儿童保育与发展固定拨款法》第九千八百五十八条明确规定，接受相关资金的州要在每个财政年度开展多种保护家长选择权的活动，如为公众提供广泛的与儿童保育相关的教育，通过资源推举服务改进儿童保育的质量，增加父母的选择等。此外，还要通过收集并发布有关教育的信息，帮助家长作出更多更明智的儿童保育选择，从而达到改进儿童保育质量的目的。

《不让一个儿童落后法》规定：公立幼儿园、中小学均可获得联邦政府提供的贫困基金，用于帮助低收入儿童的转园或转校。例如，当某公立中小学连续两年被确定为"改进"校时，父母就可为其子女转园或转校，或免费继续就读该校，如果该校一直表现不佳，家长就将一直拥有这种选择权。此外，2003年《入学准备法》第六百四十三条在家长的选择权方面也明确规定，允许父母为其孩子选择学前教育项目。

3. 重视家长参与教育的决策权

1981年《提前开始法》第九千八百三十七条即明确：提出提前开始部门的权能之一是让父母参与决策"并规定"提前开始部门要制定有效的程序，使父母能直接参与与其利益相关且影响项目品质的决定，并定期参与此类项目的实施"。

1988年，哈金史达弗改善修正案（Hawkings Stafford School Imprvement Amendments of 1988），加强家长的参与以提升更普遍的教育活动。详尽地分析了家长的兴趣、能力、意见、需要、文化、语言和生活形态，以便设计教学活动，让家长们参加。

《2000年目标：美国教育法》第一编关于父母参与的目标之一即幼儿园与学校要积极地支持家长参与学校教育决策。《不让一个儿童落后法》也明确规定各州教育部门要引导家长更多地参与幼儿园与学校规划、审查及改进学校教育规划及质量等方面的决策活动，并为家长参与教育决策提供更多的机会。

4. 开展各类教育家庭服务与培训

《2000年目标：美国教育法》第一编明确规定：美国的每一位父母都应该成为儿童的第一任教师，并且每天要花一定时间帮助其学龄前儿童学习，同时家长要能够获得其需要的培训与支持，并明确规定每个州要针对家长和家庭的各种需要制定具体政策，帮助地方学校和学区设立相关项目以增加与家长的合作。该法第四编还规定了十分广泛的"家长教育"内容，包括为其提供有关儿童发育、亲子学习活动、幼儿养护的私人辅导和小组指导，有关家长和儿童的个体及小组学习的经验，以及帮助家长在家里促进儿童学习的活动资料等各方面的支持。这不仅高度体现了对家长作用与地位的重视，也为家长获得培养子女所必需的技能支持与培训提供了法律保障。

《提前开始法》第九千八百三十六条明确规定，提前开始机构要向儿童父母提供家庭读写能力服务、养育技能培训，以及与儿童成长相关问题的咨询；要向父母提供基本的儿童发展的培训，发展其与儿童交流的技能，从而帮助父母成为教育机构良好的合作者。为促进儿童的发展，使父母在孩子幼小时便能符合作为父母的角色，该法第九千八百四十条还规定开展针对0—3岁幼儿家庭的早期提前开始项目。根据项目要求，健康与人类服务部要向有低幼儿童的低收入家庭提供儿童发展和家庭支持服务，该服务以家庭为中心，持续、集中而广泛，其核心内容是促进父母与婴儿间的积极交流，促进儿童身体、社会、情感和智力的发展，并要确保提供给家庭的服务符合其需要，保证服务的连续性等。

《不让一个儿童落后法》第一千两百三十一条规定，通过"同一起跑线"家庭识字项目实施高质量的集中教学，促进成人识字，使家长有能力支持其孩子的教育成长，为儿童在教育机构中获得成功提供基础与准备。该法第一千一百一十八条规定地方教育机构应将家长参与项目与提前开始、阅读优先、早期阅读优先等相互协调、整合，并开展相应活动，以鼓励和支持家长更充分地参与子女教育。除了为家长服务与培训提供丰富的内容外，该法第二千四百三十一条还规定部长可以向具有合格资质的实体授权拨款，支持其开发、制作和传播家长教育、儿童教育教学录影节目，开展"为学习做好准备"的儿童项目，以为学前儿童及其家长和看护者提供资源，而且这些资源均要通过数字广播频道与互联网在全国范围内传播。由此可见美国促进家长参与儿童早期发展与教育的良苦用心。

5. 提供投入和相关条件保障

《儿童保育与发展固定拨款法》第九千八百五十八条明确规定促进儿童家长选择权和知情权的活动费用是其资金的重要用途之一。依照该法规定，联邦政府在1996—2002年每个财政年度要对该法授权的儿童保育服务提供10亿美元的拨款，获得拨款的机构要将其中不少于4%的部分用于促进家长选择权的活动、为儿童及家长提供相关信息的服务等。

《2000年目标：美国教育法》第四编"家长支持"共8条(第四百零一至四百零八条)，分别从机构、项目申请、经费申请与使用等方面就如何向家长提供支持与帮助做出了相应法律规定。其中第四百零一条规定各州要成立家长信息资源中心，以增强家长的育儿常识和信心，了解如何教育和抚养婴儿；加强家长与专业人士的合作，以满足出生至5岁儿童的教育需求；加强家庭与教育机构的联系，促进学前儿童的发育和进步，并由联邦教育部对该中心提供经费或实物资助。该法还鼓励州和相关实体发展并扩展父母和儿童早期教育项目，如"家长作为教师"(Parents as Teachers，简称PAT)。该法鼓励设立更多的PAT中心，向设立和运作PAT项目的州和相关实体提供培训和技术援助，其第一千零一十一条明确规定1993年财政年度对PAT项目的拨款为2000万美元，在1994—1997年保证每一财政年度均有如数的拨款。《早期学习机会法》第9407条规定，为帮助家长和看护者提高教育能力，州领导部门和地方委员会要确保开展相关工作所需款项。

《不让一个儿童落后法》第一千二百三十一条规定，为开展"同一起跑线"项目，促进家长识字，增进全国低收入家庭的教育机会，2002年财政年度授权拨款数额为2.6亿美元，在随后的五年内(2003—2007年)每个财政年度均保证有如数的拨款用于该项目。第五千二百四十二条规定，获得拨款的相关教育机构应为转学的学生提供服务及有关资助，资金的具体分配包括：计划和设计转学项目的费用；学生转入公立幼儿园和中小学所需交纳的转学费用；部分公立幼儿园和中小学转学所需要的增容费；使学生及其家长了解该项目信息而开展活动所需的费用等。该规定一方面扩大了学生及其家长的教育知情权与选择权，另一方面也对其具体实施层面的资金资助做出了切实的法律规定，以保证儿童及其家长知情权与选择权的实现。第五千五百六十三条则明确规定，要保证每个财政年度至少将该拨款的30%用于建立、运作或扩大"家长作为教师"项目、学前儿童家庭辅导项目、其他早期儿童家长教育项目。这些规定在很大程度上使家长参与儿童教育所需的指导、服务和培训具备资金保障，从而有力地帮助家长提高了教育水平，并更好地促进儿童发展。

(二)英国家校合作的主要经验

20世纪60年代的英国正处于教育的大变革时期，教育在深度和广度上都有显著的变化。这个时期英国国民由于社会阶层不同、地区之间的差别所造成的学业成就的差异，尤其是贫困家庭子女存在教育机会的不均等是一个严重的社会问题。在这种社会背景下，1967年英国布莱顿委员会（Plowden Committee）发表了著名的《布莱顿报告》（The Plowden Report）。该报告书证明当家长参与儿童的学校教育并对其感到兴趣时，对儿童的教育最有帮助。报告认为影响儿童学业成就的最主要因素在于父母亲的态度与参与子女教育的能力，而不是学校资源的投入。因此，报告强调父母是孩子潜在的教育效益的主要来源，学校有义务鼓励父母参与到孩子的学校教育中来。学校需要持续告知家长有关孩童的教育情况，使其参与校务。该报告认为处境不利家庭的家长的态度是影响孩子在学校表现的主要因素。因此，该研究报告鼓励家庭关心及参与子女的教育，要求父母在孩子学业水平方面应该肩负与学校一样重要的角色。

《布莱顿报告》改变了学校与社会排斥家庭参与子女教育的状况。为此，英国学校与政府都尽力通过补偿性的策略来弥补家庭在养育子女方面存在的技术不足的问题。如有的学校提出欢迎家长到学校来；定期举办亲师座谈会；开放学校，请家长参观孩子上课；向家长提供有关孩子课程进度以及学校一般性活动的信息；每年为家长提供一次有关孩子在校表现的书面报告，来增进学校和家长之间的良好关系。一些学校实行了这五项策略之后，确实让家长和学校的关系向前跨了一步，父母已经变成了学校和学校价值的有力支持者。随后，英国出台了改善处境不利家庭的全国性教育补偿计划，即"教育优先区"的政策，强调对于弱势家庭的参与学校教育的扶持与鼓励。20世纪80年代以来，英国强调教育分权。为了提高教育效率，政府要求学校不再垄断权利资源，承认家长是学校教育的重要贡献者，融合家庭与学校力量教育下一代。1988年英国颁布的《教育改革法》，规定了地方教育机构要为家长提供培训课程，以提高家长的教育水平，这在法律上为家长教育提供了保证。母亲教育课程由"家庭和学校协会"与"全国双亲教育联盟"等民间团体提供；双亲教育课程由地区的成人教育活动中心提供；"社区服务"课程则由学校增设。[①] 新法案将许多权利赋予家长，规定自1994年起，如果家长对学校的入学标准有质疑，可以提起申诉，选择、竞争、消费等词语开始出现在政府的教育文献中，家长择校权成为这一阶段的重要表现形式。20世纪90年代以后，学校和家庭开始建立一种新型伙伴关系，家长被看作学校的支持者、参与者、学习者和消费者，1998年，英国教育与技术部《学校标准与框架法》提出中小学与家长签订协议

---

① 韩娇：《1988年英国〈教育改革法〉探析》，沈阳师范大学2009年硕士学位论文。

书。利用协议的形式,确定学校的义务、目的、精神,学生与父母的期望以及学校应当承担的责任。

英国开展家校合作的具体促使包括:(1)成立国家育儿辅导学院。布朗政府于2007年11月牵头筹划国家育儿辅导学院(National Academy of Parenting Practitioners,简称NAPP),为亲职教育培养专门的"教师",以提升家长教育质量。在2008年12月至2010年3月,NAPP设置了189门独立的课程,提供了4018个培训场所,其中3614个场所是基于"循证"项目进行的初级培训,404个场所是针对已经参加过初级培训的学员,为其开设"强化课程"。(2)评估监测。对于家校合作的项目实施效果进行客观科学的评估。参与监督和检测儿童中心服务的评估机构呈现多元化的特点,主要包括:伦敦大学伯贝克学院(Brikbeck)主持的"确保开端"国家评估中心(National Evaluation of Sure Start,简称NESS)、英国教育标准办公室(Office for Standards in Education,简称Ofsted)、4儿童中心(4 Children)牛津大学的英格兰儿童中心评估项目(Evaluation of Children's Centres in England,简称ECCE)。(3)家校合作的基本形式。正式参与,如学校董事会,对学校资源与材料的配备和使用、在教室倾听儿童的阅读、为学生参观名胜提供支持、编撰其愿意提供的为学校服务的技能指南。非正式参与,包括帮助孩子起草个别化教育项目,通过使用家长日记促进相互联系,鼓励家长及时提出关心学校的问题等。此外,英国家校合作还有一种特别的参与方式,即由学生家长担任教学助手。这些家长是专门从学生家长中招聘的,受过专门培训后协助教师工作,通过多种形式沟通学校与家庭,提供学生学校学习情况的详细反馈,对提高学生学业成绩产生了积极的促进作用。

三、国际经验对我国家校合作的启示

结合我国家校合作的现状和问题,积极借鉴国际经验,可以为我国家校合作提供有益的启示,具体如下:

(一)加强家校合作的政策法规建设

从发达国家家校合作的实践看出,政府越来越认识到家校合作的价值,积极出台政策法规加强家庭与学校的联系和互动、对家校合作提出要求、帮助家长提高教育水平。家庭参与学校教育的法制化逐渐成为世界许多国家或地区学校教育民主化改革的重要范畴。2021年,《中华人民共和国家庭教育促进法》第四十条规定,"中小学校、幼儿园可以采取建立家长学校等方式,针对不同年龄段未成年人的特点,定期组织公益性家庭教育指导服务和实践活动,并及时联系、督促未成年人的父母或者其他监护人参加"。但总体来说,当前我国教育政策法规对于家校合作的界定较为笼统,如何更好地促进家庭教育促进法落地,界定好家校合作的边界、二者合作的内容和方式,并且为家校合作提供充足的保障,是未来家校合作能否顺利进行的关键。

其次,要确立家校合作的政策重点。政府机构必须利用政策工具来补偿那些处境不利的家庭,提供必要的激励机制,促进社会经济地位低下的家庭积极参与学校教育,以保障他们子女受教育机会均等。如美国20世纪60年代实行的"开端计划"为处境不利的儿童提供了大量的支持,有效改善了儿童的成长环境和学业成就。因此,家校合作政策上要特别关注那些困境家庭的儿童,给予其额外的教育资源,鼓励家庭父母参与教育,期望提升其子女的发展水平。当代的中国,由于社会转型以及家庭结构的变迁,个体的社会资本与文化资本的差异在不断扩大。在不同社会阶层背景的家庭中,可以用来帮助子女获得教育机会或较好的学业成就的经济资本、文化资本和社会资本差异比较明显。处于较低阶层的家庭所拥有的社会资本与文化资本偏低,而处于较高阶层的家庭社会资本和文化资本存量则较高。① 借鉴西方经验,我国家校合作政策也要重视为偏远地区的困境家庭提供指导。中国包括广大农村地区尤其是处于中西部与边远地区家庭、城市低保家庭、农民工家庭以及一些由于社会变革引发的一些变异的破碎家庭,日益成为学校教育改革需要关注的重点弱势群体。社会应当采取必要的辅助措施,对处于文化剥夺与不利的家庭需要补充教育机能。同时,对缺少家庭照顾的儿童,有必要进一步考虑提供适当的可代替的环境,推行系列可行的家庭的教育补偿性政策。② 通过补偿教育,缩小城乡教育的差距,让强势群体与弱势群体之间达到教育的合理平衡。

(二)更新家校合作的理念,提高家校合作的层次

随着我国家校合作的深入开展和家庭教育的理论发展,家校合作观念急待提升。当前家校合作存在的一些误区,如学校教育功能被扩大化,承载的职责过多。部分家长认为教育是学校的事,即家庭责任仅仅是照顾好孩子的日常起居,或者是以工作繁重为由,将教育职责全权委托给学校或者教育机构,将学

---

① 盛冰:《社会资本与文化资本视野下落不明的现代学校制度变革》,载《教育研究》2006年第1期。

② 杨启光、陈明选:《家庭与学校教育改革的关系:西方的经验与中国的问题》,载《华东师范大学学报(教育科学版)》2011年第12期。

生成绩不理想的责任推卸给学校，体现了家长主体责任意识的缺乏。在农村地区尤其是留守儿童家庭中较为多见，部分家长在教育子女中自觉履责的法律常识不清、法律意识不强，在思想深处重视程度不够，忽视家庭教育，履行主体责任的能力和水平不高，导致家庭教育的功能被简单化，一定程度上成为学校教育的附属，也影响整个社会的和谐与进步。因此，学校对于家长角色的认识要改变，只有从被动的配合到积极的合作和参与，才能从根本上提升家校合作的层次。

我国长期存在的"学校教育家庭化"趋向。[①] 部分家长认为"学习好胜过一切"，对家庭教育根本任务缺乏正确认识，教育子女时存在短视化、功利性倾向。受"抢跑文化"影响，盲目送孩子参加校外培训，过分看重孩子的考试分数、成绩排名，重分轻能、重智轻德、重养轻教，缺乏对孩子思想品德、行为习惯的养成和劳动、运动等能力的培养。这种长期的以考试为中心、以求取社会功名的教育传统价值取向还在一定范围深刻影响着家庭与学校教育的关系，导致学校教育家庭化趋向的加剧，孩子在学校的学习时间与压力开始向家庭大量迁移和延伸，不利于孩子的健康成长。

借鉴英美家校合作理念，要构建起各家校之间平等沟通的机制，如发挥学校主导作用，其作为专业性机构有责任引导家庭和社会共同合作育人，而不是让家庭被动地配合学校，进而削弱家庭育人系统的能动性。明确国家、社会等相关主体为家长提供家庭教育支持帮助的权利和义务，促进家长家庭教育能力的提高，在全社会形成有利于家庭发展和儿童成长的社会环境和制度体系，进而推动家庭育人系统在教育生态中发挥更为积极有效的作用。

（三）丰富家校合作的内容，扩展家校合作的机构

家校合作的深入推广可以为受教育者提供更为系统、有效的教育环境。学校师资的专业性以及教师接触家长和学生的便利性，决定了学校在家校合作中占有巨大的优势。一方面，教师以校本课程或选修课等形式为学生讲授家庭学科课程，培育学生科学的生活态度和生活方式及技能；另一方面，教师通过家长学校等途径对家长进行观念和方法培训，让子女在家庭实践中学习各种生活技能。对于家长的培训可以包括必要的心理学、教育学等学科知识，从而使父母掌握儿童身心发展的基本规律，掌握每个阶段儿童发展的心理特点，做好父母的基本认识（父母角色的认同、父母职责的认定、教育子女的基本原则、教

[①] 齐学红：《现代家庭与学校的关系》，载《教育科学》2005年第3期。

育子女应注意的事项)。还可以为家长讲授家庭关系、亲子关系调试技巧、夫妻关系以及家庭生活经营等内容,让家长认识到学生成长需要良好的家庭综合环境。

除了学校,我国还应该发展各类社会组织,尤其是家校合作的专业组织,像美国的家长教师联合会,加强教师与家长的联系、提高对教育的重视程度、倡导全民共同参与教育。此外,还可以充分利用现有的各类组织,如群团组织、街道社区、大众传媒、科研机构、民办教育服务机构等积极参与家校合作,进一步强化学校、家庭、社会合作的意识。

(四)为家长赋权,尊重家庭教育的自主性

家庭对于参与学校教育的态度情感是建立在家长对自己家庭所拥有的教育资源的认知水平之上的。具体地讲,这种认知水平是家庭对于自身家庭的教育资源的认知水平及其创造性的加工与开发能力。不同家庭拥有的教育资源不同,所产生的家庭教育问题在内容与程度上也迥异。因此,家庭教育任务对资源的认知与评价能力及其后续的自我改正与调整的状态,决定不同家庭应对家庭教育问题所能采取行动的直接效果。这种家庭层面的参与教育能力也相当于个人效能。一个觉察到自身存在的个人,才能正视问题的产生或解决。借鉴国外经验,应建立以人文情感取向为基础与权利对等交流的个体支持系统,要求从激发家庭的主体能动性,恢复他们的信心与兴趣出发,来提升家庭的教育能力与参与能力。可以通过特殊教育方案来协助、支持和满足家庭成员的发展需要,来预防或减少家庭内外形成的问题。

第三节　建设高质量的学校家长学校

总结国内家校合作的现状,先梳理相关政策法规再分析现存问题,然后对标发达国家和地区的有效经验,提出我国家校合作发展的对策。

一、我国家长学校发展的现状

家长学校是家校合作的重要阵地,通过家长学校开展家校合育活动,可以有效发挥家长在教育改革发展中积极作用,优化育人环境。

(一)家长学校类型

2015年12月22日,全国妇联儿童工作部召开了第二次全国家庭教育现状调查结果发布会，发布了全国家庭教育现状调查的主要结果。调查显示，家长遇到问题多靠自己解决，三成以上家长"没有接受过家庭教育指导服务"。① 这说明，我国家长学校在活动开展方面还存在一定的缺失。目前，我国主要存在三种类型的家长学校：基于学校的家长学校、基于网络的家长学校和基于社区的家长学校。其中，基于社区的家长学校将在本书第六章做主要分析。基于学校的家长学校和基于网络的家长学校都是在国家关于家庭教育的政策指导下开展，二者在活动内容和形式上却存在着一定差异，具体情况如下：

第一，基于学校的家长学校。目前，一般中小学都会有完整的家长学校组织管理机构，通常以学校正副校长为家长学校正副校长，由德育主任、大队辅导员、班主任及家委会成员负责家长学校的日常管理和活动组织。家长学校的教师一般是本校校长、德育处主任或对家庭教育比较有经验的班主任和其他一线教师担任，条件允许的学校会聘请一些教育专家、退休老教师、知名人士、有经验的家长等做兼职教师。学校主要以家长会为主，通过开展专家讲座、家长经验交流会等来开展对家长的教育活动。

第二，基于网络的家长学校。2005 年，江苏省网上家长学校在苏州市教育局的支持下正式开通，这意味着全国第一家网上家长学校正式成立。苏州市网上家长学校创办之初就提出了"为国教子，以德育人"的宗旨，其功能定位于"父母教子课堂、专家服务窗口、三方互动平台、家校联系桥梁"。② 后来建立的各省市级网上家长学校也具有类似的定位。到 2000 年，在《国家中长期教育改革和发展规划纲要（2010—2020 年）》颁布的背景下，在妇联、教育部门、文明办等党政机关的要求和部署下，掀起了网上家长学校建立的高潮。③ 当年 10 月，由全国妇联、中国家庭委员会、中国移动通信集团公司主办的全国网上家长学校正式开通。随后就有包括黑龙江省网上家长学校等 10 个新建省区市网校在 2012 年陆续上线，到 2012 年 1 月初，全国已有 22 个省区市妇联网

---

① 《第二次全国家庭教育调查结果发布》，载中国教育新闻网，http://www.jyb.cn/china/gnxw/201512/t20151223_647587.html，2021 年 9 月 17 日访问。

② 徐向阳：《探寻魅力之源：江苏省苏州市网上家长学校建设侧记》，载《中小学德育》2012 年第 2 期。

③ 全国网上家长学校：《全国省级网上家长学校基本实现全覆盖》，载《中华家教》2013 年第 3 期。

上家长学校开通或试运行。① 以黑龙江省为例，截至 2016 年，黑龙江省的网上家长学校就有 112 所。② 各地政府对此也很重视，对网上家长学校提供大量财政支持，如苏州市政府计划自 2016 年起，分三年共计投入 4184 万元支持家庭教育课程项目，并由这个项目带动家庭教育指导的指导者队伍建设、平台建设。③ 部分家长学校网站对教育内容按年龄、年级等进行了划分，如河南省网上家长学校中按年级划分的家教课堂、全国网上家长学校中按年龄划分的家教指导。网上家长学校的互动形式也较为多样，主要分为三种：一是基于网页的互动，如黑龙江省的在线解答、江苏省的专家在线、山西省的家校问答平台。二是基于微博、QQ 等自媒体的互动，如北京市利用博客的方式推送资源、辽宁省提供了专家 QQ 在线交流的悬浮导航和微信二维码。三是基于家校平台的互动，如安徽省的校讯通平台、江西省的班级微信互动平台等。

（二）家长学校存在的问题

学校家长学校存在建设规范性不够、重视程度不够，家校社协同育人机制不够健全等问题。

1. 家长学校建设规范性不够

家长学校存在的问题主要包括：家长学校规范性不够，从师资队伍、教学计划、指导教材或大纲、活动开展、成效评估等方面来看，家长学校的规范化建设还存在较大差距，如不同程度地存在着"以会代校"的现象，许多家长学校流于形式，内容单一，甚至将家长学校等同于家长会，没有发挥应有的作用；很多地区未将家庭教育服务纳入学校师资培训和教师考核工作，对家庭教育重视度不够；个别地区学校的家长委员会尚未发挥有效作用，有个别地方和学校甚至形同虚设，存在着重视不够、水平不高、资源不足等问题。城乡家长学校在活动规范化、活动质量以及活动频次上存在较大差别。

个别地区家庭教育指导中心的作用有待进一步发挥。很多省市开展家庭教育活动以讲座和宣讲为主，向家长分享家庭教育知识，片断式的学习缺乏长效机制和教育效果的反馈机制，有针对性解决家庭教育个性化问题能力不足，应

---

① 邓丽：《妇联儿童工作参与社会管理创新的定位和思路》，载《中国妇运》2011 年第 11 期。

② 白锦婵、常伟、郭惠慧：《黑龙江省家庭教育工作情况调查报告》，载《中国校外教育中旬刊》2016 年第 3 期。

③ 关颖：《家庭教育纳入公共服务政府必须给力》，载《中国妇女报》2016 年 2 月 18 日。

提高家庭教育点对点的服务和活动效率。

2. 家校社协同育人机制不够健全

(1)家庭与学校的边界不清。由于家校共育、家校社协同育人边界不清，家校矛盾、过重学校课业负担引发社会舆情时有发生，家庭教育本身价值、最有利于儿童的原则落地落实凸显不够。家长学校普遍存在虚化、弱化现象，大多被家长会所替代，要求家长配合学校教育的多，学校指导家长如何进行家庭教育的少。个别学校对社会组织开展家庭教育指导活动有抵触情绪。

(2)家校合作出现偏差。由于学校和家庭层面诉求差异，学校主导的家校合作容易出现学校从自身利益出发，追求对家校合作活动的控制和偏重帮助学校功能，让家长成为学校的单纯劳动力，忽视学校向家庭服务的功能，忽视家长参与过程中的收获，从而引起家长反感，使一些家长参与积极性不高。如何建立健全家校有效沟通和问题调处机制、提升家长自觉承担起在家庭教育中的主体责任意识、引导社会力量有效地参与家庭教育指导服务以及搭建学校家庭社会协同育人信息共享平台等方面，还需进一步建立健全有效的工作机制，形成工作合力。家长学校活动的开展存在的主要问题表现为家长学校开展活动的形式较多，但对于活动内容关注远远不够，家长的参与率也不是很高。

(3)家长参与学校教育不够深入。影响家长参与率的因素主要有：①家长学校教育内容不能满足家长需要。当前我国家长对于儿童成长的教育关注度不断提高。我国居民家庭消费中，除了食品、教育、医疗是抚育儿童的三大支出项目，教育支出随年龄增大显著增加，由此可见，我国家长对于儿童教育的重视。学校中提供的家长学校一般均为免费，如果提供的教育内容能够有效地解决家庭教育问题，自然会受到更多家长的欢迎。家长学校教育内容的开发离不开专业的师资，在上文中已经提到，我国高校和科研院所中家庭教育研究明显滞后于实践发展，家庭教育人才培养和现有家庭教育师资培训远跟不上现实需要，这是制约家长学校发展的根本因素。②家长时间有限，层次水平不一，家长学校在开展活动上存在一定困难。为了解决这一问题，当前很多家长学校利用网络技术开展在线活动来弥补面对面活动的不足。但相关调查显示，网络家长学校的教育内容质量参差不齐，另外教育内容缺乏信息素养的教学，导致家长不能有效利用网络平台获取家庭教育知识。③在家校沟通交流方面，以单向交流为主，缺乏互动。面对面的家长学校活动一般都是单向灌输为主，家长较为被动地接收信息。各类通信平台的消息也多以单向推送为主，得不到及时的反馈。

二、高质量家长学校的建设对策

（一）指导思想

第一，以习近平新时代中国特色社会主义思想为指导，深入贯彻习近平总书记关于家庭教育的重要论述，落实《国民经济和社会发展第十四个五年规划纲要》《中华人民共和国未成年人保护法》《中国教育现代化2035》《中国妇女发展纲要（2021—2030）》和《中国儿童发展纲要（2021—2030年）》《中华人民共和国家庭教育促进法》《关于指导推进家庭教育的五年规划（2021—2025年）》等提出的相关目标任务。第二，坚持立德树人。家长学校要始终把培育和践行社会主义核心价值观作为家庭教育的核心和根本，开展理想信念教育，厚植爱国主义情怀，注重品德教育，引导儿童树立正确的世界观、人生观、价值观，养成好思想、好品德、好习惯、好人格，培养德智体美劳全面发展的社会主义建设者和接班人。第三，坚持儿童为本。家长学校开展的活动应尊重儿童身心发展规律，尊重儿童人格尊严，遵循家庭教育规律，创设适合儿童成长的必要条件和生活情景，保护儿童的合法权益，促进儿童全面发展、健康成长。第四，坚持家长主体。家长学校要确立为家长服务的观念，要通过家庭教育指导服务，进一步强化家长及其他监护人的主体责任，引导家长依法履行家庭教育职责。帮助家长树立正确的家庭教育理念，自觉学习家庭教育知识，系统掌握科学的家庭教育方法，提高家庭教育能力。第五，坚持开拓创新。家长学校并没有标准化的工作模式和方法，在实际工作中需要结合当地条件，最大限度地发挥当地优势资源，进行思想观念创新、指导服务模式创新，从而提升家庭教育指导服务的科学性和实效性。

家长学校主要任务：①面向广大家长宣传党的教育方针、相关法律法规和政策，宣传科学的家庭教育理念、知识和方法，引导家长树立正确的儿童观和育人观。②组织开展形式多样的家庭教育实践活动，增进亲子之间的沟通和交流，使家长和儿童在活动中共同成长进步。③通过多种形式为家长儿童提供指导和服务，帮助解决家庭教育中的难点问题，提升家长教育培养子女的能力和水平。④增进家庭与学校的有效沟通，努力构筑学校、家庭、社区"三结合"的未成年人教育网络，为儿童健康成长营造良好环境。

（二）家长学校的制度机制建设

1. 组织和管理

2011年，全国妇联、教育部、中央文明办发布《关于进一步加强家长学校工作的指导意见》，提出幼儿园、中小学校、中等职业学校要把家长学校工作纳入幼儿园、学校工作的总体部署。各级各类家长学校要遵循党的教育方针和政策，始终坚持德育为先、育人为本的宗旨，以促进儿童健康成长为目标，以提升家长素质为核心，以全国家庭教育工作规划为指导，宣传普及科学的家庭教育理念、知识和方法，组织开展形式多样的家庭教育实践活动，努力提高家庭教育指导服务水平，为构建和谐的家庭和社会环境，培养德智体美全面发展的社会主义建设者和接班人发挥重要的基础作用。[①] 教育行政部门对幼儿园、中小学校、中等职业学校家长学校工作进行具体指导。在组织管理上要健全工作机构，完善管理制度，不断提高家长学校办学质量和水平。学校组织家长，按照一定的民主程序，本着公正、公平、公开的原则，在自愿的基础上，选举出能代表全体家长意愿的在校学生家长组成家长委员会。特别要选好家长委员会的牵头人。要从实际出发，确定家长委员会的规模、成员分工。

学校建立家长学校领导班子，负责家长学校的具体管理和教学工作。幼儿园家长学校校长由园领导兼任，与负责具体事务的教师、家长代表等人员共同组成校务管理委员会，负责家长学校日常管理工作。中小学校家长学校校长由分管德育工作的校长兼任，与德育主任、年级组长、班主任、家长代表等人员共同组成校务管理委员会，负责家长学校日常管理事务。中等职业学校家长学校校长由分管德育工作的校长兼任，与德育主任、班主任、家长代表等人员共同组成校务管理委员会，负责管理日常事务。健全中小学幼儿园家庭教育工作机制。制订家长学校规章制度，降低双方合作的随意性，把家庭教育工作作为中小学幼儿园综合督导评估的重要内容，结合实际制定推进家庭教育工作的具体方案，做到责任到人。建立学校家长学校考核机制，将家庭教育工作纳入幼儿园、中小学校和乡镇、社区（村）考核体系，量化、细化各项指标，加强督促检查，确保家庭教育工作的各项目标任务落到实处。充分利用幼儿园、所的家长学校资源优势，面向家长开展多种形式的早期教育宣传和个性化的指导服务，提升服务水平。

发挥学校家庭社会各自的育人优势，帮助儿童扣好人生第一粒扣子，共同营造健康成长环境和良好文明风尚。结合家长学校、德育一体化示范校等阵地建设，加强家庭教育工作的融合共促，提升学校家庭社会协同育人的实效性。

---

① 参见2011年全国妇联、教育部、中央文明办发布的《关于进一步加强家长学校工作的指导意见》。

重视家长在家庭教育中的主体责任，对家长进行家庭教育知识和技能的培训，完善促进家庭发展的政策。倡导积极上进的家庭文化，让儿童拥有阳光的心理、健康的身体，健康地成长。明确学校教育和家庭教育之间的差别，构建具有可操作性的家校合作模式，提高家长与学校的配合度。建立健全家校联系制度，定期召开家长会议，开通家校热线电话，深入家庭走访，及时沟通教育情况，共商教育措施，努力实现家校教育的一体化。

案例：郑州惠济区实验幼儿园重视家园共育工作，为保证家园共育工作的有效推进，幼儿园通过多种途径保证效果：一是成立以园长为组长"四级联动"工作领导小组。园长负责全面工作的推进；保教办主任负责具体工作推进；班主任具体负责班级家长工；家委会成员负责班级家长工作的组织；工作中责任清晰，分工明确，确保家园共育工作有效推进。①

2. 经费和场地

家长学校要按照阵地共用、资源共享、节俭办学、务求实效的原则，努力达到有挂牌标识、有师资队伍、有固定场所、有教学计划、有活动开展、有教学效果的规范化建设目标。场地可利用现有的活动室、教室等。幼儿园、中小学校、中等职业学校要为家长学校的活动提供必要的经费保障；有条件的地区，妇联组织可多方争取资源，设立家长学校发展项目，支持幼儿园、中小学校、中等职业学校家长学校建设和发展。

案例：山东省诸城市昌城镇昌城社区家长学校高标准设置"7室3中心"等功能区（室），形成了"一院、一校、三中心、五馆、十室"的新格局，为开展社区家庭教育奠定了基础。依托父母大讲堂、婴幼儿养育中心、青春健康俱乐部、尼山书院四大教育阵地，融合社区、校园、家庭三个分阵地，构建了政府主导、社会协同、公众参与的普惠性家庭教育公共服务模式。定期邀请家庭教育专家、法律人士到社区作专题报告，今年以来共组织家庭教育报告会10余场，受益家长5000余人。开展亲子阅读、专题讲座、家教沙龙，入户指导宣传、普及育儿知识，提高婴幼儿家长的养育技能和水平，900余名婴幼儿家长参加培训。利用青春健康俱乐部向

---

① 本案例根据实地调研资料整理而成。

孩子和家长普及关于青春期性与生殖健康知识和人生常识。在下午放学后及节假日，为社区儿童免费提供延时服务。设立留守儿童关爱室，关注特殊儿童学习和生活状况。开展最美家庭、优秀家庭角色、家风家训故事等系列评选活动。先后被评为"潍坊市五好四点半学校""潍坊市理论大众化示范点""诸城市十佳活动品牌""诸城市十佳家长学校"。①

3. 活动要求

在指导方式上，受调查的家长最喜欢接受当面咨询。传统的报纸、书籍已经不再是家长选择的主要方式。网络虽已经成为家长喜爱的指导方式之一，但是该咨询方式受到经济发展水平及家长文化素质的限制。受教育水平较高的家长更倾向于选择网络咨询。中国儿童中心六省市家庭教育指导状况调查也显示，家长期望通过网络咨询，并与指导者有一定的互动。在指导时间上，家长对于安排在节假日的白天与晚上的期望较高。五成以上的家长希望每次指导活动的时间在一到两个小时。② 学者张学雷的调查发现，家长愿意抽出半天的时间接受家长教育。家长希望家长会在周末的白天进行，时间为一小时左右，他们希望在有限的时间内获得有效的育儿知识。③ 由此可见，家长很愿意接受专业的家庭教育指导，指导的服务方式多元化，以满足各类家长的不同需求。

（三）提高家长学校指导人员的专业性

1. 我国学校家长学校师资建设存在的问题

目前我国家庭教育专业人才培养不足。《中华人民共和国家庭教育促进法》明确提出"支持师范院校和有条件的高等学校加强家庭教育学科建设，培养家庭教育服务专业人才"。全国妇联、教育部等九部门共同印发的《关于指导推进家庭教育的五年规划（2021—2025年）》指出"有条件的高等院校开设家庭教育相关专业和课程"。目前，家庭教育专业尚未进入本科专业目录，与家庭教育比较接近的专业有教育类专业（学前教育、中小学教育等）、社会工作专业和家政学专业等，无法提供家庭教育专业所需要的核心专业理念、专业知识和能力，无法满足高质量家庭教育专业人才的培养需求。

---

① 山东省妇联家儿部：《"全国家庭教育创新实践基地"，山东10单位入选!》，载"齐鲁女性"公众号。
② 黄鹤：《我国家庭教育指导的对象、渠道、内容与形式》，载《中国校外教育》2017年第3期。
③ 张学雷：《我国家长教育的问题与对策研究》，沈阳师范大学2017年硕士论文。

此外，除了高校开设家庭教育相关专业培养家庭教育师资，对现有负责家庭教育的人员进行专业培训也迫在眉睫。由于我国大陆地区各级各类学校的教师在职前教育中没有接受过家庭教育相关课程的教育，而广大教育工作者面对学生背后庞大的家长群体，他们的工作职责要求他们首先具备构建优良家庭关系的素质和掌握家庭教育的基本知识和技能。因此，对在职教育工作者实施基本的家庭教育知识、素养和技能的培训，弥补他们在职前教育中的缺失，有利于促进学校家庭教育指导工作的专业化。

2. 家长学校师资建设的对策

在高校发展家庭教育学科和专业，培养家庭教育指导专业人才。首先，在高校开办家庭教育本科专业。2022年，人社部把"家庭教育指导师"纳入国家职业大典，高等学校开设家庭教育本科专业是符合国家战略发展的必然趋势。其次，要尽快建立家庭教育研究的院系所，科学合理地整合高校多学科的资源优势，将社会学、教育学、心理学、营养学、服装设计、室内陈设、女性学等学科专业进行交叉，建立新的学科增长点，形成家庭教育类人才培养模式与体制，培养能够在学校中进行家庭教育指导的专业人才；再次，确立我国高校家庭教育类专业的培养目标。家庭教育要服务于我国当前和谐家庭的建设、家庭文化与家庭素养的提升，营造优良的家庭教养环境。要积极研究当前我国家庭发展与学校教育之间的关系，加大家庭教育课程在各级各类学校的设置，使家庭教育课程建设能更多地促进每一个家庭的和谐、幸福；最后，构建家庭教育课程体系，将家庭教育列入国民教育课程序列。新的家庭教育课程体系建设，需要整合现有家庭教育课程以及社会学、心理学、教育学、伦理学、营养学等其他关联学科课程资源，不再局限于仅仅关注家庭教育的方法和儿童智力开发的技巧，建立科学的、系统的、完善的、具有前瞻性的新型家庭教育学科课程体系。

对现有师资进行家庭教育专业培训，帮助指导者具备正确教育观念，掌握科学的教育方法。教育部门要与妇联、关工委等相关组织共同合作，为家长学校的师资提供各种最近的家庭教育专题培训班和正规、权威的学术交流活动，汲取新的家庭教育理念、知识，以及学习开展家庭教育活动的有效形式和方法。

> 案例：宁夏自治区妇联加强统筹协作，指导教育系统创新家校共育工作机制，建立健全学校家庭教育组织机构，建立学校、年级和班级三级联动家庭教育指导委员会，实施家校共育创新、家长学校落地提升、教师家庭教育素养提升、家长持证上岗培训、家庭教育指导服务延伸"五大行

动"。与自治区教育厅联合启动"家校协同，让孩子健康成长"家庭教育宣传活动。家校共育工作的开展，使得所在地区内家校矛盾明显下降、师生关系更加融洽、家庭氛围更加和睦。①

(四) 开发家长学校系统课程和教材

当前我国大多数家长学校开展家庭教育指导活动还是以狭义的亲职教育为主，尤其是侧重学生思想道德教育和文化课学习指导，学校教育者和广大家长尚未认识到家长学校开展的家庭教育指导是建设和谐家庭、增进家庭幸福的重要途径，导致家长学校的内容相对窄化，影响了家长学校的教育效果。儿童成长受到家庭环境多方面因素的影响，凡是能够增进个人家庭生活所需知识、态度与能力的教育活动都可以称之为家庭教育。在这种观念下，家长学校的内容要让家长认识到家庭的本质、关系、功能以及如何建设和谐幸福的家庭生活，而不是仅仅以提高学生成绩为主要目标。

我国当前家长学校开展活动缺乏系统、科学的课程和教材，影响了家长学校活动开展的质量。课程和教材开发需要一定的专业理论积累，对于中小学来说，由于缺乏专业的家庭教育指导人员，使得相关课程和教材开发工作跟不上实际需要。目前我国也出版了一批家长指导教材，以教育学和心理学为基础，以培养引导儿童少年学会学习、学会做事、学会交往、学会做人为主要内容，为家长介绍有关科学知识和正确的教育方法。对我国家庭教育指导服务体系建设作出了重要贡献，但单一学科视角下的家庭教育研究缺乏学科交叉融合，难以解决日趋复杂的家庭教育问题。

家长学校课程开发的理念。学校家庭教育指导的过程中要强调家庭教育的全员性和终身性，即家庭是一个人一生都要学习的，与家庭生活所有相关的人、事、物和关系都是家庭教育的范围。家庭教育是全民、全人和贯彻整个人一生的生命历程的教育。家长学校中提供的家庭教育指导是建设和谐家庭、增进家庭幸福的重要途径，凡是能够增进个人家庭生活所需之知识、态度与能力的教育活动都可以称之为家庭教育。从这个视角开发家长学校的课程和教材，需要来自多学科的专家与学校一线家庭教育指导人员共同参与家长学校课程与教材的研发。当前我国家长学校课程开发最权威的依据为《全国家庭教育指导大纲》和《家长家庭教育基本行为规范》。构建适合我国国情的学校家长学校课

---

① 本案例根据实地调研资料整理而成。

程内容，应该以习近平新时代中国特色社会主义思想为指导，将社会主义核心价值观和中华民族优秀传统文化贯穿到家庭教育内容开发的全过程。每个家庭在形成和发展中，除了注重家庭成员的吃、穿、住、行、健康和学习，还要将"富强、民主、文明、和谐、自由、平等、公正、法治、爱国、敬业、诚信、友善"等价值观在家庭教养过程中，教育家庭成员学会"尊老爱幼、妻贤夫安、母慈子孝、兄友弟恭、耕读传家、勤俭持家、知书达礼、遵纪守法、家和万事兴"等中华民族传统家庭美德。学生在学校学习家庭教养正确知识，长大成家后就能培育和践行社会主义核心价值观、传递民族传统美德，引导家庭成员特别是下一代热爱党、热爱祖国、热爱人民、热爱中华民族。

学校家庭教育指导的具体内容。家长学校提供的课程要让学生和家长认识到家庭的本质、关系、功能以及如何建设和谐幸福的家庭生活。家庭是以婚姻为基础、以血缘为纽带而形成的社会生活的基本单位，是社会最微小的细胞。家庭中有几种互动关系，包括夫妻、亲子、手足和代际关系。这些关系的处理涉及婚姻教育(增进夫妻关系的教育活动)、亲职教育(增进父母职能的教育活动)、子职教育(增进子女本分的教育活动)、性别教育(增进性别认知的教育活动)、伦理教育(增进家族成员相互尊重及关怀的教育活动)。家庭的功能有生育、保护与照顾、教育、经济、休闲娱乐等，家庭功能的提升家庭和谐幸福生活的建设。因此，学校家庭教育指导的内容还应该包括家庭生活教育(吃、穿、住、行、健康、财产)，满足人们最基本心理需要，即生理的和安全的需要；家庭成员照顾的教育(尤其是照顾未成年和走向衰老的群体)；家庭规范教育(家庭法律和礼仪)，用来规范家庭成员之间的关系；家庭休闲娱乐教育。由此产生了学校家庭教育指导内容框架，即婚姻教育、亲职教育、子职教育、性别教育、伦理教育、家庭生活教育、家庭成员照顾教育、家庭规范教育和家庭休闲娱乐教育。

(五)丰富家长学校活动形式

目前家长接受指导的最主要途径为学校指导。《第二次全国家庭教育现状调查》显示，接受过家庭教育服务的家长中六成表示满意，他们更愿意向学校教师寻求帮助。[①] 与此相似，学者吴刚对幼儿亲职教育的调查也显示，家长最

---

① 《第二次全国家庭教育现状调查报告》，载新时代家庭数据平台，https://www.chinesefamilydata.cn/report/56，2022年4月18日访问。

希望参加集体培训以及家长会，并通过QQ群或微信群分享育儿知识。① 学校家长学校开展活动要注意以下几点：

第一，开展活动要有针对性。针对家长教育程度参差不齐的情况，学校如果有条件，可以在了解家长实际需求的条件下对相应的家长群体分层次开展活动。通过加强针对性，能够大大减轻家长的学习负担，家长可以根据自己的实际需求选择自己所需要的来学习。如大庆市幼教中心采取的"学校提需求、妇联派专家、公益零收费、订单式服务"措施，有效地弥补了教育机构在家庭教育培训方面资源不够和专业性不足的短板。② 幼教中心曾多次和妇联申请，邀请专家针对0—3岁婴幼儿和3—6岁幼儿家长进行公益讲座，在一定程度上转变了家长的教育观念，提升了家庭教育水平，也有效地帮助和指导了各个幼儿园的家庭教育培训工作。

第二，充分利用社会各类资源，形成育人合力。如学校与妇联合作，利用妇联组织的优势资源，为广大家长提供有针对性的家庭教育指导服务。如大庆妇联针对侵犯儿童合法权益案件屡发问题，启动实施"护童行动"，通过"女童保护一校一师"培训、防拐防性侵活动等宣传教育形式，儿童、家长、学校、社会共同参与，保障儿童安全，助推家庭幸福。老师通过考核可以成为大庆"女童保护"讲师，实现"女童保护一校一师"全覆盖。针对父母或其他监护人存在侵害儿童权益，不依法履行监护职责或履职不当、不力等问题，大庆妇联联合检察院，创建青少年法律教育基地，开展亲职教育，形成"发现—调查—评估—教育"的维权链条，以不少于2个月的持续教育，帮助和引导监护人切实履行家庭教育责任。③

第三，充分利用信息技术，活动方式要灵活。针对家长的教育活动属于成人教育范畴，在开展活动中应避免填鸭式的知识灌输，要注重教学方式的灵活性和多样化。如开展活动以教学课程为主、活动课程为辅，具体实施方式包括演讲、座谈、辩论、读书会、影片赏析、角色扮演、参观活动、亲子活动、家庭教育日等。可以借鉴"教师工作坊"的培训模式，参加培训的家长不仅是听专家讲，还要把自己的经历和体会讲给专家和其他家长们听，必要时，可当作

---

① 吴刚：《幼儿亲职教育现状与需求研究——以×市为例》，西南大学2015年硕士论文。
② 本案例根据实地调研资料整理而成。
③ 本案例根据实地调研资料整理而成。

典型案例在网上学习平台分享。同时应注意让家长掌握必要的信息素养，如学习资源检索与获取、学习软件的使用、网络学习空间的使用、基于移动设备教学软件的操作与应用策略及信息道德和信息安全知识，帮助家长更好地利用各种信息平台提高家庭教育能力。此外，家长学校要结合新媒体技术开发数字化家庭教育服务产品，综合运用多种技术增加互动，形成"圈子"，借助彼此之间的关系激励家长参与。利用现在的微博、QQ 和微信等技术建立家长与教育者之间，家长与家长之间的好友关系，同时注重平时的信息推送和互动交流。

案例：河南惠济区实验幼儿园开展家长课堂。一是每月至少一次家长课堂。从亲子沟通、幼小衔接、生活习惯等多个方面，聘请幼教专家，开展专业的指导。如 2020 年 10 月组织爸爸课堂，邀请身边的模范的超人爸爸赵老师分享自己的育儿心得，150 余名爸爸参与现场的互动，同时有 1000 多名家长通过线上的形式参与了此次活动，激发了爸爸们主动参与教育的动力，同时也得到了所有妈妈的高度认可。二是每周五线上家长课堂，依托网络资源，每周一个主题，每次一个小时，95%的家长能坚持每周收看，能在班级群分享自己的收获感悟。三是开展家长心理公益课堂，通过体验、游戏、表达、沟通，释放家长心理压力，在课程中学会平衡工作与生活，学会与自己和解，在自我疗愈中，给孩子树立良好的榜样示范，为亲子关系、家庭和睦奠定基础。四是不定期进行家长沙龙，结合当下家长育儿的困惑或者讨论的热点话题随机进行家长沙龙。比如说一位家长在群里，诉说孩子分床睡的苦恼，引来许多家长的讨论，园长看到家长的焦虑，安排进行"聊聊分床那些事"家长沙龙，讨论中解决家长困惑，获得家长一致好评。五是疫情特殊时期，通过线上的形式开展家长课堂，教师通过视频、信息等形式，每天至少推送 3 条科学防疫知识给家长，全园宣传知识发送达 1200 条。居家时期，家长和教师共同录制游戏小视频 222 个，丰富孩子居家生活，让家长高质量陪伴。园长通过视频形式对家长进行 5 次以上主题分享，帮助家长克服疫情焦虑，引导家长科学育儿。[①]

---

① 本案例根据实地调研资料整理而成。

第四节　我国校家社协同育人的政策演变与研究趋向

近年来，党和国家高度重视学校家庭社会（以下简称校家社）协同育人工作，出台了系列政策文件。十九届五中全会明确提出建设高质量教育体系，"健全学校家庭社会协同育人机制"；2021年全国两会又明确要求"构建覆盖城乡的家庭教育指导服务体系，健全学校家庭社会协同育人机制"。[①] 2021年7月"双减"政策则标志着校家社协同育人政策的正式落地实施，系列政策组合拳的协同育人功效凸显。[②] 校家社协同育人已经成为高质量教育体系建设的重点，社会各界普遍关注的焦点问题。本节从政策视角，梳理改革开放后我国校家社协同育人相关政策文本，分析其演变历程，探索我国校家社协同育人的内生动力，厘清校家社协同育人政策研究的未来趋向，为校家社协同育人政策落地奠基。

一、校家社协同育人的政策演变

中华人民共和国成立后，我国共发布了7份涉及家校合作的政策，主要散落在中小学管理与教学等方面的文件中，渗透着家庭与学校共育学生的思想，并提到了家校合作的策略，如要求学校"通过采取家庭访问或举行家长会等方式，同学生家长保持联系，共同教育学生"。受历史因素影响，家校合作并未得到有效实施。从我国校家社发展历程看，协同育人相关政策主要出现在20世纪80年代以后，大致分为三个阶段。

（一）配合学校育德的校家社协同育人探索阶段（1985—2009年）

以《中共中央关于教育体制改革的决定》颁布为标志，本阶段校家社协同育人具有以下特点：

（1）教育政策和法律文件中出现校家社结合，校家社关系中更侧重于家庭配合学校。1985年我国颁布《中共中央关于教育体制改革的决定》，对中国体

---

① 参见《中华人民共和国国民经济和社会发展第十四个五年规划和2035年远景目标纲要》。
② 《中共中央办公厅、国务院办公厅印发〈关于进一步减轻义务教育阶段学生作业负担和校外培训负担的意见〉》，载教育部官网，http：//www.moe.gov.cn/jyb_xxgk/moe_1777/moe_1778/202107/t20210724_546576.html，2021年12月19日访问。

制改革进行了整体战略部署，提出教育体制改革的根本出发点和落脚点是培养人，认为义务教育是"国家、社会、家庭必须予以保证的国民教育"，明确了社会和家庭在义务教育中的责任和义务。20世纪八九十年代，教育法制化程度加快，《中华人民共和国义务教育法》(1986年)《中华人民共和国未成年人保护法》(1991年)将儿童受教育与受保护等基本权益落实到相关教育法律中，并提出了家庭与学校在教育与儿童保护方面的各自职责，使家庭与学校成为并列的两种力量。《中华人民共和国教育法》(1995年)对家庭与学校之间的相互联系作出规定，要求未成年人的父母或其他监护人应当配合学校对其子女或其他被监护人进行教育，同时也提出学校、教师可以对家长提供教育指导。此阶段的法律对家校关系的界定为后续的教育政策产生了深远影响，即家长应配合学校，以及学校、教师应对家长提供指导。

(2)校家社合作的主要目的为育德，出台了部分校家社合作的实施方式。此阶段家校合作主要出现在中小学德育相关文件中，作为实施德育的重要途径，家长学校、家长委员会等合作形式快速发展。如1992年国务院妇儿工作协调委员会发布《九十年代中国儿童发展规划纲要》提出"建设多元化家长学校机制"，1994年发布《中共中央关于进一步加强和改进学校德育工作的若干意见》要求"学校要通过家长委员会、家长学校、家长接待日等多种形式与家长建立经常联系，大力普及家庭教育知识"，提出了具体的家校合作机制。自1996年开始，全国妇联、教育部等共同制定《关于指导推进家庭教育的五年规划》，使全国的家庭教育工作有遵循的依据，并在之后陆续制定与之配套的指导性文件和全国家教工作考核、督导、激励、评估制度的建立，促进了我国家庭教育工作的规范化、制度化水平的提高。1999年，党中央作出推进素质教育的决定，提出实施素质教育"应当贯穿于学校教育、家庭教育和社会教育等各个方面"，校家社合作开始被纳入素质教育的育人框架下。2001年，中共中央出台《公民道德建设纲要》，提出"家庭、学校、机关、企事业单位和社会在公民道德教育方面各有侧重、各有特点，是相互衔接、密不可分的统一整体"。在这个文件中，校家社合作育人的理念逐渐出现，并强调学校家庭社会在育人方面的有机联系。2004年《中共中央国务院关于进一步加强青少年儿童思想道德意识》，提出："要建立健全学校、家庭、社会相结合的未成年人思想道德教育体系，使学校教育、家庭教育和社会教育相互配合，相互促进。"这个文件明确了学校、家庭、社区三个主体在未成年思想道德教育中作用，并将学校放在首位，突出学校的主导作用。

(二)走向制度化的校家社协同育人发展阶段(2010—2015 年)

以《国家中长期教育改革和发展规划纲要(2010—2020 年)》颁布为标志,此阶段校家社协同育人的特点:(1)基于现代学校制度的校家社协同育人。2010 年经党中央、国务院审议通过的《国家中长期教育改革和发展规划纲要(2010—2020)》第二十章中明确提出:"建立现代学校制度""更新人才培养观念""学校、家庭、社会密切配合""制定有关考试、学校、终身学习、学前教育、家庭教育等法律"。这个文件是 21 世纪以来我国第一个国家级教育规划纲要,将校家社合作育人纳入现代学校制度并提出家庭教育立法等问题,加速了校家社合作制度化、规范化的进程。(2)校家社育人的理念从结合走向合作。育人理念的重大转变对校家社合作提出了新的要求,此阶段出台了诸多促进家校合作的政策,家校合作制度化程度不断提升。2010 年,全国妇联、教育部等相关部门联合发布《全国家庭教育指导大纲》,是全国各级各类家庭教育指导服务机构和家庭教育工作人员实施家庭教育指导的基本依据。2011 年,全国妇联、教育部中央文明办发布《关于进一步加强家长学校工作的指导意见》,对家长学校提出了"有挂牌标识、有师资队伍、有固定场所、有教学计划、有活动开展、有教学效果"的规范化建设目标,并在组织管理、教学形式与内容、督导评估等方面作出规定,为家校合作提出较为明确的实施指南。2012 年,教育部发布《关于建立中小学幼儿园家长委员会的指导意见》,提出将家长委员会作为"构建学校、家庭、社会密切配合的育人体系的重大举措",进一步提高了家校合作规范化水平。2013 年中共中央办公厅印发《关于培育和践行社会主义核心价值观的意见》,提出"完善学校、家庭、社会三结合的教育网络",突出了校家社共同育人的合力。2015 年,教育部发布《教育部关于加强家庭教育工作的指导意见》,提出"家长在家庭教育中的主体责任""充分发挥学校在家庭教育中的重要作用""加快形成家庭教育社会支持网络",校家社合作、协同育人的理念不断确认、深化。2015 年,习近平总书记在春节团拜会上发表讲话,提出"重视家庭建设,注重家庭、注重家教、注重家风""使千千万万个家庭成为国家发展、民族进步、社会和谐的重要基点"[①],习总书记对于家庭教育重视,将校家社合作育人提升到国家和社会建设的战略高度,为校家社协同育人发展指明了方向。(3)家校合作走向区域性推进状态。在各

---

① 《习近平关于注重家庭家教家风建设论述摘编》,中央文献出版社 2021 年版,第 3 页。

种政策推动下，各地的家校合作育人出现了新探索，并产生了一些新模式，如广东中山、山东潍坊等，为校家社协同育人机制的完善积累了宝贵的经验。

（三）走向国家战略的校家社协同育人全面推进阶段（2016年至今）

以习近平总书记在北京市八一学校考察讲话为标志，此阶段的主要特点：（1）校家社育人从合作走向协同。2016年，习近平在北京市八一学校考察时强调："基础教育是全社会的事业，需要学校、家庭、社会密切配合。学校要担负主体责任，对学生负责，对学生家庭负责。家长要尊重学校教育安排，尊敬老师创造发挥，配合学校搞好孩子的学习教育，同时要培育良好家风，给孩子以示范引导。各相关单位特别是宣传、文化、科技、体育机构要积极为学生了解社会、参与实践、锻炼提高提供条件"①，总书记为新时代校家社协同育人提出了明确要求。2018年，习近平总书记在全国教育大会再次强调了学校、家庭、社会协同育人的重要性："办好教育事业，家庭、学校、政府、社会都有责任""全社会要担负起青少年成长成才的责任"②，总书记从教育改革发展的重大问题和群众关心的热点问题出发，对校家社协同育人高度重视，对育人理念和机制的改革指明了方向。2019年之后，党和国家关于教育的战略部署中开始出现校家社协同育人。（2）校家社协同育人机制成为国家教育战略。2019年，党中央、国务院印发的《中国教育现代化2035》指出，"推进家庭学校共同育人"。2020年，党的十九届五中全会明确提出"健全学校家庭社会协同育人机制"要求，这是我国首次将校家社协同育人机制上升为党和国家的重大问题。2021年3月，十三届全国人大四次会议表决通过的《中华人民共和国国民经济和社会发展第十四个五年规划和2035年远景目标纲要》明确提出，"构建覆盖城乡的家庭教育指导服务体系，健全学校家庭社会协同育人机制"。2021年10月，《中华人民共和国家庭教育促进法》公布，规定"建立健全家庭学校社会协同育人机制"。至此，校家社协同育人机制成为国家全面推进的教育战略，体现了当前我国育人机制改革的重大转变。

二、校家社协同育人研究呈现政策驱动态势

家庭、学校和社会的性质与结构不同，家庭是私人领域，学校是育人机

---

① 《习近平关于注重家庭家教家风建设论述摘编》，中央文献出版社2021年版，第65页。

② 《坚持中国特色社会主义教育发展道路　培养德智体美劳全面发展的社会主义建设者和接班人》，载《人民日报》2018年9月11日。

构,社会是人生发展场域。学校、家庭、社会不断着塑造着各自的教育行动,校家社关系处于不断变化之中。这些进一步增加了校家社协同育人认识理解复杂性和深刻性。在我国校家社协同育人近40年发展历程中,协同育人政策发展演变与我国政治经济发展保持了同步性,整体呈现了我国教育整体布局和发展战略的历史脉络和真实样态,同时也反映了人民群众对教育现实需求的发展性和时代性。总体看,校家社相关研究始于家校合作逐渐拓展为校家社协同育人,由与中小学德育工作联系密切的育德核心逐渐贯穿至育人的各个环节。从制定出台的相关政策文件中,我们可以清晰看到校家社协同育人发展的学生线、育人的质量线;在对已有研究史的梳理提炼中,我们也发现整体上研究滞后于现实教育发展需要,呈现出政策带动协同育人学术研究态势,研究具有明显的政策驱动特征。

(一)校家社协同育人纳入政策法律体系推动研究走向规范化

总体来说,学术界早期对校家社协同育人研究有着国内国外两大背景。一是国家政策法律赋予了家庭、学校和社会在学生培养中的权利责任,特别是在思想道德教育体系中的学校、家庭和社会相互配合义务;二是我国加入《儿童权利公约》成为第110个批准国,意味着既有权力也有义务为儿童父母和家庭提供支持和保障,以确保儿童享有相应权力。可以说,我国20世纪90年代以后的关于儿童教育的政策法律均提到家庭参与儿童教育问题,明确了家庭教育的公共性质,有力推动了我国校家社协同育人规范化进程。

正是在国内外大的政策背景下,学术界开启了校家社协同育人研究之路,但在教育研究群体和视域中,协同育人研究仍是小众,且研究更多基于微观家校合作中的具体问题提出策略和模式,将家校合作视为提高教育效能的有效工具。①对家校合作的实践问题进行了思考。如家校共育方面制度在执行、督促、检查上存在疏漏①,大部分家长缺乏参与学校教育的意识,没有认识到参与是自己的权利和义务,家校合作实践随意性较强、单向灌输多、连续性差及家校相互挑剔等,为家校合作育人机制的完善提出了改进的方向。②从多学科视角研究家庭教育问题。如社会学、生态学等方面探析家庭教育问题,如缪建东的《家庭教育社会学》(2001)、关颖的《社会学视野中的家庭教育》(2000),深化了对校家社三者关系的理解。③家校合作的理论问题引起关注。一些研究

---

① 颜辉荣、徐金贵:《中小学"家校共育"现状的调查报告》,载《江西教育科研》1998年第6期。

者提出家校合作的理论构想，如有学者提出建构以家长学校为主体，以家长委员会为主线，辅之以家访、家长会、联系卡、教育会诊、家长开放日、家庭教育档案等形式的系统的、整体的、连续的家校结合模式①。应该说，以上研究在当时算不上显学，更多停留在政策阐释、经验总结和问题反思等方面。

（二）社会转型迫切需要推动校家社协同育人研究走向独立域

现代学校制度是学校教育法治化的重要标志，对于学校教育中社会参与、民主管理的要求体现了教育治理的共治本质。现代学校制度要求构建学校、家庭和社会之间的新型关系，并把协同育人嵌入学校管理制度，为协同育人提供有效制度保障，这样更有助于提高治理的参与度、回应性、透明度和公平度。这成为当时校家社协同育人研究转向家庭教育、家校研究的重要背景。主要特点包括：①认识到学校和家庭各自教育价值的独特性。如黄河清（2011）分析了家校合作问题背后的理念冲突，认为学校和家庭之间需要深度融合。② ②家庭教育立法研究开始出现。如熊少严（2011）认为应重视校家社合作育人的制度设计。③ ③分析了家校协同机制的内涵和内容。如王薇（2015）认为家校协同机制是指在教育学生过程中学校和家长的功能、结构及相互关系，可以通过机制的构建促使学校和家庭实现功能互补。④ ④从教育治理的视角认识家校社协同育人。如从教育治理现代化的视角来分析不同教育主体之间的关系⑤，为校家社协同育人机制的完善提供了重要启示。⑤从社会变迁视角认识到校家社协同的必要性。如张秀兰、徐月宾（2003）提出稳定和功能完整的家庭是家庭成员、社区、市场乃至整个社会的资源。⑥ 周福林（2016）认为婚姻和家庭稳定性下降，离婚率持续升高，产生单亲家庭、留守儿童等现象，仅依靠学校教育难以解决。⑦ 因此聚焦单亲家庭、留守儿童等弱势群体的研究逐渐成为热点焦点问题。

---

① 季诚钧：《现代家校结合模式探讨》，载《现代教育论丛》1997年第1期。
② 黄河清、吴怡然、彭芸：《家校合作中的家长教育方式》，载《教育学术月刊》2011年第11期。
③ 熊少严：《关于家庭教育立法问题的若干思考》，载《教育学术月刊》2010年第4期。
④ 王薇：《构建家校协同机制的实证研究》，载《上海教育科研》2015年第2期。
⑤ 褚宏启、贾继娥：《教育治理与教育善治》，载《中国教育学刊》2014年第12期。
⑥ 张秀兰、徐月宾：《建构中国的发展型家庭政策》，载《中国社会科学》2003年第6期。
⑦ 周福林：《我国家庭结构变迁研究》，经济管理出版社2016年版，第82~183页。

(三)校家社协同育人性定位推动研究走向制度机制建设

在各种政策的推动下,近些年相关研究成果从数量和质量上都得到了极大突破,家庭教育及家校合作的相关研究激增,以"家校协同"为主题的研究也开始出现,学者们对于校家社协同育人的思考延伸到教育的各个领域,产生了一系列代表性研究成果。(1)深化了校家社协同育人的内涵,从传统的德育工作延申到教育的各个环节。如张力(2020)提出学校家庭社会协同育人重点是把立德树人融入思想道德教育、文化知识教育、社会实践教育等各个环节,共同搭建协同育人的有效运行机制和资源网络平台。① (2)注重对家校合作的制度化分析。如提出要通过"政策""文化""共识"和"组织"的共同发力,使教育跨界行动走上制度化的良性发展轨道②,健全家庭教育立法的配套法律制度③,把校家社共育情况纳入督导评估的指标体系,为校家社协同共育机制的完善提供切实保障④,系统地对校家社育人机制进行政策和法律分析。⑤ (3)从家校合作实践提炼协同育人机制。如朱永新(2017)通过新教育实验,提出建立家庭、学校和社区新型合作伙伴关系,新教育实验通过加强制度建设、共读共写共赏、共享多方资源和榜样示范引领等路径实践家校合作共育理想。⑥ (4)从国家教育战略发展高度,提出校家社协同育人机制的整体框架和策略。如高书国(2021)提出构建以协同育人为中心,核心是实现家庭、学校、社会共同参与、协同育人;构建以治理体系、网络体系、供给体系和人才体系四大支柱为主体的覆盖城乡的家庭教育指导服务体系基本框架。⑦ 单志艳(2021)提出建立政府为主导、家庭为基础、学校为主体、社会为平台、多元化多层次的

---

① 张力:《健全学校家庭社会协同育人机制的宏观政策导向》,载《中国教育报》2020年11月19日。

② 吴重涵、王梅、雾张俊:《教育跨界行动的制度化特征——对家校合作的经验分析》,载《教育研究》2017年第11期。

③ 罗爽:《我国家庭教育立法的基本框架及其配套制度设计》,载《首都师范大学学报(社会科学版)》2018年第1期。

④ 曹瑞:《基础教育阶段协同育人的成绩、问题与建议——基于2013—2017年CNKI期刊数据的分析》,载《中国德育》2018年第17期。

⑤ 边玉芳、周欣然:《我国70年家校合作:政策视角下的发展历程与未来展望》,载《中国教育学刊》2021年第3期。

⑥ 朱永新:《家校合作激活教育磁场——新教育实验"家校合作共育"的理论与实践》,载《教育研究》2017年第11期。

⑦ 高书国:《覆盖城乡的家庭教育指导服务体系构建策略》,载《教育研究》2021年第1期。

合作体制和机制。①（5）提出了家校共育的基本模式。如洪明（2020）基于调查研究、历史研究和理论研究建构了家校共育的基本模式，并对模式要素进行了系统的分析。② 此阶段，学术界对于校家社协同育人的研究开始系统化，但由于学者们的学科背景、视角不同等原因，当前的研究成果仍显得分散，尚未将校家社协同育人机制从内涵、基本理论、组织和制度、工具策略等方面进行全方位的整合，难以作为校家社协同育人机制整体推进的理论指导，也缺乏一套能够在全国范围内推广的校家社协同育人行动方案。

三、学校家庭社会协同育人政策研究的未来走向

伴随社会发展和人民受教育水平整体提升，家长意识的觉醒，学校教育主导性受到挑战；互联网快速普及颠覆性地改变着人们的生产生活方式、工作学习方式、思维认知方式等，推动着学校教育和整个教育体系的重构，学生学习生活的实体空间和虚拟空间被打通，学校教育、家庭教育、社会教育边界正在被解构，全域教育时代已到来。在校家社协同育人上进行了多样化的实践探索，取得了很大成绩，积累了丰富经验。同时，也存在着学校、家庭和社会在育人上的理念不统一、行动不协调、效果不同步等制约协同育人的矛盾问题急需研究解决。"十四五"时期，我国校家社研究要站位在中华民族伟大复兴战略全局、百年未有之大变局和构建人类命运共同体的高度下，聚焦全面建设社会主义现代化国家新征程，从当前与长远、治标与治本两个维度统筹考虑，以科学、高效、操作性强的协同育人机制为突破口，优化学校家庭社会育人大环境，支撑服务培养担当民族复兴大任、实现中国梦的"梦之队"。

（一）构建具有中国特色、世界水准的校家社协同育人理论

总体看，学校家庭社会协同育人是指在学生全面发展和立德树人的价值引领下，学校、家庭和社会以育人为根本目的的一致性行为。其中，育人是指培养德智体美劳全面发展的社会主义建设者和接班人；协同是为了达到更好的育人，多方主体相互规定、相互制约；一致性行为是指以学校为主导，家庭和社会等多主体参与，目标统一、责任明确、功能互补、关系和谐的育人活动。校家社协同育人理论研究要在学生全面发展和立德树人价值引领下，回答"双减"背景下，为什么要协同育人，需要什么样的协同育人，怎么构建协同育人

---

① 单志艳：《少子化时代家校共育的制度设计》，载《教育研究》2021年第1期。
② 洪明：《家校合育论》，教育科学出版社2021年版，第1~2页。

机制等基本理论问题。通过解析、构建校家社协同育人理论框架与模型，为健全校家社协同育人机制提供理论方案。主要包括以下内容：(1)校家社协同分工的理论问题。包括学校教育的本质属性、结构要素、功能作用、职责边界以及与家庭和社会教育的协同分工等理论问题；家庭教育的本质属性、结构要素、功能作用、职责边界以及与学校和社会教育的协同分工等理论问题；社会教育的本质属性、结构要素、功能作用、职责边界以及与学校和家庭教育的协同分工等理论问题。(2)校家社协同育人的理论基础问题。开展国内外校家社协同育人相关理论(交叠影响域、系统生态、现代治理等)研究，厘清理论产生的背景、适用范围及其优势和不足；结合我国校家社协同育人机制历史与现状，借鉴其他国家或地区协同育人机制探索经验。(3)校家社协同育人的系统模型研究。将学校家庭社会放置在协同育人系统中，整体把握校家社协同育人的本质属性、结构要素、功能作用等，搭建协同育人的理论模型。重点研究界定协同责任主体(协同主导者和协同支持者)、协同内容、协同方式、协同效果及考核评价等问题。

(二)建立方向正确、运行高效的校家社协同育人机制

学校、家庭、社会作为协同育人的三个不同主体，在教育目的理念、手段方法、优势特点等方面不尽相同，职责任务存在阶段性、专业性的差异。家庭教育贯穿始终、融于生活，学校教育阶段培养、专业性强，社会教育散点支持、丰富多样。由于它们在教育环境、教育者与受教育者的关系、教育者的水平、教育目标、教育内容、教育方法、途径以及教育过程都有区别。如何把三个教育主体协同起来，弥合彼此的分歧，发挥各自的优势，作出各自的贡献，实现育人功能的整体优化，服务于学生全面发展和立德树人的根本目标，是一个必须要靠机制加以系统解决的问题。

当前关于家校育人的研究较多，对于校家社协同育人特别是机制的研究较为薄弱，分层(国家、地方、学校)、分领域(德智体美劳等)、分主体(学校、家庭、社会等)协同育人机制研究更是凤毛麟角，直接制约着校家社协同育人机制的理解和认识，因此协同育人机制研究要回到原点，重点从以下几个方面进行全面客观系统的分析把握：①学校作为协同育人的主体，机制研究必须坚持以学校教育为主导。学校是代表国家有计划、有组织地对学生进行系统的教育活动的组织机构，直接承担着培养社会主义建设者和接班人的重任，在学校、家庭、社会协同育人中发挥着主导作用。通过机制把家庭、社会等协同到共同育人目标下，是研究的基本站位。②家庭作为协同育人的主体，机制研究

必须关注家庭教育的实际需要。万千家庭分散、不专业，家庭所处的经济文化背景各有差异，导致家长对教育的理解和认识各不相同；家庭与学校教育目标亦不尽一致。通过机制把它们协同到同一个育人目标下，承担起学生健康成长和学习发展使命，是研究考虑的首要问题。③社会作为协同育人的主体，机制研究必须考虑到社会教育的真实样态。要明确界定社会的内涵，厘清社区、社会、网络社会等彼此间的关系；社会教育的目的功能、职责使命、考核评价等；社会教育与学校教育目标的一致性等，通过机制把社会相关育人力量协同到同一个育人目标下，育人方向上保持一致，是研究必须考虑的关键问题。④政府作为协同育人机制建设的主体，机制研究必须把落实党的教育方针和立德树人根本任务放在首位。从当前国家法律法规、政策文件，以及地方相关的法规条例中，梳理明确政府的职责、功能、作用，包括发展规划、工作要点、人财物保障，督导评估等。基于以上认识理解，我们认为校家社协同育人机制是教育体制机制的重要组成部分，是国家、地方或学校为了达到协同育人的效果，做出的系统性制度设计安排及其有效运转、考核评价等。协同育人机制研究就是探讨校家社协同育人的缘由、内涵、价值理念以及管理、组织、制度及条件保障等。管理体系主要研究校家社协同育人管理层级和管理方式等，解决谁来管、怎么管的问题。组织体系主要研究校家社协同育人组织机构、职能定位、职责任务等，解决谁来干、干什么的问题。制度体系主要研究关于校家社协同育人的法律法规、政策条例等，解决靠什么管、靠什么干的问题。保障体系则主要研究校家社协同育人的队伍、经费、设施、平台和考核评价等，解决机制的运行支撑等问题。

(三) 组织开展基于大数据的校家社协同育人实践创新探索

随着信息技术和人类生产生活交汇融合，互联网快速普及，特别新冠肺炎疫情后校内校外、线上线下教育逐步常态化，大数据、人工智能、物联网、元宇宙对人类生产生活方式带来革命性变革。早在2017年，习近平总书记在中共中央政治局就实施国家大数据战略第二次集体学习时强调，各级领导干部要懂得大数据，用好大数据，增强利用数据推进各项工作的本领，不断提高对大数据发展规律的把握能力，使大数据在各项工作中发挥更大作用。① 当前越来越多的地方学校开展了基于大数据、依托互联网的校家社协同育人改革创新探

---

① 《习近平主持中共中央政治局第二次集体学习并讲话》，载中国政府网，http://www.gov.cn/xinwen/2017-12/09/content_5245520.htm，2021年12月30日访问。

索。开展基于大数据的校家社协同育人机制实践研究，解决如何依托互联网、基于大数据等技术来推动校家社协同育人落地等问题，可以为全域教育时代基于大数据的协同育人机制建设搭建新平台、发掘新工具、提供新方法、探索新机制，推动协同育人机制建设从经验主义走向大数据驱动决策。主要包括以下内容：(1)构建校家社协同育人的互联网运行平台。针对网络成为教育新空间，学校家庭社会等现实空间与虚拟空间并存、交错共生，学生、家长、教师、社会成员真实身份与虚拟身份并存的时代背景，在现状研究基础上，对借助互联网手段将协同育人机制的典型经验和成功做法进行深入挖掘和提炼。构建功能齐全、操作简单、灵活方便，集趣味性、智能化和个性化于一体的校家社协同育人互联网运行平台。(2)开发基于互联网的校家社协同育人课程谱系。借助互联网和大数据等技术，把学校、家庭和社会教育课程纳入育人整体系统中，构建校家社协同育人课程谱系。重点研究基于互联网的可操作化的协同育人课程层次结构、呈现样态，以及课程谱系的管理主体以及如何管理、怎么建设、怎么使用和如何评价等问题。(3)开展校家社协同育人的大数据评价研究。利用大数据在客观描述、规律分析、问题预测、结果预防等方面的成熟技术，构建校家社协同育人运行成效指数。借助互联网平台一键生成成效指数图谱，高效便捷地用成效指数回答机制合不合理、畅不畅顺、高不高效及其原因。通过大数据分析实时发现协同育人实然与应然(制度规定与实际运行等)的差距以及运行机制存在的问题(社会组织支持情况、家长参与情况、学校重视情况、教师参与及执行情况等)，为协同育人机制评价及优化提供实时有力的数据支撑和决策建议。通过成效指数，全景呈现参与研究地方学校基于互联网的校家社协同育人新机制运行情况，并形成基于成效指数的评价流程，实现研究成果快速高效跨区域乃至全国推广。

第六章 社区家庭教育指导

本章分析了社区家庭教育指导的内涵，厘清了社区家庭教育指导的特点和优势，详细分析了社区家庭教育指导的主要任务，并从指导思想、管理制度、指导人员、指导内容等方面提出社区家长学校建设的对策，对从事社区家庭教育指导的工作人员有一定参考价值。

第一节 社区家庭教育指导的内涵

一、定义

社区，指聚居在特定的地域内、由一定数量的人口组成的、相互联系的、具有内在互动关系的地域性社会生活共同体。社区家庭教育指导是成人教育的分支，是指利用社区各种资源，对社区内家庭成员施以增进个人家庭生活所需之知识、态度与能力的教育活动，尤其是对未成年父母及监护人进行教育理念、教育方法、教育内容等方面的指导，为儿童成长营造健康的环境，进而提升家庭教育质量，促进家庭幸福和社区和谐。

社区在提供家庭教育指导服务方面具有天然的优势。从地理位置来看，社区成员在熟悉的社区接受家庭教育指导服务更为便捷，有利于提高参与者的积极性；从人员关系来看，社区内的凝聚力和邻里之间的自然交往可以促进社区成员相互帮助和支持；从社区家庭教育指导对象来看，与学校面对同质性强的学生家长不同，社区家庭教育指导服务可以更加注重异质性群体，即对不同类别的社区居民进行分类指导、个别指导。

二、社区家庭教育的指导对象

家庭教育指导的阵地从时间上将家庭教育指导服务贯穿到家庭生命周期的

恋爱与结婚、生育与养育以及儿童发展的各个阶段。因此，社区家庭教育指导的对象也不仅仅局限于儿童家长，新婚夫妇、孕妇与家人、祖辈等都应该参与家庭教育指导活动。有学者发现，现有社区家庭教育指导对象存在偏差，过于注重指导家长如何处理子女的问题，而对家长本身的问题关注不够，长此以往，无法从根源上提升家庭教育指导的质量。[①] 2021 年《中华人民共和国家庭教育促进法》中提出"父母及其他监护人"在家庭教育中的主体责任，突破了狭义的以父母为对象的家庭教育指导范围，针对当前留守儿童等特殊群体的情况，将其他监护人也纳入家庭教育指导的范围，丰富了家庭教育的内涵。

三、社区家庭教育指导的作用

社区教育作为基础性平台，其提供的家庭教育指导资源丰富、形式灵活，与学校的家庭教育指导形成合力，共同提高家庭教育的质量。社区家庭教育指导具有学校和其他社会机构所不具有的独特的优势和作用。社区家庭教育指导模式以行政区划为界，这种模式可以将本社区内与家庭教育工作有关的各种因素如各类学校和托幼机构、各种文化体育设施、计生卫生机构、企事业单位、公共场所等进行全方位的组织协调，便于社区内教育资源的整体开发和合理配置，有利于为家庭教育创造良好的外部环境。[②] 社区家庭教育通过其功能的发挥，使各类教育有了一个统一协调的组织实体，起到了统筹社会化诸因素的作用，在实践中形成了学校、家庭、社会协同育人的体系。

第二节　社区家庭教育指导的主要任务

社区是离家最近的党和政府传递、落实政策和了解民情的基层组织机构。当前社区发展成为社会发展的重要推动力，建设好社区，增强地区局部力量有利于社会支持系统的整合和完善。相比学校而言，社区开展家庭教育指导服务更具优势，离家近，方便家长在休息时间学习，有问题及时求助社区。可以通过政府购买服务，整合社会资源，调动民间组织或机构指导服务家庭教育的积

---

① 关颖：《家庭教育指导的倾向性问题和着力点》，载《当代青年研究》2011 年第 2 期。
② 关颖：《社区家庭教育指导服务独具优势》，载《中国妇女报》2016 年 1 月 7 日。

极性，为家长提供"菜单式"服务项目，如育婴早教服务、心理咨询服务、行为问题矫治、家庭关系诊断、家庭教育图书推荐和配送等，形成统筹规划、规范管理、多方联动、各类服务相配套的服务链。

一、把握核心内容

社区家庭教育指导要全面落实立德树人根本任务，将培育和践行社会主义核心价值观融入家庭教育全过程，不断提高儿童思想水平、政治觉悟、道德品质和文化素养，形成思想道德教育为核心的家庭教育内容体系和服务体系，培养德智体美劳全面发展的社会主义建设者和接班人。

要特别注重将社会主义核心价值观融入教育实施全过程。注重弘扬中华优秀传统文化，引导本地区家庭成员树立和坚持正确的家庭观、国家观和民族观。注重对家长和儿童进行爱国主义教育、诚信教育、孝敬教育、勤俭节约教育、生态文明教育、安全教育、学习习惯教育、劳动教育、法治教育、心理健康教育、审美教育等，倡导"尊老爱幼、男女平等、夫妻和睦、勤俭持家、邻里团结"家庭美德，使社会主义核心价值观更好地走进家庭，形成有利于儿童成长的家庭环境。当前比较权威的家庭教育指导文件为《全国家庭教育指导大纲》和《家长教育行为规范》，作为开发适合当地居民需求的家庭教育指导内容。

二、设立服务阵地

2022年，全国妇联、教育部等九部门共同发布《关于指导推进家庭教育的五年规划（2021—2025年）》（以下简称《规划》），明确了家庭教育工作的工作机制："坚持党的全面领导，积极构建由各级妇儿工委办统筹协调，教育、妇联共同牵头，文明办、人民检察院、民政、人力资源社会保障、文化和旅游、卫生健康、广播电视、科协、关工委等部门共同参与的规划实施领导协调机制，明确部门职责任务，定期召开会议，联合开展调研督导，推动规划目标任务落地落实。"家庭教育由多部门共同推动的特点决定了基层家庭教育工作推动需要通过多种阵地，统筹多种资源来完成。要在社区建成学校家庭社区协同育人的指导服务网络，发挥家庭教育在基层社会治理中的重要作用。在城市和农村社区、学校建立家庭教育指导服务站点或家长学校，是基层家庭教育指导的主阵地。

三、拓展工作载体

社区要积极拓展家庭教育活动载体，不断扩大活动覆盖面和影响力。如组织开展的"寻找最美家庭""五好家庭""文明家庭"以及"书香家庭""和谐家庭""廉洁家庭""绿色家庭""学习家庭"等各具特色的、文明家庭创建活动，引导广大家庭以德治家、以学兴家、文明立家、忠厚传家；积极开展传家训立家规扬家风活动，让好的家风成为生活方式和生活常态；组织开展"争做合格家长　培养合格人才"等家庭教育宣传实践活动，教育引导家长注重培养儿童的优良品质、健康人格和良好行为习惯；启动实施"父母成长计划"，面向广大家长宣传家庭教育科学理念和知识。不断强化活动的互动性和参与性，扩大活动的覆盖面和影响力，打造一批使家长儿童切实受益的品牌活动。除此之外，社区还要根据当地居民的需求，有针对性地提供一些家庭教育讲座、个案指导等服务，使家长儿童切实受益。

四、建设指导队伍

社区需要克服人员和资金的困难，通过志愿服务、政府购买等方式，组成一支由当地辖区内专家、教师、家庭教育指导者、志愿者、优秀家长等在内的家庭教育指导队伍，以保证指导活动开展的专业性。加大推进政府购买家庭教育公共服务的力度，积极搭建社会组织服务平台，在社区和有条件的农村社区（村）家庭教育指导服务站点引入专业社会工作者，推动社会工作服务机构和社会工作者为儿童和家庭提供常态化、规范化的家庭教育指导服务，完善准入和监管评估机制，建立健全行业规范，加强行业自律，推进家庭教育社会组织规范有序发展，逐步培育形成家庭教育社会支持体系。

五、建立工作平台

在社区建立家庭教育新媒体服务平台，充分发挥信息技术在家庭教育指导中的重要作用。充分发挥网上家长学校作用，提高注册用户家庭数，设计开发适合家长学习使用的家庭教育公益课程，提供线上家庭教育指导。通过"互联网+"和新媒体技术手段传播家庭教育知识，大力拓展微博、微信和手机客户端等新媒体服务平台，借势借力有影响力的自媒体平台，建立覆盖城乡、传统媒体与新媒体深度融合的家庭教育信息共享服务平台。加强家庭教育在线服务，组织开展线上线下互动的家庭教育公益文化活动，增进指导者与家长、儿童与家长、家庭之间、家校之间的沟通，拓展家园、家校共育的信息服务渠道，为家长提供便捷的、个性化的指导服务。

第三节 社区家长学校建设策略

一、社区家长学校的内涵

按照2011年全国妇联、教育部、中央文明办的《关于进一步加强家长学校工作的指导意见》，指出"家长学校是宣传普及家庭教育知识，提升家长素质的重要场所，是指导推进家庭教育的主阵地和主渠道"。当前社区（村）家长学校是以社区（村）未成年人的家长及抚养人为主要工作对象，为提高家长素质和家庭教育水平而组织的成人教育机构。《关于指导推进家庭教育的五年规划（2021—2025年）》对社区教育指导提出了明确要求："依托城乡社区综合服务设施、文明实践所站、妇女儿童之家等普遍建立家长学校，城市社区建校率达到90%，农村社区建校率达到80%，家长学校每年至少组织4次普惠性家庭教育指导服务活动。大力加强家长学校规范化建设，做到有固定的活动场所、有规范的管理制度、有专业的师资队伍、有系统的教学计划、有丰富的活动开展、有客观的成效评估。大力提升家长学校指导服务水平，完善家庭教育档案，统合家庭教育资源力量，健全指导服务制度，针对家庭需求提供多元化、多类型、菜单式的服务，切实构建老百姓推门可见、服务可感的社区家庭教育指导服务网络。"[①]

建立社区家长学校，整合社区各方面的丰富教育资源，提供家庭教育指导，可以帮助社区居民提升家庭教育能力，增进建设和谐家庭的能力，塑造良好的教育生态环境。从长远来看，社区家长学校在完成家长教育任务的同时，也会改善社会教育环境，对延续中华民族文化、促进家庭文明、构建社区文化和维护社会稳定等起到积极作用。

二、社区家长学校的指导思想和工作目标

指导思想：社区家长学校要遵循党的教育方针和政策，坚持立德树人的根

---

① 参见《关于指导推进家庭教育的五年规划（2021—2025年）》（妇字〔2022〕11号）。

本任务，组织开展形式多样的家庭教育实践活动，培育和践行社会主义核心价值观，构建民主、文明、和谐的家庭关系、培育积极健康的家庭文化，传承优良家风，弘扬中华优秀传统文化，培养德智体美劳全面发展的社会主义建设者和接班人。强化父母及其他监护人在家庭教育中的主体责任，确立思想道德教育在家庭教育中的核心地位，为儿童健康成长营造有利的家庭和社会环境。

工作目标：①面向广大家长宣传党的教育方针、相关法律法规和政策，宣传科学的家庭教育理念、知识和方法，引导家长树立正确的儿童观和育人观。②组织开展形式多样的家庭教育实践活动，增进亲子之间的沟通和交流，使家长和儿童在活动中共同成长进步。③通过多种形式为家长和儿童提供指导和服务，帮助家长解决家庭教育中的难点问题，提升教育子女的能力。④增进家庭与学校的有效沟通，努力构筑学校、家庭、社会协同育人的家庭教育机制。

社区家长学校的组织原则为社区家庭教育指导活动的开展提供了工作准则，具体包括：

第一，系统性原则。本书认为家庭教育是全民、全人和贯彻整个人一生的生命历程的教育，因此社区家长学校的教育对象具有全员性的和终身性的特点。从组建家庭开始的新婚夫妇，到其为人父母，直至成为祖辈。随着孩子的成长，家长角色规范和行为都必然发生相应的变化。因此，社区家长学校提供的内容要系统、完整，涵盖不同时期孩子成长的心理特点和教育需要，为社区居民提供相应的家庭教育服务。

第二，针对性原则。社区家长学校要针对不同家庭情况提供适合其需要的教育内容，比如单亲家庭(或准单亲家庭)、隔代抚养家庭、留守儿童家庭的教育需求不尽相同，需要社区家庭教育工作者运用专业知识进行需求调查和分析，设计出具有针对性的教育方案才能解决这些家庭存在的家庭问题。此外，社区家庭教育指导还应该针对人类发展的不同时期，提供相应的教育指导服务，如婴幼儿期、学龄期、青春期等家庭教育需求存在差别，需要分层、分段施教。

第三，整合性原则。开办社区家长学校可以有效整合社区教育资源、完善社区服务功能。这种整合首先是师资方面的整合。除了社区专职家庭教育工作者，还可以在本社区充分挖掘资源，建立兼职人员和志愿者组成的师资库。充分发挥不同专业背景人员的优势和特长，根据不同的学习主题选取合适的教师进行教学。其次是教育场地的共享。社区家庭教育活动的开展，除了本社区自有场地，还要统筹利用社区内的其他专业场所，如学校、体育场、图书馆等，作为社区家长学校的场地。

三、社区家长学校的管理体系

建立组织机构，健全工作制度。(1)建立组织机构，成立工作领导小组，明确家长学校的具体责任人。基层妇联作为家庭教育的牵头单位，充分发挥引领、服务、联系的群团组织优势，指导和管理家长学校的运营。社区家长学校校长由社区中主管妇联工作的领导兼任，与社区工作人员、志愿者、家长代表等人共同组成领导小组，负责家长学校的日常管理。(2)要制定社区家长学校工作制度，使家长学校的成员做到按照规章制度各司其职，各尽所能，保证各项工作能有序进行，减少工作的随意性和盲目性。如北京市平谷区兴谷街道邑上原著社区家长学校健全组织机构，完善家长学校管理制度。成立家长学校领导小组，社区党支部书记担任组长，妇联副主席担任副组长，居委会工作人员担任组员，形成领导带头、分工明确、齐抓共管的工作运行机制。[①]

根据社区实际，制定行之有效的管理制度，并每年制定家长学校的工作计划和工作总结，做到"六有"，即有人抓、有计划、有措施、有落实、有效果、有总结，推进家长学校建设，保证家长学校各项工作顺利进行。社区家长学校要努力达到有挂牌标识、有师资队伍、有固定场所、有教学计划、有活动开展、有教学效果的规范化建设目标。做到有目标和有计划、有组织。有目标指的是要明确社区家长学校活动开展的预期效果。有计划指的是定期开展社区内居民的需求调查，了解他们的家庭教育指导需求，做到有的放矢。有整体发展计划、年度工作计划、教学计划、年终工作总结等。有组织指的是合理安排家庭教育指导的人员、时间、场地、内容，不走过场、不搞形式，扎实有效推进工作。社区家长学校要建立台账，每年整理资料归档，内容包括但不限于：社区家长学校领导机构、师资队伍名单、教学计划、教学课件、活动签到表、授课情况记录、亲子活动记录、家长反馈意见、家长学校总结等。

保障经费投入，确定活动场所。当前很多社区的家庭教育指导经费多出自于社区的日常工作经费，在经费本不宽裕的情况下，开展家庭教育指导活动受到很大的限制。根据基层家庭教育政府主导的原则，要通过法律的形式将家庭教育纳入财政预算，将家庭教育指导服务纳入城乡公共服务体系和政

---

① 本案例根据实地调研资料整理而成。

府购买服务目录，保障家庭教育工作获得必需的财力支持。积极拓展经费来源渠道，推动和支持社会力量参与家庭教育工作，形成政府主导、社会力量支持补充的家庭教育财政保障机制。拓宽社区家庭教育经费来源渠道，在政府的严格监管下，引入市场、第三部门参与到社区家庭教育服务的供给，保证社区家长学校每年有稳定的经费来源，定期为辖区内居民开展家庭教育指导服务。加大推进政府购买家庭教育公共服务的力度，积极搭建社会组织服务平台，在城市社区和有条件的农村社区（村）家庭教育指导服务站点引入专业社会工作者，推动社会工作服务机构和社会工作者为儿童和家庭提供常态化、规范化的家庭教育指导服务，完善准入和监管评估机制，建立健全行业规范，加强行业自律，推进家庭教育社会组织规范有序发展，逐步培育形成家庭教育社会支持体系。

四、社区家长学校的专业指导队伍

（一）内引外联组建讲师队伍

为了保证社区家长学校的教学质量，社区家长学校可以通过内引外联的方式，聘请一批专业能力强、在各自的研究领域都有一定成果的专家作为指导教师，根据居民的需求开展家庭教育指导活动。内引指的是辖区内有专业能力又有参与热情的志愿者，如"五老"队伍、在职教师、医务工作者等。尤其要充分发挥"五老"队伍在青少年校外教育中的特殊作用，开展思想道德品质培养和儿童成长教育，引导青少年树立正确的世界观、人生观、价值观。外联指的是依托本市妇联或教育部门培训并认证的讲师团，专家担任校外辅导员，为居民提供家庭教育指导服务。

（二）引入社会专业力量提供家庭教育指导服务

积极引导社会力量参与学校家庭教育指导服务，鼓励社会力量积极提供家庭教育指导服务资源。城市社区和有条件的农村社区（村）家庭教育指导服务站点引入专业社会工作者，开展常态化的指导服务，做到有记录、有评估。如北京市将"家庭教育指导服务"纳入政府购买服务范畴，加大家庭教育相关项目扶持力度。很多社区通过购买服务引入社会组织，采取讲座指导、实践体验、阅读朗诵、亲子运动等形式，组织开展"亲子互促共成长"家长沙龙、"儿童创造'家'年华""亲子朗读音乐会"以及"放下手机，一起乒乓"亲子运动等指导服务项目，有效地提升了社区家庭教育服务质量。

五、丰富活动载体，创新服务平台

（一）丰富活动载体

（1）常规活动。家庭文明创建。围绕社会主义核心价值观宣传教育，在社区中开展"文明家庭""五好家庭""廉洁家庭"和"绿色家庭"等各具特色的家庭文明创建活动，广泛开展寻找"最美家庭"活动。通过家庭文明创建，深入挖掘其教育内涵。如在推动寻找"最美家庭"活动常态化的过程中，如在社区中开展"绘制我家根脉图""优秀家训家规和家风故事"等征集展示活动，实施垃圾分类"家"行动，培育儿童的好思想、好品行、好习惯。结合家庭精神文明建设开展家庭教育指导，让社区居民认识到家庭教育对遵纪守法，促进家庭和睦作用，明确优化家庭环境与子女健康成长的密切关系，使优化家庭环境成为家长的自觉行动，引导家庭树立正确的"教子观""婚育观"，促进了文明新风的形成。

（2）亲子阅读。推进"阅读悦成长——家庭亲子阅读活动"品牌建设，通过实施"第一书包""亲子读书会"等阅读项目，开展有针对性的特色阅读指导。定期向广大家长和儿童推荐优秀图书，开展多种形式的家庭读书活动，加强亲子阅读研究与指导，倡导广大家庭多读书、读好书、善读书，使家长和儿童养成阅读习惯。通过学习，家长和孩子们不但收获了良好的阅读习惯，培养了专注力、倾听力，还收获了融洽的亲子感情。

（二）拓展服务平台

（1）通过微信群宣传家教活动通知。利用新媒体沟通便捷的优势，通过建立各类家教工作微信群，提高年轻家庭的参与率。积极利用各种网络和媒体资源，及时向社区居民进行宣传和推送，引导广大居民积极学习科学的家庭教育知识和方法。

（2）建立网上家长学校。通过社区微信公众号等新媒体平台开设"家长学校"栏目，及时把家长学校的教学活动发布出来，让更多的居民了解社区家庭教育指导活动，吸引更多人来参与建设。搭建微博、微信和手机客户端等新媒体服务平台，充分发挥网上家长学校资源丰富、覆盖面广、互动性强、参与便捷等优势，开设家庭教育专栏，组织开展适宜儿童和家长共同参与、线上线下相结合的家庭教育宣传实践活动。传播科学知识，引领正确舆论导向，实现了优质家庭教育资源最大化，有力促进了家庭教育知识向农村和偏远地区普及。特别是疫情期间，开展线上科普防疫知识、心理疏导、家庭教育讲座，提供贴心服务。

(3) 及时推送各类优质家教信息。①推送各地区妇联或教育部门开办的网站或微博微信等线上资源，如"网上家长学校""社区家长学校云课堂""家风论坛""家教讲堂"等指导服务专栏。②推送各类电视、广播等传统媒体开设家庭教育宣传专栏，如北京卫视、文艺、生活等频道开设了《老师请回答》《加油吧孩子》《成长加油站》等栏目，利用《爱幼星球》《妈妈育上娃》等栏目，促进儿童健康成长。③推送各种家庭教育指导图书、微电影、微视频或各类戏剧创作展演等，提升家庭教育指导的鲜活性和感染力。

六、社区家长学校的指导内容

要根据目前我国家庭建设的新情况、新问题，人民群众对于家庭教育的新需求、新期盼，以习近平新时代中国特色社会主义思想为指导，将社会主义核心价值观和中华民族优秀传统文化贯穿到家庭教育内容开发的全过程，构建适合我国国情的社区家长学校家庭教育课程体系。当前我国社区家庭教育指导的内容主要偏重于传统的亲职教育，如普及家庭教育知识，推广家庭教育的成功经验，帮助和引导家长树立正确的家庭教育观念，掌握科学的家庭教育方法，提高科学教育子女的能力等。目前全国妇联、教育部等发布的《全国家庭教育指导大纲》和《全国家长家庭教育基本行为规范》确立了家长在家庭教育中的主体责任，从国家和社会的角度对家长提供知识和方法上的指导，在总结多年来家庭教育理论与实践经验的基础上，适应家庭教育科学发展的时代要求和家长儿童需求，经过深入研究论证制定的国家层面的家庭教育权威指南。具体包括：①以儿童家长和其他监护人为主要教育对象。教育儿童爱党、爱国、爱人民、爱社会主义，遵守社会公德，增强法律意识和社会责任感，树立维护国家统一和民族团结的观念，教育儿童尊老爱幼、勤俭节约、团结互助，形成良好道德品质。②培养儿童良好学习习惯，提升其自主学习能力，激发其学习兴趣，理性帮助其确立成长目标。③促进儿童身心健康发展，保证营养均衡，科学运动，睡眠充足，身心预约，帮助其保持良好生活习惯，增强其自我保护的意识和能力。④培养儿童健康的审美情绪和审美能力，引导其树立健康的审美标准和审美追求，陶冶高尚情操，提升文明素质。⑤帮助儿童树立正确的劳动观念，参加力所能及的劳动，提高生活自理能力，养成良好劳动习惯。

从广义家庭教育视角来看，家庭教育承担着"推动社会主义核心价值观在家庭落地生根，培养担当民族复兴大任时代新人为根本任务"，小家庭整体建设为家庭教育提供基础环境支撑，对家庭成员施以增进个人家庭生活所需之知识、态度与能力的教育活动，学习科学的现代化的生活方式，提高家庭成员素质并优化家庭生活环境，也是儿童健康成长的必要条件。社区作为妇联家庭工作的重要落脚点，将家庭教育嵌入家庭工作，合力推进将社会主义核心价值观在家庭中落地生根，形成有利于儿童成长的家庭环境。通过家长学校来激发和引导社区居民参与学习，促进了社区居民素质的提高，以小家庭带动大社区，有效地促进了和谐社区建设。因此，需要进一步拓展家庭教育的边界，逐渐构建以家庭为基础的指导内容。要让家长认识到家庭的本质、关系、功能以及如何建设和谐幸福的家庭生活。

七、开展分类指导，提供精准服务

社区家长学校的教学组织方式可以有多种形式。首先是集中专题讲座，主要是进行普及性的家长教育内容学习，即面向全体家长的教育和辅导。其次是以专题形式进行的交流讨论，比如组织家长沙龙，供居民们一起讨论同质性的问题，专家进行针对性指导。再次是专门的训练和辅导，即进行团体训练和个别辅导活动，主要是帮助家庭教育问题比较严重的社区居民学习处理家庭关系，解决这类家庭的教育症结。在社区家长学校的组织形式上，还要注意分类教学。可以按照家庭子女的成长过程设定家长教育内容。比如准家长教育主要进行婚姻生活调适、做好生儿育女的心理准备；幼儿家长教育突出新生儿的哺育、智力开发等；学龄儿童家长教育，要帮助家长形成正确的儿童发展观、培养孩子养成良好的学习习惯等。还可以按照家庭的性质进行分类教学，如单亲家庭、留守儿童家长教育，帮助居民学习缺位家长的"补偿教育"方法等。

1. 关爱困境儿童等特殊群体

在社区开展家庭教育指导要特别关注困境家庭中的儿童成长问题，在关爱公益项目中嵌入家庭教育服务。建立家庭指导服务综合信息平台或台账，及时掌握儿童家庭监护情况、成长发展状况等，重点摸排所辖社区离异或重组家庭、收养家庭、农村留守儿童家庭、流动人口家庭、强制戒毒人员家庭、服刑人员家庭、残疾人家庭、曾遭受违法犯罪侵害儿童的家庭以及其他父母长期分离家庭的情况，逐步建立登记报告制度，并依托驻区(村)专业社会工作者、"五老"队伍、儿童福利督导员等，为他们开展常态化的、专业化的家庭支持服务以及所需的转介服务。同时，注重强化父母及其他监护人对儿童的主体责任，指导父母及其他监护人创设有利于儿童成长的家庭环境。均衡家庭教育资源配置，依托远程教育、移动互联网指导服务平台等，为资源匮乏的社区提供优质的家庭教育资源。采取有效措施，推动家庭教育相关社会工作服务机构以及家庭教育志愿者、"五老"队伍等深入贫困地区，开展家庭教育指导服务。

根据家庭需求提供分类服务。针对不同年龄阶段儿童家庭的需求，提供精准服务。社区家长学校可以针对家长关注的0—3岁儿童的早教指导、学龄前儿童的幼小衔接、小学生的学习习惯培养、青春期的亲子沟通等常见问题，将家长按孩子年龄段分类，邀请专业人员，通过主题讲座、工作坊等方式，将存在同类问题的家庭成员组织在一起，分析家庭教育问题产生的原因并找到解决对策，提高家庭教育指导服务的针对性和精准性。

案例：永顺里社区家长学校

昆明市西山区永昌街道办事处永顺里社区在市、区妇联的领导和街道办事处的指导下开办的社区家长学校。为开展好家庭教育工作，社区实施了对上联系妇联组织，中间联系学校、教师，对下联系家长、孩子等家庭教育志愿者的联系方式，实现了家庭、学校、社区相衔接的家庭教育社会化新格局。先后荣获了"全国家庭教育工作示范社区""昆明市市级示范社区(村)家长学校"的光荣称号，2019年被评定为"昆明市五星级家长学校"。

1. 加强阵地建设，构建社会化家庭教育工作新格局

（1）立足社区实际，家校精准施策。永顺里社区居委会隶属永昌街道办事处，是20世纪80年代建设的老住宅小区，地处西山区永昌街道办事处西北端，东到益康路，南靠二环南路，西以滇池路为界，占地面积0.098平方千米。社区现有2001户，常住居民4779人，常住人口2450人，流动人口2329人，15岁以下的儿童165人。老年人占人口总数的30%以上，是典型的老年型、流动人口聚集的老旧居民小区。社区家长学校立足社区实际，以居民需求为导向，秉持"社区小学校，教育大情怀"的理念，开展针对性强、实用性优、内容丰富的家庭教育指导工作，成为家长的"小课堂""加油站"。

（2）组织机构完备，规章制度健全。社区家长学校成立了由社区书记、主任担任校长，社区副书记担任副校长，社区其他人员为成员的工作领导小组，明确具体工作由社区妇联常务副主席负责。提出以打造"文化教育型社区"为主题的社区建设工作思路，明确了以家庭教育为统领、各

专题教育为补充、互相促进、共同提升的社区建设方向,将家庭教育纳入社区年度工作规划和社区精神文明建设计划以及创建全国文明城市计划,常抓不懈,为推进社区家庭教育提供了强大的组织和思想保证。

学校成立初期,就制定了《永顺里社区家长学校工作制度》《永顺里社区家长学校规章制度》《永顺里社区家长学校表彰奖励制度》。各成员做到按照规章制度各司其职,各尽所能,使家长学校的各项工作能有序进行,减少了工作的随意性和盲目性,为家长学校各项工作的顺利开展提供了保障。在社区党支部、社区居委会的关心支持下,在社区经费不是很宽裕的情况下,每年对社区家长学校的经费投入都不低于5000元。2019年为了让家长和孩子们有机会学习亲子阅读课程,社区一次性拿出2万元购买昆明森蓝文化传播有限公司的亲子阅读服务,让社区家长学校的家长和孩子们有机会接受亲子阅读的启蒙教育。

(3)办学行为规范,管理精细严密。建立专兼职教师队伍。为了保证社区家长学校的教学质量,社区经过内引外联、协调各方,聘请了一批专业能力强、在各自的研究领域都有一定成果的专家作为专职教师,根据家长们的需求开展教学活动。现有专职教师3名,2名为亲子阅读课种子老师、1名为学前教育老师。同时,社区还依托西山区家庭教育讲师团、社区联系点的各职能部门,如省妇儿工委办、区妇联、区审计局、辖区派出所等部门,发挥他们信息广、资源多的优势,通过他们邀请专家担任校外辅导员,为家长们提供法律知识、健康知识、学前教育等培训,丰富了社区家长学校的教学活动。为了宣传好家长学校的各项工作,吸引更多的家长和孩子积极参与,还聘请了4名表现突出的家长和孩子作为家长学校的义务宣讲员,免费为家长学校做义务宣传。

为切实加强对社区家长学校教学管理,有计划、有目标开展工作,每年年初,社区家长学校都会广泛开展调研,研究制订工作计划,做到定人员、定时间、定场地、定内容,确保不走过场、不搞形式,扎实有效推进工作。同时,每场教学活动前都细化工作方案,对老师和家长提出不同的要求。对于老师,要求授课前要准备教案,教学内容要有针对性、实效性;授课结束后,要有教学反思和课程总结。对于家长,要求每次活动要签到,遵守课堂纪律,紧跟老师教学思路,认真学习,课后要反馈学习情况,收获是什么,还有哪些疑惑需要与老师讨论等,以便能在第一时间了解家长们的学习情况,在后续的教学过程中对教学内容及时调整,让家长们学一次有一次收获,来一次有一次效果,最大程度受益。

2. 开展丰富多彩的活动,传播家庭教育新理念

为了使家长们比较全面地掌握家庭教育的科学方法,社区家长学校采用针对性强、灵活多样、丰富实用的方法,通过丰富的课程吸引家长参与,坚持开展了以下几种活动:

(1)邀请专家举办家庭教育理论讲座。为了提高家长的教育水平,普及家庭教育知识,5年来,社区家长学校充分利用上级妇联的家教资源,邀请西山区家庭教育讲师团成员为家长开展家庭教育知识讲座50余次,内容涉及0—3岁育儿知识、婚姻家庭幸福与亲子关系、正面鼓励和表扬等内容,受到了家长们的热烈欢迎。

(2)开展"同悦书香,相伴成长"亲子阅读活动。为了传播亲子阅读的科学方法和理念,5年来,社区家长学校与昆明森蓝文化传播有限公司、西山区心益启社会工作服务中心等携手开展了40余次亲子阅读活动,通过学习,家长和孩子们不但收获了良好的阅读习惯,培养了专注力、倾听力,还收获了融洽的亲子感情。

(4)开展形式多样的主题实践活动。结合社区开展的学习雷锋志愿者活动、环境卫生整治活动、传统节日文艺演出等活动,邀请家长和孩子一起来参加,同劳动、共歌舞,让家长和孩子们相互看到了对方的特长和表现,从不同的角度认识到对方的另一面,不仅增进了亲子感情,增加了自己的社会责任感,还培养了高尚的情操,得到广大家长和孩子们的好评。

3. 探索灵活多样的教学方法,树立家庭教育新观念

(1)走出去,挖掘本土文化力量。社区家长学校的教学注重于营造氛围,寓教于乐。如在主题为"社区调查"的"悦读书香,陪伴成长"亲子阅读活动中,把家长和孩子分为"记者组、探险组、地图组"3个组,分别由木兰、鸡蛋花和社区工作人员带领大家从自然、历史、文化各个方面发掘永顺里的独特性与归属感。

(2)通过心理情景活动,促进亲子沟通。在以"在角色互换中看见自己"为主题的亲子活动中,老师带领大家围坐成一个大圈,邀请场内的家长和孩子到圈内互换角色,说出内心的想法。之后又让孩子们进行角色扮演,体验作为爸爸、妈妈、儿子、女儿时,会发生什么对话,出现哪些矛盾。参加活动的家长和孩子都在活动后描述了自己的感受、发表了自己的看法。通过这次活动,无论是家长还是孩子,都对亲子关系有了一些不同

的见解。

西山区心益启社会工作服务中心还联合心理咨询师志愿者团队的心理咨询师来到社区，通过情景角色扮演，在亲子沟通小剧场之《我的作业太多啦》中，还原家长和孩子的日常对话，再现生活中的矛盾冲突，让家长和孩子通过角色互换的方式，表达自己的感受，让家长和孩子发现冲突的原因，明白应该怎么说、怎么做才是有效沟通。活动上，老师以"阳光、水、土壤"来比拟孩子的教育环境，通过引导，让家长们明白了教育不是一蹴而就的事，需要高效的陪伴、有效的沟通、彼此之间更多的理解。

（3）利用新媒体宣传家教知识。社区微信公众号开设"家长学校"栏目，及时把家长学校的教学活动发布出来，将学校教育、家庭教育、社区教育结合起来，与综合治理工作结合起来，使家长学校的工作有声有色，得到了居民的广泛关注，取得了良好的效果。同时，开展"优秀家长"评选活动。对参加活动的家长根据出勤情况及学习表现进行"优秀家长"的评选表彰。把他们在家庭教育中的优秀思想和作法加以总结并推广，在促进家庭教育工作中发挥示范带动作用，让更多的家长参与社区家长学校的学习，为提升社区家庭教育水平作出积极贡献。

4. 好家风释放大能量，家庭教育工作有新亮点

家庭是社会的细胞。家庭和睦则社会安定，家庭幸福则社会祥和，家庭文明则社会文明。好的家风能释放出巨大的正能量，成为文明城市建设不可或缺的有力抓手。为此，永顺里社区家长学校在抓好家风建设方面开展了一系列活动，有力地推动了家庭教育工作亮点频出。

（1）强化了家长的主体责任。家长学校在家庭教育中注重把未成年人犯罪预防工作摆到重要位置，把在善恶边缘的未成年人引导走上健康成长的道路，用真情和爱心帮助他们健康成长。依托"青帆夜校""爱心育苗小课堂""小警官训练营""小小蒲公英"等活动平台，不断丰富工作内容，延伸工作触角，全力维护青少年合法权益，让孩子们更多地感受到来自社会与家庭的爱与关怀，也让家长和孩子共同强化了责任意识。

（2）将优秀传统文化带入家教。2020年年初，由昆明市妇联主办，昆明市家庭教育研究会、永顺里社区、云南儿童网承办的昆明市首场"把爱带回家"特别关爱进社区活动在永顺里进行，社区困境儿童、流动儿童及家长代表、巾帼志愿者70余人一起包饺子、一同剪窗花、一道制作新春挂饰，感受浓浓的年味。昆明市家庭教育讲师杨佳溢为大家讲解春节礼仪

和习俗，手把手教孩子们拜年的正确姿势、红包的正确打开方式等；昆明市"孝老爱亲昆明好人"刘娅奶奶向大家分享她的事迹，学习怎样孝敬父母、关爱家人。通过学习了解我们传统节日，以及优良家风的传承，把优良家风带回家，把春节传统礼仪带回家。

（3）将红色精神传递到家庭。健康的家庭需要一个健康的环境才能得以健康发展和延续下去。孩子的言行举止离不开家长的示范引领。在中国共产党成立99华诞之际，家长学校组织家长们开展了一系列丰富多彩的庆祝活动，前往朱德故居和中共云南地下党建党旧址开展主题党日活动，通过瞻仰革命故里，传承红色精神，并将这种精神传递到家庭中去。

（4）通过家庭文明创建带动家教。为深入推进家庭文明建设，社区连续多年开展"最美家庭""五好文明家庭""平安家庭"的评选活动。举办"最美家庭"故事会、分享会、好家风好家训宣讲等活动几十余场，培树了"一批如孝老爱亲昆明好人"刘娅、西山区"最美家庭"刘树仙、西山区"书香家庭"杨景云、舒大文等典型，在构建和谐社会中起到了良好的示范带动作用。

（5）引导支援力量支持家教。社区还积极引导动员社会力量参与到家庭教育工作中，发动辖区党员志愿者、妇女志愿者、社区工作人员、辖区退休老人（共计82人）担当流动儿童的"代理家长"和义务辅导员，开展"心手相连"结对帮扶活动，给他们力所能及的关心。其中，社区"五老"（老干部、老专家、老教师、老模范、老党员）对"辅导员"的身份充满了热情与激情，他们主动策划活动主题，充分发挥在青少年校外教育中的特殊作用，开展了思想道德品质培养和儿童成长教育"大手牵小手"活动，配合有关部门加强对网吧、游戏厅的监管工作，引导青少年通过参加各种有益的社区活动，树立正确的世界观、人生观、价值观。

5. 小家庭带动大社区，家庭教育取得新成效

永顺里社区家长学校自成立以来，在社区党支部、居委会的高度重视和大力支持下，从贴近社区实际、贴近家长需求出发，以增强参与性、实用性为导向，以灵活的时间、丰富的形式吸引了众多家长的积极参与，在传播先进的家庭教育理念、倡导科学的家庭教育方法、推动社区和谐发展方面取得了明显成效。

（1）家长教育孩子的能力和水平不断提升。在家庭教育中，许多家庭会出现教育误区。如家长作风、专制主义，代替包办、娇惯溺爱，等等。

通过举办家庭教育知识讲座,帮助家长了解孩子各个成长时期的生理、心理特征,让他们掌握正确的护养方法,不断更新教育观念,使广大家长的家庭教育水平得到提升。

(2)家长教育孩子的意识和自觉性不断增强。在课后交流会上,许多家长都说,过去没有过参加社区家长学校学习,不知怎样教育孩子,孩子教不好,当家长的吃了不少苦,通过家庭教育理念的学习,使他们找到了科学教育子女的钥匙。在这里学习受益匪浅,非常感谢社区家长学校给他们这样好的学习机会。一位母亲深有感触地说:"父母是孩子的第一任老师,要做好老师,首先要做好学生,要多学习,只有自己天天向上,孩子才能天天向上。"

(3)家长参与和支持社区工作的积极性提高。社区家长学校为社区和家长搭建了一座沟通交流的桥梁。许多家长通过在社区家长学校里学习,了解到了社区工作的琐碎和艰辛,积极主动地参与社区的各项工作,如创文入户宣传、环境卫生整治、扫黑除恶线索排查、红袖标巡逻等,他们都成为了社区志愿者的中坚力量,为社区的发展作出了应有的贡献。

(4)家庭教育与社区居民素质教育得到有效促进。以社区家长学校为阵地,通过家长学校来激发和引导社区居民参与学习,促进了社区居民素质的提高,起到了小家庭带动大社区的作用,有效地促进了和谐社区建设。

(二)三社联动,为家庭教育指导提供专业资源链接

"三社联动"指的是社区、社工和社会组织三者协调发展、功能互补的"三社联动"模式作为社会治理的重要手段。"三社联动"以社区为平台、需求为导向、活动为载体,目的在于提升服务居民的质量和水平,动员社区居民参与社区活动。在当前家庭教育指导缺乏专职人员和专项经费的情况,由专业人士联合妇联干部、志愿者队伍等合作,服务、帮助在家庭教育方面出现困境和问题家庭,提高群众对社区家庭教育工作的满意度。

1."三社联动"社区家庭教育指导模式

2015年,广福社区引入专业社会组织(绿砖瓦城乡社区服务中心)开展"三社联动"社区治理模式,通过信息共享、场地提供、活动支持、资源引荐、工作职责明确等多种方式向社会组织开放社区空间。社区、社会组织、社会工作者的"三社联动"服务模式,承接了社区儿童之家、家长学校、居家养老服务,搭建了"一刻钟服务圈"、流动儿童课后一小时,

书香广福文化驿站等服务平台，把基础服务和专业服务有机结合，提升了社区服务层次。通过开展亲子活动、未成年人思想道德教育活动、家长交流活动、家庭教育讲座等一系列基础服务活动，建立了与社区未成年人、家长等多方的联系和信任关系，家长学校的服务越来越多样化，从而增强了家长对社区服务的认识。

2016年，家长学校在"三社联动"的服务模式下，通过家长课堂、未成年人家长教育及家教实践等系列活动，鼓励和吸引了较多未成年人和家长的参与，同时依托社区大学，社区和社工站合力推动了社区5个社会组织的成立，其中家庭教育指导服务中心也成立了，目前已有70余名家长参与其中，相继开展多样化的未成年人及家长服务活动。

2017年，社区家长学校活动依托家庭育指导服务中心开展，家长参与故事绘、家庭教育实地访谈、个案等一系列服务活动有序开展。在创建全国文明城市期间，以"做文明小卫士"为主题的社区夏令营，除了吸引了小朋友的参与外，家长志愿者也参与其中，担任夏令营志愿者老师。在这些服务的基础上有了一只吸纳包括专业社会工作者、社区退休老师、辖区物管、幼儿园、高校志愿者以及社区工作人员在内的20余人的家长学校兼职教师队伍和70余人的志愿者队伍，并且建立了完善的管理和规范制度，制定了家长学校工作计划、方案、工作总结制度。这些制度的制定和完善，为家长学校开展服务活动、营造社区家长教育氛围、提升社区家长教育质量、促进交流提供了较为扎实的社区服务基础。除此之外，依托社区大学推动的巾帼志愿服务队、书法协会、社区商会、悦读会等社区社会组织，也参与了社区服务的方方面面。社区实现了从"社区能人"到"能人社区"的转变，形成了"一圈带一面""一群带一片"的居民自我管理、自我服务、自我教育的自治氛围。

2018年广福社区家长学校，积极与辖区幼儿园、儿童培训机构以及社会志愿人士等积极联动，通过"家庭+社区+学校+社会"的联动模式共同为儿童成长营造良好的环境。动员社区自治组织的力量共同参与到社区夏令营以及宝宝故事绘等活动中，同时注重对家长学校中家长们的增能，广福社区第三期宝宝故事绘就是家长们发挥自治力量的结果，家长们提出需求并负责活动招募和活动准备，社区只负责了老师对接和场地提供，这种活动模式效果显著。

2019年，广福社区家长学校在原有服务的基础上，不仅丰富了广大社区家长的家庭教育知识和理论，提高家长的家庭教育水平，而且还帮助家长进一步树立正确的人才观、教育观，掌握科学的家庭教育方法，从而创造良好的现代家庭教育环境。社区家长学校使家庭教育、学校教育和社会教育的关系变得更加密切，把家庭、学校和社会三者联系在了一起，从而使三者的教育更加和谐统一。

2020年，社区通过三社联动项目与壹欣社工站以搭建"党建+群建+社会组织平台"通过"居民参与联动社区居民自组织服务居民"的策略，达到居民、群团、自组织的多方联动社区治理格局，降低政府在社区服务、社区治理上的成本支出，以产生较大的社会效益，广福社区妇联家长学校按照轮值公示计划表，每个月开展活动，每次活动后，广福社区家长学校都在群团阵地中将活动图片进行展示，无论是辖区的家长还是未成年人，来到活动阵地都能够重温活动风采，通过活动的举办感受到群团组织的作用和力量。通过"党群沙龙"阵地建设，增强了家长学校的凝聚力和向心力。同时，依托广福社区党群活动服务中心发挥的教育、培训、服务党员和家长、未成年人作用为基础，有效发挥了社区妇联的生力军作用。广福社区通过党建带群建，广福社区的妇联工作日益进步，妇联工作不断提高。

广福社区经过深化服务、精心准备、各级推荐、专家评审、对外公示等程序，2019年被评为"昆明市五星级家长学校"、2016年11月被评为"全国社会工作服务示范社区"，"三社联动"服务路径夯实了服务平台建设，提升了社区治理水平。2015年至今，社区家长学校召开领导小组会议24次，开展家长教育课程18期，培育社区家长骨干53名，开展各类未成年教育活动38次，社区家长对各类课程和活动评价度提高，对社区服务的满意度、认可度大幅度提升，家长参与度有了显著提高，合力创熟广福，熟人社区又回来了。

2. 三社联动模式下家庭教育指导的特点

（1）多方资源链接服务儿童。在广福社区党支部的领导下，广福社区积极与辖区幼儿园、儿童培训机构以及社会志愿人士等积极联动，通过"家庭+社区+学校+社会"的联动模式共同为儿童成长营造良好的环境。引入形式多样的资源服务儿童，与辖区幼儿园合作一起举办儿童节、情商培养等活动。

（2）多元主体共同参与儿童友好社区建设。动员社区不同居民组织参与到儿童服务中来，同时搭建不同平台促进儿童与社区其他群体的互动，儿童是社会人，让他们接触到不同群体，了解不同群体有助于他们健康成长，动员广福社区巾帼志愿服务队协助夏令营活动、广福社区书法协会参与到儿童节活动为社区儿童送上书法祝福，同时在夏令营活动中搭建老少互动平台，组织社区儿童到社区高龄长者家探访，由参加过淮海战役的爷爷为大家讲故事进行红色教育，在收到红色教育的同时让孩子们学会尊老孝亲。促进多元主体参与到儿童服务中，共同为儿童营造友好成长的社区氛围

（3）儿童家长齐影响，培养家长学校自治能力。广福社区在做好儿童服务工作的同时更加注重对家长的影响，家长是孩子的第一任老师，原生家庭环境对孩子的影响是一生的，为保障儿童活动的连续性，广福社区在活动中也会对家长进行教育和要求，动员家长发挥各自特长一起促进孩子们的成长，在夏令营活动中我们家长作为志愿者参与到授课、协助等环节。同时注重培养家长学校的自治能力，家长们已经可以根据孩子需求自主组织活动和进行招募，社区工作人员和社工从原来活动的主导者慢慢成为了协助者，广福社区家庭教育指导服务中心的自我管理自我教育的自治能力开始凸显。①

---

① 本案例根据实地调研资料整理而成。

第七章　社会机构的家庭教育指导

《家庭教育促进法》第四十六条规定,"图书馆、博物馆、文化馆、纪念馆、美术馆、科技馆、体育场馆、青少年宫、儿童活动中心等公共文化服务机构和爱国主义教育基地每年应当定期开展公益性家庭教育宣传、家庭教育指导服务和实践活动,开发家庭教育类公共文化服务产品"。第十条规定,"国家鼓励和支持企业事业单位、社会组织及个人依法开展公益性家庭教育服务活动"。家庭教育除了学校和社区这两个主阵地,公共文化机构和企业事业单位等也有开展家庭教育指导活动的权利和义务。全社会都能关注儿童的成长,统筹各类社会育人资源,有助于形成家庭学校社会的协同育人机制。本章分析了公共文化机构、婚姻登记处、妇幼保健院等单位的家庭教育指导内容,并提出开展家庭教育指导的对策。

第一节　公共文化机构

公共文化服务机构是提供家庭教育指导的重要阵地,包括图书馆、博物馆、科技馆、纪念馆、剧院、体育场、工人文化宫、青少年宫、妇女儿童活动中心,街道和社区基层综合性文化服务中心等。《关于指导推进家庭教育的五年规划(2021—2025年)》指出:"鼓励图书馆、博物馆、文化馆、纪念馆、美术馆、科技馆、妇女儿童活动中心、青少年宫等公共文化服务机构结合社会活动,开展公益性家庭教育宣传、指导服务和实践活动,开发多样化、有质量的家庭教育公共服务产品。"妇联组织要发挥家庭教育的牵头作用,为公共文化机构开展家庭教育指导活动提供专业指导。博物馆、美术馆、科技馆、图书馆,在其原有的典藏、陈列的功能之外,其教育功能正在日趋成熟,成为为公众提供知识、教育和欣赏的文化教育机构。每个家庭成员都可以在其中提升文化科学素养,实现终身学习、终生发展。青少年宫,包括各类青年宫、少年宫、青少年宫、青少年活动中心、儿童活动中心、青少年科技馆、青少年活动营地、青少年教育基地等青少年活动场所，是专门面向青少年开展实践教育、社会教育和校外活动的公共文化服务设施。儿童可以选择到各类符合其独特发展需要的课程和活动，满足其德智体美劳全面发展的需求。

一、妇女儿童活动中心

妇女儿童活动中心以"妇女、儿童和家庭"为服务对象，承担妇女儿童培训、活动、文化、娱乐和交流等任务。作为妇女儿童培训及活动阵地，妇女儿童活动中心要增强校外教育家风家教新的工作模块和职能，引领服务联系广大妇女及市民家庭参与家庭教育指导活动。妇女儿童活动中心可以从以下几个方面开展家庭教育指导：

第一，整合社会资源，建立家庭教育资源和平台。妇女儿童活动中心要联动社会资源，搭建家庭教育平台，打造家风家教家庭项目品牌，发挥家风家教家庭工作的社会引领职能。发挥专业优势，提升家庭教育指导服务水平。围绕《全国家庭教育指导大纲》《家长家庭教育基本行为规范》，编写多层次、多元化家庭教育教材课程大纲，举办线上线下培训班，宣传普及科学的家庭教育知识。

> 案例：北京房山区妇女儿童活动中心开展"母亲课堂"活动。"母亲课堂"是北京市"未成年人思想道德教育建设进家庭，进社区实践活动"的一部分，它通过家教讲座，对母亲进行家教知识的传播、指导、培训，使学校教育、家庭教育和社会教育相结合，探索未成年人教育的科学方法。①

第二，针对特殊儿童需求，通过公益活动给予关爱和指导。为贫困、孤残、留守、流动儿童等特殊儿童搭建平台，让孩子感受到社会的温暖，为特殊儿童提供物质和精神方面的个性化帮扶。发挥新媒体作用，宣传家庭教育理念。利用微信公众号、网站、微博等，搭建家庭家教家风宣传引领、信息交流、培训互动线上平台。广泛宣传习近平总书记关于家庭家教家风等重要思想，让广大妇女、群众深刻认识家庭和个人、社会、国家之间的关系。

第三，开展家风家教理论研究。妇女儿童活动中心要利用妇联系统的家庭

---

① 本案例根据实地调研资料整理而成。

教育学会、研究会的理论研究优势，探索家庭教育指导服务的机制，围绕家庭建设特别是家庭家教家风主题，申请家庭教育指导专项课题，形成具有理论深度和指导意义的研究成果。

案例：河南妇女儿童活动中心每年举办"培新时代文化大才、育家国栋梁"家庭教育导师公益研修班，提升我省家庭教育专业化水平，打造有特色、接地气、有温度的家庭工作品牌，助力"家家幸福安康工程"。配合按河南省妇联"家家幸福安康工程"要求，配合省妇联家庭儿童部举办了全省妇联系统家庭教育骨干培训班，打造河南省妇联系统的家庭教育师资队伍，推动普惠性、公益性、专业性的家庭教育项目和活动。在全省开展"家庭教育指导师、心理咨询师、在校老师学生心理健康教育师资技能提升工程"培训，打造家庭教育心理咨询专业普惠性队伍，助力新时代青少年心理健康成长。[1]

二、图书馆

图书馆拥有包括纸质资源、电子资源、音频视频资料在内的大量信息资源。作为公共文化服务机构，图书馆可以充分发挥其社会教育职能，为支持家庭教育提供了资源保障。家长及孩子可以从丰富的资源中汲取营养、开阔眼界、增长知识、提高自身知识水平和修养。特别是一些与家庭教育相关的资源，可以使家长了解家庭教育的特点与规律，掌握教育孩子的科学方法，不断提高自身的家庭教育水平。妇联组织拥有丰富的家庭教育资源，可以对图书馆的家庭教育指导服务提供专业指导，并将图书馆纳入家庭教育资源网络，与其他资源形成合力，精准有效地向公众推广科学的家庭教育信息。

第一是进行资源整合。当前家长对于家教资源的需求旺盛，但社会中关于家庭教育的图书资源鱼龙混杂、良莠不齐，且分类缺乏科学性，导致家长难以获得科学精准的信息。图书馆可以结合家庭教育需求，开设家庭教育资源阅览区，对现有家庭教育资源进行整合，实现了一站式检索，使人们更加便捷地获取家庭教育方面的知识信息。

第二是开展咨询与指导。图书馆可以邀请教育专家举办系列的家庭教育专

---

[1] 本案例根据实地调研资料整理而成。

题讲座,从而为家长与专家学者沟通交流提供平台。通过参加家庭教育专题讲座,家长可以了解许多家庭教育方面的知识,懂得孩子的成长特点与规律,掌握教育孩子的科学方法,走出家庭教育的误区。

案例:北京妇联以首都图书馆为主阵地,从2019年开始开展"新蕊计划"家庭·家教·家风讲坛,邀请家庭儿童工作领域知名专家,为家长提供科学的家庭教育指导,帮助人们提高建设好家庭的能力,弘扬新时代家风文化。同时亦将针对家庭建设面临的难点问题,邀请各方面人士,开展研究探索,形成一批理论和实践成果。"新蕊计划"家庭·家教·家风讲坛内容包括家庭建设系列、家庭教育系列、家风传承系列三大体系,围绕亲子关系、夫妻关系、隔代育儿、家教热点、立德树人等话题展开深入讲解。同时,讲坛还将充分利用全媒体传播手段,通过杂志、广播、移动互联网等途径广泛传播,以便家长获取讲坛主题和内容等信息。[①]

第三是对家长的阅读指导培训,开展亲子阅读活动。深入实施全民阅读工程,定期向广大家长和儿童推荐优秀图书,开展多种形式的家庭读书活动,加强亲子阅读研究与指导,倡导广大家庭多读书、读好书、善读书,使家长和儿童养成阅读习惯。图书馆开展亲子阅读服务活动,主要就是借助图书馆的文化阵地功能,围绕书本开展相应的亲子活动,这样不仅能够加强学生与家长之间的情感互动,还能拉近家长与学生之间的心理距离,帮助学生和家长养成良好的阅读习惯。开展亲子阅读服务活动,不仅能够充分发挥出图书馆的文化阵地的作用,还能充分利用图书馆的文化资源,丰富学生的文化视野,拓展学生的知识面,满足学生的个性化阅读需求,促进学生的全面发展。但是,图书馆在开展亲子阅读服务活动过程中,需要对亲子阅读服务活动的阅读数量、阅读时间等方面的内容进行规定,这样才能保证亲子阅读服务活动的质量,逐渐提升图书馆的文化服务水平,推动图书馆的进一步发展。

三、博物馆、科技馆

博物馆是征集、典藏、陈列和研究代表自然和人类文化遗产的实物的场所,馆藏物品分类管理,为公众提供知识、教育和欣赏的文化教育的机构、建

---

① 本案例根据实地调研资料整理而成。

筑物、地点或者社会公共机构。博物馆是非营利的永久性机构，对公众开放，为社会发展提供服务，以学习、教育、娱乐为目的。科学技术馆（简称科技馆）是以展览教育为主要功能的公益性科普教育机构。科技馆主要通过常设和短期展览，以参与、体验、互动性的展品及辅助性展示手段，以激发科学兴趣、启迪科学观念为目的，对公众进行科普教育；也可举办其他科普教育、科技传播和科学文化交流活动。博物馆、科技馆可以提供的家庭教育服务包括以下几方面：

第一，开展亲子活动。不同于学校正规教育，博物馆教育主要目标主要是提供体验，并引发兴趣，促使观众探索问题。亲子参观博物馆或展览可建立家庭成员间的共同回忆和话题，有助亲子关系的建立。博物馆和科技馆创造了一个课室以外既陌生又有趣的学习环境，社区家长学校可以充分利用周边博物馆和科技馆的文化资源，指导家长和孩子如何有效地参观博物馆和科技馆。首先教家长和孩子做好前期准备工作，一起从互联网上搜寻资料，先了解展览的内容和相关艺术家的介绍。其次搜集展品的资料，了解作者的创作背景和作品特色，提高孩子的期待值。最后，根据孩子年龄安排行程并制定参观规则。如北京自然博物馆开展的"博物馆之夜"活动。家长们领着孩子走进晚间开放的博物馆，观看绚丽的节目展演、探索奇妙的"植物世界"、动手做一片叶脉书签、逛逛"绿地球"文创市集等，一同度过精彩难忘的"绿地球之夜"。

第二，提供公益讲座。博物馆和科技馆拥有强大的专家资源，可以为家长和儿童提供关于家庭教育及儿童学习的相关指导。如中国妇女儿童博物馆开展"安徒生童话"主题家庭教育系列讲座，向家长们分享了与孩子共同阅读绘本的方式方法。北京科学中心、北京青少年科技中心为发挥好科学家在科普工作中的作用，倾力打造的科学传播品牌项目"我听院士讲科学"。依托中国科学院、中国工程院、一流高等学府等优秀资源，邀请两院院士、专家教授根据不同学科，进行授课、科普讲座、公众开放日等科学交流活动，传授科学知识、传播科学思想。

案例：2018年，全国首家"中国家庭教育博物馆"开馆。该博物馆通过实物陈列、模拟场景等方式，由古及今，通史式剖析中国家庭教育传统特色，展示中国家庭教育风貌。中国家庭教育博物馆坐落在扬州育才小学西区校，场馆面积256平方米，该馆集中展示、介绍自先秦开始我国家庭教育发展史，主要涵盖家庭教育的历史梳理、传统特色、发展趋势、区域探索和情景体验等内容。旨在对我国家庭教育的过去、现在、未来做深层次思考,从历史中汲取智慧,把握家庭教育的一般规律,用发展的眼光规划家庭教育的未来。中国家庭教育博物馆具有理论性、实践性、参与性、体验性、教育性等特点,父母、老师、孩子可以在参观、阅读、欣赏、互动、活动、探究等活动中,从而汲取智慧、启迪心灵,实现幸福教育的美好愿景。①

四、青少年宫

青少年宫的教育是以贴近和服务广大未成年人为宗旨,以加强思想道德教育为核心,以培养创新精神和实践能力为重点,是我国教育事业不可缺少的重要组成部分,与学校教育、家庭教育相互联系、相互补充,促进青少年儿童全面发展的实践课堂;是服务、凝聚、教育广大青少年儿童的活动平台;是加强思想道德建设,推进素质教育,建设精神文明的重要阵地和重要途径;是创建和谐社会与和谐文化的重要阵地。我国的青少年宫教育已有六十多年历史,形成了青年宫、少年宫、青少年宫、青少年活动中心、青少年营地、儿童活动中心等多种教育阵地。绝大多数的青少年宫是由政府投资建设、配备优质师资,分属共青团、妇联、科协、教育局管理。相比于全日制学校有着较大的组织自由度,相比于社会办学有着场租、设备、员工工资等方面的巨大优势。

青少年宫教育通过社会现象、社会角色、社会关系等社会认知学习,能够拓宽青少年的学习渠道、学习方式,拓展青少年的社会知识,帮助他们融入社会,增长社会经验,形成健康、进取的社会态度,提高亲社会的素质。青少年宫教育的基本内容是发展青少年的社会性和个性,教育引导青少年进行社会学习,掌握社会生活所必需的知识、技能与行为规范,内化社会核心价值观念,促进青少年社会化。活动教育是指通过设计、建构、组织符合青少年发展需要的各类活动,促进青少年健康成长、全面发展。多年来,青少年宫在传统的艺术培训(琴棋书画、声乐乐器)、科技培训(三电三模)等领域积累了大量实操经验、培养了大批量的高水平师资、奠定了广泛的群众基础。

案例:哈尔滨儿童少年中心在2020年获得"全国家庭教育创新实践基地"称号,坚持立德树人,以活动为主体、以培训为基础、以服务为支

---

① 本案例根据实地调研资料整理而成。

撑，突出发挥"思想道德宣传教育阵地""实践活动基地""素质提升平台""优质服务载体"功能作用，积极构建家庭教育创新实践体系，发挥校外阵地指导、服务功能。中心从教育活动和环境创设入手，将践行社会主义核心价值观融入教师教育行为之中，常态化引导家长和学员；以全国"双有"主题教育、营地教育、孤困帮扶等实践活动为载体，开展多元化、全系列的家庭教育活动，每年直接服务家庭近2万个，为营造广大儿童健康成长的社会环境，融洽亲子关系，促进家庭和谐作出了积极努力。①

第二节 其他相关指导机构

一、婚姻登记处

(一)法律政策对于婚姻辅导的规定

《关于指导推进家庭教育的五年规划(2021—2025年)》指出："婚姻登记机构通过举办结婚登记颁证仪式、开展婚姻家庭辅导、播放宣传教育片等形式，聚焦倡导正确的婚姻家庭理念、抵制高价彩礼等新型婚育文化，强化婚姻家庭责任和义务。"在婚姻登记处建立新婚夫妇学校或提供婚姻家庭辅导、婚育健康及育儿知识宣传服务，有效推进婚姻管理、婚前新婚教育及婚姻家庭纠纷调解工作，为儿童成长营造和谐的家庭环境。从毕生发展的角度，婚姻家庭辅导、婚育健康及育儿知识宣传服务是家庭教育工作的前置教育，帮助新婚夫妇从源头上树立正确的家庭观，可以为儿童成长营造优良的家庭教养环境。

> 资料：《中华人民共和国民法典》于2021年1月1日起实施，为贯彻民法典有关离婚冷静期制度的规定，民政部对婚姻登记程序进行调整，在离婚程序中增加冷静期。调整后的离婚登记程序包括申请、受理、冷静期、审查、登记(发证)等。其中冷静期指的是：自婚姻登记机关收到离婚登记申请并向当事人发放《离婚登记申请受理回执单》之日起三十日内，任何一方不愿意离婚的，可以持本人有效身份证件和《离婚登记申请受理回执单》(遗失的可不提供，但需书面说明情况)，向受理离婚登记申请的

---

① 本案例根据实地调研资料整理而成。

婚姻登记机关撤回离婚登记申请，并亲自填写《撤回离婚登记申请书》。经婚姻登记机关核实无误后，发给《撤回离婚登记申请确认单》，并将《离婚登记申请书》《撤回离婚登记申请书》与《撤回离婚登记申请确认单(存根联)》一并存档。自离婚冷静期届满后三十日内，双方未共同到婚姻登记机关申请发给离婚证的，视为撤回离婚登记申请。

为贯彻实施民法典，进一步维护婚姻家庭和谐稳定，2020年8月，民政部、全国妇联近日联合印发了《关于加强新时代婚姻家庭辅导教育工作的指导意见》①，强调探索开展婚前辅导，开发婚前辅导课程，帮助当事人做好进入婚姻状态的准备，努力从源头上减少婚姻家庭纠纷的产生。探索将颁证仪式引入结婚登记流程并实现颁证常态化，通过引导婚姻当事人宣读结婚誓言、领取结婚证，在庄重神圣的仪式中宣告婚姻缔结，让当事人感悟铭记婚姻家庭蕴含的责任担当。深化婚姻家庭关系调适和离婚辅导，探索离婚冷静期内对当事人开展婚姻危机干预的有效方法和措施。要宣传弘扬中华优秀传统婚姻家庭文化，充分发挥其蕴含的人文精神、道德规范和社会教化功能。推广体现优秀中华文化的传统婚礼，组织举办集体婚礼，倡导健康文明、简约适度的婚俗文化。要注重家庭家教家风建设，推动社会主义核心价值观在家庭落地生根，引导广大家庭培养爱国爱家的家国情怀，建设相亲相爱的家庭关系，培育向上向善的家庭美德，体现共建共享的家庭追求，以家庭和谐促进社会和谐。

婚姻家庭服务也是妇联家庭工作的重要领域。2019年全国妇联出台的《关于组织实施"家家幸福安康工程"的通知》指出，要完善以精细深入为导向，重点做好防制家暴、用好宣传媒体、抓好宣传重点、建好调解机制四方面工作。通过受理家暴来信来访咨询投诉，履行预防制止职责，维护平等和睦文明家庭关系。通过用好主流媒体及新媒体平台，开展妇儿权益维护的普法活动和案例经验推介。通过抓住重要时间节点等实现普法宣传活动的常态化，增加人群覆盖。通过以综治考评为导向和开发《工作手册》，加强对调解委员会的建设、指导和支持。② 婚姻家庭登记处在妇联的指导下成立新婚夫妇学校，开展婚姻家庭辅导工作，处理好各种家庭关系，家庭成员相亲相爱，才能促进下一代健

---

① 《民政部、全国妇联印发〈关于加强新时代婚姻家庭辅导教育工作的指导意见〉》，载民政部门户网站，http://www.mca.gov.cn/article/xw/mzyw/202009/20200900029332.shtml，2020年11月4日访问。

② 参见全国妇联《关于组织实施"家家幸福安康工程"的通知》，2019年5月13日。

康成长。

(二)婚姻家庭辅导教育工作的开展

1. 结婚登记和宣传婚检

婚姻是小家庭组建的开始,在源头进行家庭教育、婚育新风等观念的宣传,将会收到事半功倍的效果。推进婚前辅导和婚检,可以有效增进新婚居民的婚姻幸福和家庭和谐。自从2003年取消强制婚检后,全国范围内的出生缺陷总发生率呈现明显上升趋势。通过新婚夫妇学校,宣传婚检对于家庭和谐建设、后代健康成长的意义,提供预防生殖道感染及性传播性疾病、合理避孕、优生优育、和谐性生活等多方面的卫生保健知识,帮助新婚夫妇树立正确的婚育观。通过常态化婚前教育和婚姻辅导,引导新人树立责任、忠诚、包容、沟通等婚姻核心价值观念,可以从源头上、入口处填补公民婚姻家庭教育空缺。此外,婚姻登记处可以开展结婚登记免费特色颁证服务,提升居民对婚姻庄严神圣观念。在庄重神圣的法律殿堂宣告双方合法婚姻的缔结,增强婚姻的仪式感,提升结婚当事人对幸福婚姻的期待,对促进婚姻幸福美满、家庭和谐稳定起到积极作用。

2. 婚姻调解

针对前来办理离婚的夫妇,婚姻登记处可以提供专业的离婚调解咨询服务。婚姻家庭咨询师通过了解离婚家庭婚姻状况,找到夫妻离婚的原因,对能挽回的婚姻,给予针对性的婚姻修复咨询服务;对因出轨、赌博、家暴等无法忍受的婚姻提供离婚法律咨询和个人心理咨询服务。正确引导离婚后能重新开始生活;对因家庭问题产生自闭、暴躁、情感缺失等心灵受到伤害的儿童,提供心理疏导重建服务,弥补因父母感情问题造成的心理伤害。

> 案例:2017年,昆明市民政局、市妇联在人社局婚姻登记窗口设立婚姻家庭辅导室。2019年昆明人社局通过政府购买服务方式,引进了云南省婚姻家庭咨询师协会丰富呈贡婚姻登记服务工作。通过以婚姻登记窗口为宣传平台,相继推出了婚姻特色宣誓、婚前教育、婚姻家庭纠纷调解咨询辅导、社区家庭讲座、家暴咨询等"婚姻登记一条龙服务"工作,在提升居民婚姻登记服务以及促进和谐家庭的建设上都起到了积极的促进作用。[①]

---

① 本案例根据实地调研资料整理而成。

二、妇幼保健院

《关于指导推进家庭教育的五年规划(2021—2025年)》指出:"指导医疗保健机构在开展婚前保健、孕产期保健、儿童保健、预防接种等服务时,面向服务对象开展多种形式的健康婚育、科学养育知识和婴幼儿早期发展宣传指导。"按照家庭生命周期,恋爱与结婚阶段结束之后就是生育与养育阶段,家庭很重要的功能之一就是生育。生育是影响家庭发展的关键因素。孩子出生后,家庭生活从之前的二人世界转变为三人或三人以上的世界。家庭中出现亲子关系,家庭成员有了新的角色。养育孩子意味着承担责任,由于很多夫妻在初为家长时并没有太多的经验,导致家庭生活中产生暂时性的混乱和冲突,需要家庭成员共同努力来调整并适应这种转变。在此阶段如果能给家庭成员提供科学正确的家庭教育指导,孕前期提供孕前指导和检查、遗传筛查和辅助生殖等服务;孕期提供营养指导、心理辅导、高危孕妇管理和产前诊断等保健服务;分娩过程中做到全程陪护、优质分娩、常见传染病母婴阻断和急危重症孕产妇救治;产后指导产妇进行母乳喂养、产后康复和中医调理;在婴幼儿养育期从生长发育、心理行为、早产促进、幼儿早教等方面全面促进儿童早期发展,可以有效帮助家庭成员营造良好的家庭生活环境,能有效促进儿童未来的健康成长。

(一)孕妇学校

妇幼保健院建立孕妇学校,对孕产妇及家属进行科普宣教,可以将儿童健康管理关口前移到孕前及孕产期,实施婚前医学检查、孕前优生检查、备孕咨询、孕期保健、出生缺陷筛查、孕妇营养与心理指导等服务,筑牢母婴安全防线。通过胎教、孕期营养与体重管理、孕期生活方式、孕期不适症状的缓解、孕期合并症及预防、母乳喂养知识与技巧、新生儿保健,新生儿洗澡和抚触、产检的内容与意义、剖宫产与自然分娩比较、科学坐月子、产后康复等知识的讲解和示教,使孕产妇及其家属对整个孕前、孕中、孕后期有充分的认识。妇联组织可以利用家庭教育指导方面的多方资源,为妇幼保健院的孕妇学校提供专业指导。

案例:北京市卫生健康委、首都医科大学附属北京妇产医院北京妇幼保健院在疫情防控期间,为了满足孕产妇这一特殊群体的需求,组织制作了北京市孕妇学校的课程,并开通了北京市线上孕妇学校。北京市线上孕妇学校的课程注重丰富性和科学性。涵盖了孕前、孕期分娩、产后的 15 门《北京市孕妇学校标准化课程》及北京妇产医院牵头研发的《孕妇养生保健操》视频课程和"孕产妇疫情防控"系列课程。所有课程都由国家妇幼保健中心、北大医院、北大人民医院、北京妇产医院北京妇幼保健院等各大三甲医院的专家审核和讲授，全方位的为孕产妇学习孕期保健知识提供帮助。①

(二)儿童早期发展基地

儿童早期发展是指从孕期到出生后 3 年，对儿童的营养、卫生、教育、环境和保护等方面开展科学综合干预，以发挥儿童潜能，使儿童的体格、心理、认知、情感和社会适应性达到健康完美状态，是新时期儿童保健工作的重要内容和发展方向。孩子出生后将转介到儿童保健科接受系统儿童健康服务。儿童保健科对正常儿童进行生长发育和营养指导，为家庭提供个性化家庭养育与照护规划，指导家长掌握科学育儿方法；对发育异常儿童纳入专案管理，及时开展神经、心理、运动、语言等方面的评价与干预，最大限度降低残疾儿的发生。

案例：新密市妇幼保健院围绕妇女儿童全生命周期健康管理。(1)打造母婴健康安全链。关注生命最初 1000 天，将儿童健康管理关口前移到孕前及孕产期，实施婚前医学检查、孕前优生检查、备孕咨询、孕期保健、出生缺陷筛查、孕妇营养与心理指导一条龙服务，对高危孕产妇安排新生儿科医生、麻醉医生共同会诊，推行高危陪伴分娩等服务，进一步筑牢母婴安全防线。(2)建立多学科、多层次合作机制。围绕儿童健康需求，孕产保健、儿童保健、新生儿科、儿科等多学科参与，全流程、多维度实施健康促进、转介和干预服务，实现了儿童健康管理连续化、系统化。(3)突出循环指导服务，强化家庭养育照护效果。儿保医生按照规定标准和流程，以家庭为依托，从孩子出生建立健康档案开始，即为儿童及家长提供"月跟踪→阶段评估→个性化干预→再评估→再干预"的循环指导服务，一对一指导家长正确掌握营养、心理、运动等养育知识。(4)在全市所有助产机构推行家庭式导乐陪伴分娩和新生儿早期基本保健技术，

---

① 本案例根据实地调研资料整理而成。

鼓励准爸爸全程陪伴分娩，新生儿分娩后延迟断脐，立即与母亲皮肤接触和早吸吮，并鼓励爸爸参与袋鼠式护理，第一时间建立亲子感情。建立以互动式培训为主的新婚学校、孕妇学校、父母课堂和妈咪厨房，多种形式培训推广自然分娩、母乳喂养、营养指导、婴幼儿辅食添加及家庭养育照护等知识。①

三、机关、社会团体、企事业单位

《关于指导推进家庭教育的五年规划（2021—2025年）》指出："持续推动机关、企事业单位、群团组织面向本单位职工家庭开展家庭教育指导服务。"在机关、社会团体、企事业单位开展家庭教育指导，可以有效促进职工家庭和谐建设，增强职工对于单位文化的认同。妇联可以为有条件的机关、社会团体、企事业单位提供专业资源，帮助建立家长学校或家庭教育指导站，指导其有效运营，更好地满足于职工的家庭教育需求。

机关、社会团体、企事业单位在成立家庭学校或家庭教育指导站，一是需要建立队伍。二是要经费投入到位。通过多方筹措，以及与社会组织共建、争取上级项目支持等途径积极筹措资金，确保活动开展有经费保障。三是要建立规章制度，制定了服务指导章程、教师管理规范、办公室规章制度、活动开展要求等一系列规章制度，确保工作有章可循有序开展。按照年度工作计划将全年工作任务分解到月，努力做到季度有反馈、半年有小结、年度有总结。四是要设施配套到位。借用现有机构的场地开展家庭教育指导活动。设备设施可以通过单位出资、职工个人自愿出资或社会捐赠的形式购买。五是活动开展方式要灵活多样。在调研基础上，摸清本机构的家庭教育需求，结合实际情况设计可行的活动方案。

案例：昆明市在旅游度假区妇联的支持指导下，与小飞象团队共同打造了——莲花物业"小飞象"家庭教育服务指导站，被云南省妇联授予全省"两新"组织妇联组织建设示范点，被昆明市妇联评为昆明市家庭教育亲子阅读基地。主要经验如下：一是营造"读书大环境"。服务指导站依托"小飞象"梦想书屋、莲花物业党建书架和职工书屋、卫城社区图书室，

---

① 本案例根据实地调研资料整理而成。

举办了亲子阅读、亲子故事会、说文解字讲座、母亲课堂等一系列丰富多彩的学习阅读活动，为孩子、家长和小区居民营造了读书的大环境，力求培养其孩子和家长的读书习惯，通过书籍把美好的道德观念传递给孩子，帮助他们形成美好心灵，促使他们健康成长；也帮助父母和家长树立正确的教育观、掌握正确的教育法，从而渐积习近染，为形成良好家庭、社会风气打下基础。二是打造"文体大平台"。服务指导站依托莲花物业妇联，通过文体活动搭台，联系政府单位、社区、学校和业主家庭包含妇女、老人、孩子等共同参与，定期组织"休闲文化季""社区邻里节""主题书画展""棋王争霸赛"等文体活动；依托物业扶持的老年艺术团，充分发挥艺术团成员的文艺和阅历专长，让他们在教育活动中表演节目、在教育授课中分享经验、在教育服务中照顾孙辈，营造了浓厚的文化育人氛围，也丰富了业主文化生活，提升了小区文化层次。三是搭建"快乐大学堂"。服务指导站在度假区妇联、物业公司支持下，不断创新教育教学方式方法，在关心孩子学业成绩的同时，重视对孩子的思想品德教育和综合素质教育，促进孩子全面发展。在正常的课辅之余，服务指导站针对不同年级孩子的兴趣爱好，设置了讲故事、绘画、阅读等项目，让孩子多方面发展，结合"垃圾分类""杜绝餐桌上的浪费"等最新要求，联系协调酒店、环保等单位开展课外拓展教育活动，开阔了孩子视野，让他们在快乐氛围中健康成长。①

---

① 本案例根据实地调研资料整理而成。

参考文献

一、图书

(一) 中文

[1]《马克思恩格斯全集(第1卷)》,人民出版社1957年版。
[2]《马克思恩格斯全集(第2卷)》,人民出版社1957年版。
[3]《马克思恩格斯全集(第4卷)》,人民出版社1957年版。
[4]《马克思恩格斯全集(第27卷)》,人民出版社1972年版。
[5]《马克思恩格斯全集(第3卷)》,人民出版社1960年版。
[6]《马克思恩格斯选集(第4卷)》,人民出版社1985年版。
[7]《毛泽东选集》(第3卷),人民出版社1991年版。
[8]《习近平关于注重家庭家教家风建设论述摘编》,中央文献出版社2021年版。
[9]《中国大百科全书——社会学》,中国大百科全书出版社1991年版。
[10]《中国大百科全书——教育学》,中国大百科全书出版社1985年版。
[11]《中国家庭发展报告》,中国人口出版社2016年版。
[12]费孝通:《乡土中国生育制度》,北京大学出版社1998年版。
[13]田丰:《当代中国家庭生命周期》,社会科学文献出版社2011年版。
[14]孙本文:《社会学原理》,商务印书馆1935年版。
[15]高淑贵:《家庭社会学》,中国科学技术出版社1991年版。
[16]林耀华:《金翼——中国家族制度的社会学研究》,生活·读书·新知三联书店2000年版。
[17]冯友兰:《新事论》,生活·读书·新知三联书店2007年版。
[18]《辞海》,上海辞书出版社1979年版。
[19]顾明远:《世界教育大事典》,江苏教育出版社2000年版。
[20]《中国家庭教育蓝皮书》,教育科学出版社2015年版。

[21]《全国家庭教育调查报告》,社会科学文献出版社2011年版。
[22]赵忠心:《家庭教育学——教育子女的科学与艺术》,人民教育出版社2001年版。
[23]杨宝忠:《大教育视野中的家庭教育》,社会科学文献出版社2003年版。
[24]邓佐君:《家庭教育学》,福建教育出版社1995年版。
[25]缪健东:《家庭教育社会学》,南京师范大学出版社1992年版。
[26]关颖:《家庭教育社会学》,教育科学出版社2014年版。
[27]张秀兰、徐月宾、梅里志:《中国发展型社会政策论纲》,中国劳动社会保障出版社2007年版。
[28]杨善华:《家庭社会学》,高等教育出版社2006年版。
[29]曹卫东:《曹卫东讲哈贝马斯》,北京大学出版社2005年版。
[30]衣俊卿:《现代化与日常生活批判》,人民出版社2005年版。
[31]黄河清:《家校合作导论》,华东师范大学出版社2008年版。
[32]马忠虎:《家校合作》,教育科学出版社1999年版。
[33]周福林:《我国家庭结构变迁研究》,经济管理出版社2016年版。
[34]洪明:《家校合育论》,教育科学出版社2021年版。
[35]《现代汉语词典(第六版)》,商务印书馆2012年版。
[36][美]维吉尼亚·萨提亚:《新家庭如何塑造人(第二版)》,易春丽、叶冬梅译,世界图书出版公司2018年版。
[37][苏联]瓦·阿·苏霍姆林斯基:《给教师的建议(下)》,杜殿坤译,教育科学出版社1981年版。
[38][美]阿伦·C.奥恩斯坦、琳达·S.贝阿尔-霍伦斯坦、爱德华·F.帕荣克:《当代课程问题(第三版)》,余强主译,浙江教育出版社2004年版。
[39][美]莫琳·T·哈里楠:《教育社会学手册》,傅松涛等译,华东师范大学出版社2004年版。
[40][加]唐纳德·柯林斯、[美]凯瑟琳·乔登、[加]希瑟·科尔曼:《家庭社会工作》,刘梦译,中国人民大学出版社2008年版。
[41][英]吉登斯:《现代性的后果》,田禾译,译林出版社2000年版。

(二)外文

[1] Coleman. J. S, "Family School and Social Capital", In Husen & T. N. Postlethwaite (Eds): *International Encyclopedia of Education* (2nd ed.), Oxford: Pergamon Press, 1994.

[2] Bronfenbrenner. U, *The Ecology of Human Development: Experiences, by Nature and Design*. Boston: Harvard University Press, 1979.

[3] Agnes Heller, *Everyday Life*, Routledge and Kegan Paul, 1984.

[4] Henderson. A. T., "The Evidence Continues to Grow: Parent Involvement Improves Student Achievement", National Committee for Citizens in Education: Columbia, MD, 1987.

[5] Emilie Phillips Smith, Christian M. Connell. Gary Wright, Monteic Sizer and Jean M. Norman, "An Ecological Model of Home, School and Community Partnership: Implication for Research and Practice", *Journal of Educational and Psychological Consultation*, 1997.

二、期刊

[1] 应宗颖:《习近平家庭建设思想核心理念及其时代价值初探》,载《湖湘论坛》2017年第3期。

[2] 希淑惠:《马克思主义关于家庭起源问题的理论浅述》,载《社科纵横》1993年第2期。

[3] 麻国庆:《分家·分中有继也有合——中国分家制度研究》,载《中国社会科学》1999年第1期。

[4] 陈晋:《从家风看社会主义核心价值观的培育》,载《思想政治工作研究》2014年第8期。

[5] 路丙辉:《热议"家风"现象的伦理审思》,载《道德与文明》2014年第6期。

[6] 杨菊华、刘轶锋:《论新时代优良家风的历史溯源与主要意涵》,载《中国特色社会主义研究》2019年第2期。

[7] 穆光宗:《当前中国家庭户小型化的社会意涵》,载《人民论坛》2021年第7期。

[8] 王跃生:《当代中国家庭结构变动分析》,载《中国社会科学》2006年第1期。

[9] 王跃生:《中国当代家庭关系的变迁:形式、内容及功能》,载《人民论坛》2013年第24期。

[10] 陈卫:《中国的低生育率与三孩政策——基于第七次全国人口普查数据的分析》,载《人口与经济》2021年第5期。

[11] 赵家鑫:《发展型家庭政策兴起的背景分析》,载《山东工商学院学报》

2012年第6期。

[12] 谷禹、王玲、秦金亮：《布朗芬布伦纳从襁褓走向成熟的人类发展观》，载《心理学探新》2012年第2期。

[13] 张秀兰、徐月宾：《建构中国的发展型家庭政策》，载《中国社会科学》2003年第6期。

[14] 徐永德：《家庭政策与家庭福利》，载《社会福利》2002年第7期。

[15] 杨静慧：《发展型家庭政策：预防青少年犯罪的有效切入点》，载《国家行政学院学报》2013年第5期。

[16] 高书国：《覆盖城乡的家庭教育指导服务体系构建策略》，载《教育研究》2021年第1期。

[17] 单志艳：《少子化时代家校共育的制度设计》，载《教育研究》2021年第1期。

[18] 付卫东、周洪宇：《新冠肺炎疫情给我国在线教育带来的挑战及应对策略》，载《河北师范大学学报（教育科学版）》2020年第3期。

[19] 张帆、吴愈晓：《与祖辈同住：当前中国家庭的三代居住安排与青少年的学业表现》，载《社会》2020年第5期。

[20] 杨启光：《发展型家庭补偿教育政策的构建——以学校变革中家庭参与的不平等为视角》，载《教育科学》2009年第10期。

[21] 李煜：《制度变迁与教育不平等的产生机制——中国城市子女的教育获得（1966—2003）》，载《中国社会科学》2006年第4期。

[22] 杨启光：《学校变革中的家庭参与问题》，载《教育科学研究》2009年第8期。

[23] 陈璇：《走向后现代的美国家庭：理论分歧与经验研究》，载《社会》2008年第4期。

[24] 盛冰：《社会资本与文化资本视野下落不明的现代学校制度变革》，载《教育研究》2006年第1期。

[25] 杨启光、陈明选：《家庭与学校教育改革的关系：西方的经验与中国的问题》，载《华东师范大学学报（教育科学版）》2011年第12期。

[26] 齐学红：《现代家庭与学校的关系》，载《教育科学》2005年第3期。

[27] 徐向阳：《探寻魅力之源：江苏省苏州市网上家长学校建设侧记》，载《中小学德育》2012年第2期。

[28] 全国网上家长学校：《全国省级网上家长学校基本实现全覆盖》，载《中华

家教》2013年第3期。

[29] 邓丽：《妇联儿童工作参与社会管理创新的定位和思路》，载《中国妇运》2011年第11期。

[30] 白锦婵，常伟，郭惠慧：《黑龙江省家庭教育工作情况调查报告》，载《中国校外教育中旬刊》2016年第3期。

[31] 黄鹤：《我国家庭教育指导的对象、渠道、内容与形式》，载《中国校外教育》2017年第3期。

[32] 邱旭光：《台湾家庭教育专业人才培养及其启示》，载《高教探索》2013年第5期。

[33] 颜辉荣、徐金贵：《中小学"家校共育"现状的调查报告》，载《江西教育科研》1998年第6期。

[34] 黄河清、吴怡然、彭芸：《家校合作中的家长教育方式》，载《教育学术月刊》2011年第11期。

[35] 熊少严：《关于家庭教育立法问题的若干思考》，载《教育学术月刊》2010年第4期。

[36] 王薇：《构建家校协同机制的实证研究》，载《上海教育科研》2015年第2期。

[37] 褚宏启、贾继娥：《教育治理与教育善治》，载《中国教育学刊》2014年第12期。

[38] 张秀兰、徐月宾：《建构中国的发展型家庭政策》，载《中国社会科学》2003年第6期。

[39] 吴重涵、王梅、雾张俊：《教育跨界行动的制度化特征——对家校合作的经验分析》，载《教育研究》2017年第11期。

[40] 罗爽：《我国家庭教育立法的基本框架及其配套制度设计》，载《首都师范大学学报(社会科学版)》2018年第1期。

[41] 曹瑞：《基础教育阶段协同育人的成绩、问题与建议——基于2013—2017年CNKI期刊数据的分析》，载《中国德育》2018年第17期。

[42] 边玉芳、周欣然：《我国70年家校合作：政策视角下的发展历程与未来展望》，载《中国教育学刊》2021年第3期。

[43] 朱永新：《家校合作激活教育磁场——新教育实验"家校合作共育"的理论与实践》，载《教育研究》2017年第11期。

[44] 唐增、王帆、傅华：《高校学生电子媒介健康素养量表的编制及评价》，

载《中国健康教育》2014 年第 1 期。

[45] 关颖：《家庭教育指导的倾向性问题和着力点》，载《当代青年研究》2011 年第 2 期。

[46] 陈一筠：《瑟先科〈夫妇冲突〉》，载《读书》1984 年第 7 期。

[47] 马焱：《家庭家教家风：创新基层社会治理体系的新视角——兼论新时代妇联组织的家庭工作》，载《中华女子学院学报》2020 年第 6 期。

[48] 郑长忠：《新时代家庭工作的逻辑定位与妇联作用》，载《妇女研究论丛》2019 年第 11 期。

[49] 孙云晓：《拯救男孩——母亲：男孩的"安全岛"和"放飞基地"》，载《青春期健康》2013 年第 1 期。

[50] 刘继文、简鑫源：《从家庭视角看二胎时代下女性抚育压力》，载《长江丛刊》2017 年第 22 期。

[51] 李艳玲、张艳青：《父亲对儿童社会化的影响》，载《才智》2010 年第 3 期。

[52] 孙彦红：《关注父亲教育缺失》，载《中小学德育》2014 年第 2 期。

[53] 韦晓、窦刚：《家长职业类型及文化程度与儿童智力发展相互关系的研究》，载《云南师范大学学报》2017 年第 5 期。

[54] 马忠虎：《对家校合作中几个问题的认识》，载《教育理论与实践》1999 年第 3 期。

[55] 彭茜、郭凯：《家校合作的障碍及其应对》，载《教育科学》2001 年第 4 期。

[56] 杨晓、李松涛：《基于共生理念的家校合作改革构想》，载《教育科学》2013 年第 3 期。

[57] 郑燕祥、谭伟明、张永明：《整全性家庭与学校合作的理念》，载《亚洲辅导学报》1996 年第 4 期。

三、报刊

[1] 习近平：《坚持中国特色社会主义教育发展道路　培养德智体美劳全面发展的社会主义建设者和接班人》，载《人民日报》2018 年 9 月 11 日。

[2] 江泽民：《在联合国第四次世界妇女大会欢迎仪式上江泽民主席的讲话》，载《人民日报》1995 年 9 月 5 日。

[3] 胡锦涛：《加强任务落实不断开创人口工作新局面，为经济社会发展创造更加有利的人口环境》，载《人民日报》2011年4月28日。

[4] 李源潮：《让社会主义核心价值观植根于每个家庭——在全国"最美家庭"揭晓暨全国五好文明家庭表彰会上的讲话》，载《中国妇女报》2016年5月17日。

[5] 民政部：《结婚率连续4年下降 晚婚现象或越来越常见》，载《经济日报》2018年8月16日。

[6] 张力：《健全学校家庭社会协同育人机制的宏观政策导向》，载《中国教育报》2020年11月19日。

[7] 孙云晓：《父教缺失对儿童成长的危害及预防》，载《光明日报》2009年11月4日。

[8] 关颖：《家庭教育纳入公共服务政府必须给力》，载《中国妇女报》2016年2月18日。

[9] 翟振武：《新时代高质量发展的人口机遇和挑战——第七次全国人口普查公报解读》，载《经济日报》2021年5月12日。

[10] 吴帆：《我国家庭政策体系现状及发展路径》，载《中国人口报》2012年1月23日。

[11] 张守华：《家庭视角：构建基层社会治理新格局的重要维度》，载《中国社会科学报》2020年12月22日。

[12] 田新朝、董惠敏、殷晓燕：《做好疫情期间心理健康辅导的建议》，载《中国人口报》2020年3月9日。

[13]《失独家庭现状调查：身心受重创 病榻间相依为命》，载《中国青年报》2013年1月22日。

四、学位论文

[1] 刘佳：《我国基层社会治理模式创新研究》，东北师范大学2015年博士学位论文。

[2] 魏栋：《父亲参与幼儿教养现状分析及对策建议》，上海师范大学2013年硕士论文。

[3] 严杰：《马克思主义福利观视角下的发展型家庭政策研究》，江南大学2012年硕士论文。

[4]张学雷:《我国家长教育的问题与对策研究》,沈阳师范大学 2017 年硕士论文。

[5]韩娇:《1988 年英国〈教育改革法〉探析》,沈阳师范大学 2009 年硕士学位论文。

[6]张学雷:《我国家长教育的问题与对策研究》,沈阳师范大学 2017 年硕士论文。

[7]吴刚:《幼儿亲职教育现状与需求研究——以×市为例》,西南大学 2015 年硕士论文。

五、网络资料

[1]《第七次全国人口普查主要数据结果新闻发布会答记者问》,载国家统计局官网,http://www.stats.gov.cn/tjsj/zxfb/202105/t20210511_1817274.html,2021 年 8 月 19 日访问。

[2]《政策性补偿失独家庭体现社会公义》,载光明网,https://share.gmw.cn/guancha/2017-04/18/content_24233067.htm,2021 年 5 月 14 日访问。

[3]《聚焦"老漂族":人在哪儿,公共服务就应该在哪儿》,载中国经济网,https://baijiahao.baidu.com/s?id=1711047744660580509&wfr=spider&for=pc,2021 年 10 月 26 日访问。

[4]符畅:《首份全国性单亲妈妈生活现状调研数据在穗发布》,载金羊网,https://news.ycwb.com/2019-01/03/content_30167463.htm,2021 年 9 月 12 日访问。

[5]《2020 年农民工监测调查报》,载国家统计局官网,http://www.stats.gov.cn/tjsj/zxfb/202104/t20210430_1816933.html,2021 年 6 月 11 日访问。

[6]《中国有多少流动儿童和留守儿童——2017 年教育统计数据发布》,载搜狐网,https://www.sohu.com/a/249676480_100001871,2020 年 12 月 22 日访问。

[7]《老龄委预测到 2035 年我国老年人口将年均增长一千万左右》,载央广网,http://m.cnr.cn/news/20151108/t20151108_520436518.html,2020 年 10 月 17 日访问。

[8]中国人民银行:《关于中国人口转型的认识和应对之策》,载中国人民银行研究局官网,http://www.pbc.gov.cn/yanjiuju/124427/133100/4214199/

[9]《中国妇联新闻》，载青岛妇女网，http：//women.qingdao.gov.cn/n28356088/n32568768/n32568777/191212205940373738.html，2020年11月28日访问。

[10]《习近平同全国妇联新一届领导班子成员集体谈话并发表重要讲话》，载中国政府网，http：//www.gov.cn/xinwen/2018-11/02/content_5336958.htm，2020年12月29日访问。

[11]《习近平同全国妇联新一届领导班子成员集体谈话并发表重要讲话》，载中国政府网，http：//www.gov.cn/xinwen/2018-11/02/content_5336958.htm，2022年1月3日访问。

[12]《中华全国妇女联合会章程(中国妇女第十二次全国代表大会部分修改，2018年11月2日通过)》，载新华网，http：//www.xinhuanet.com/politics/2018-11/08/c_1123683661.htm，2021年4月19日访问。

[13]《中华人民共和国家庭教育促进法》，载中国人大网，http：//www.npc.gov.cn/npc/c30834/202110/8d266f0320b74e17b02cd43722eeb413.shtml，2022年2月12日访问。

[14]《关于指导推进家庭教育的五年规划(2016—2020年)》，载国务院妇女儿童工作委员会官网，http：//www.nwccw.gov.cn/2017-05/23/content_157752.htm，2012年12月17日访问。

[15]《中共中央 国务院关于全面加强新时代大中小学劳动教育的意见》，载新华社官网，http：//www.gov.cn/zhengce/2020-03/26/content_5495977.htm，2020年5月18日访问。

[16]全国妇联儿童工作部：《第二次全国家庭教育调查结果发布》，载中国教育新闻网，http：//www.jyb.cn/china/gnxw/201512/t20151223_647587.html，2021年7月23日访问。

[17]中共中央办公厅、国务院办公厅印发《关于进一步减轻义务教育阶段学生作业负担和校外培训负担的意见》，载教育部官网，http：//www.moe.gov.cn/jyb_xxgk/moe_1777/moe_1778/202107/t20210724_546576.html，2021年11月25日访问。

[18]《习近平主持中共中央政治局第二次集体学习并讲话》，载中国政府网，http：//www.gov.cn/xinwen/2017-12/09/content_5245520.htm，2019年12

月 1 日访问。

[19] 民政部、全国妇联印发《关于加强新时代婚姻家庭辅导教育工作的指导意见》，载民政部门户网站，http://www.mca.gov.cn/article/xw/mzyw/202009/20200900029332.shtml，2021 年 5 月 11 日访问。

[20] 教育部：《国家中小学网络云平台今开通免费使用》，载央视网，http://www.chinanews.com/sh/2020/02-17/9094648.shtml，2021 年 4 月 13 日访问。